# 臺灣公藏韓國古書籍聯合書目

朴現圭著

文史哲出版社印行

# 臺灣公藏韓國古書籍聯合書目

著　者：朴　現　圭
出版者：文史哲出版社
登記證字號：行政院新聞局局版臺業字〇七五五號
發行所：文史哲出版社
印刷者：文史哲出版社
台北市羅斯福路一段七十二巷四號
郵撥〇五一二二八八一二彭正雄帳戶
電話：三五一一〇二八
實價新台幣五〇〇元
中華民國八十年一月初版



ISBN 957-547-029-X

# 臺灣公藏韓國古書籍聯合書目　目錄

# 凡例

一、本書目所錄，包括臺灣公藏善本、普通本線裝中韓國古書籍。

一、本書目次序，按其下列十三種書目編成：

國立故宮博物院善本舊籍總目

國立北平圖書館善本書目（今寄藏臺故宮）

國立中央圖書館善本書目

國立中央圖書館普通本線裝書目

無求備齋文庫諸子書目（今藏臺中圖）

臺灣省立臺北圖書館普通本線裝書目（今改稱國立中央圖書館臺灣分館）

中央研究院歷史語言研究所善本書目

中央研究院歷史語言研究所普通本線裝書目

中央研究院歷史語言研究所朝鮮本書目（未出版）

國立臺灣師範大學善本書目

國立臺灣師範大學普通本線裝書目

國立臺灣大學善本書目

國立臺灣大學普通本線裝書目

案：中圖臺北分館善本、東海大善本與普通本、國防研究院善本普通本等書目，俱未載韓國本。

一、每書次序，依各館書目所排先後而著錄之。

一、每書著錄，先書名，次卷數，次作（編）者，次版本，次册數，次館藏書號與版本，次版欄，次版郭，次行字數，次版口，次魚尾，次版心題，次序跋，次刊（印）記，次缺（補）葉，次補接記、內賜記與批校題識，次藏書印。

一、各書不具作（編）者姓名者，稱「某代不著撰者」，或「某代不著編者」；又或疑出於僞託之書，則依四庫總目例，題曰：「舊題某代某人撰」。

一、卷數殘缺者，稱「存若干卷」，或「缺若干卷」；又其鈔配者，稱「卷幾至卷幾凡若干卷鈔配」。

一、年代不詳者，只錄大略年代，或以問號（？）表示。

案：朝鮮本之分期，乃以朝鮮宣祖壬辰亂（明萬曆二十年；一五九二）爲前、後期。

一、本書目所引參考書簡稱如下：

天祿　清于敏中、彭元瑞等編《天祿琳琅書目》，廣文書局。

天祿後編　清于敏中、彭元瑞等編《天祿琳琅書目後編》，廣文書局。

森志　日本森立之《經籍訪古志》，廣益書局。

楊志　清楊守敬《日本訪書志》，廣文書局。

楊譜　清楊守敬《留真譜初編》，廣文書局。

楊續譜　清楊守敬《留真譜二編》，廣文書局。

長澤長編　日本長澤規矩也《靜盦漢籍解題長編》，汲古書院。

阿部志　日本阿部隆一《中國訪書志》，汲古書院。

王提要　民國王重民《中國善本書提要》，上海古籍出版社。

安論　韓國安秉禧〈臺灣公藏의 韓國本에 對하여〉，韓國學報第一輯（一九七五）。

王論　民國王民信〈朝鮮刊本「慕夏堂文集」解題〉，第一屆中國域外漢籍國際學術會議論文集。

一、本書目中書名，加雙括號《　》；篇名及序跋，加單括號〈　〉。

## 一、國立故宮博物院善本舊籍總目中韓國古書籍

### 書傳大全十卷首一卷

明胡廣等奉敕撰。朝鮮正祖十七年（清乾隆五十八年；一七九三）頃覆刻丁酉字本。十册。〔總目 p41；題朝鮮翻刻明內府本〕

四周單欄，半郭 24.6×18.1 公分，本文十行大十八字，注小文雙行。版心：白口，上二葉花紋魚尾。題：「書傳大全幾／（葉）幾」

**序**：卷首末載嘉定己巳（一二〇九）蔡忱〈書集傳序〉

**原編輯**：書首〈書傳大全凡例〉後載祖本編輯官銜（胡廣、楊榮、金幼孜、蕭時中等四十二人）

**印章**：「文淵／閣寶」朱方（僞清文淵閣印）

案：《杜律分韻》末載鑄字事實，云：「內閣所藏活字，皆本於世宗甲寅字，上之甲寅重印《三經四書大全》。」《三經四書大全》丁酉字本，始於朝鮮正祖十七年（一七九三），訖於正祖十八年（一七九四）。此覆刻丁酉字本擬刻於丁酉字本印出後不久

之地方諸營。文淵閣，爲清乾隆四十年（一七七五）所建造。此書爲徐庭瑤捐贈本矣。

## 論語集注大全二十卷

明胡廣等奉敕撰。朝鮮正祖十七年（清乾隆五十八年；一七九三）頃覆刻丁酉字本。殘存卷十一至十三，一冊。〔總目p132;題朝鮮翻刻明內府本〕

四周單欄，半郭24.8×18.1公分，本文十行大十八字，注小文雙行。版心：白口，上二葉花紋魚尾。題：「論語集註大全幾／（葉）幾」

印章：「文淵／閣寶」朱方（僞清文淵閣印）

案：此書爲徐庭瑤捐贈本矣。

## 龍龕手鑑八卷

遼釋行均撰，朝鮮不著增補者。朝鮮明宗十八年（明嘉靖四十二年；一五六三）高德山歸眞寺刊配補成宗三年（明成化八年；一四七二）頃刊本。七冊。〔總目p160;題朝鮮翻刻明嘉靖四十二年高德山歸眞寺本〕

四周雙欄，半郭27.7×20.2公分，本文十行大十八字，注小文雙行。版心：粗黑口，上下內向黑魚尾。題：「龍龕卷幾／（葉）幾／刻工人名（或無）」。版欄外有施主人名。

**序**：書首載統和十五年丁酉（九九七）沙門智光＜龍龕手鑑序＞。

**木記**：卷三末載「一卷成佛寺僧人茅開刊」之無欄單行木記，卷八册載「嘉靖四十二年高德山歸眞寺開板」之無欄單行木記。

**校刊**：卷二末載「幹善道人釋熙、熙圓」，卷三末載祝願主上（明宗）、王妃（仁順王后）、大王大妃（文定王后）、王大妃（仁聖王后）、世子（順懷世子）及「監刊華嚴宗中德成佛寺住持法達、幹善道人釋熙」，卷六末載「謹發誠心刊字□□□□□」，卷七末載「幹善道人、化主信仁」，卷八末載「判禪宗事都大禪師兼奉恩寺主持，大功德主判教宗事都大教師兼奉先住持天則、化主信仁」

案：册四（卷四）爲朝鮮成宗三年頃刊本，其他卷册俱爲明宗十八年高德山歸眞寺刊本。

**肖像**：書首附載楊守敬七十歲影肖像一葉，其上捺有「星吾七／十歲小像」白方、「楊印／守敬」白方二印

**墨跡**：州一（卷一）末載「子孫永保／讀書室珍玩」之日人江戶時黑筆墨跡。册四（卷四）首載「全册鄉校上」之黑筆墨跡及不明印文之官印。册七（卷八）載「脩竹山房架藏」之日人黑筆墨跡。

**印章**：「養安院藏書」朱長（曲直瀨家印）、「向黃邨／珍藏記」白長（向山黃邨印）、「宜都／楊氏藏／書記」白方（以下三鈐楊守敬印）、「星吾海／外訪得／祕笈」朱長、「飛青／閣藏／書印」白方、「教育部／點驗之章」朱長

**參考**：森志卷二、楊志卷四、楊譜卷三、阿部志p57、安論p91。

# 排字禮部韻略五卷附新編直音禮部玉篇二卷

朝鮮黃喜編、黃從兄校勘。朝鮮宣祖壬辰亂（明萬曆二十年；一五九二）以前翻刻世祖十年（明天順八年；一四六四）刊本。三册。〔總目p166；題明天順八年朝鮮刊本〕四周單欄（或雙欄），半郭18.6×12.7公分，序十行大十五字，韻略十三行，玉篇十二行，注小文雙行。版心：粗黑口，上下內向黑魚尾。題：「幾／（葉）幾」

**序跋**：書首載天順甲申（一四六四）金孟〈聖朝頒降排字禮部韻略序〉。書末載天順八年甲申（一四六四）黃從兄跋（臺中圖藏本移至金孟序之後）。

案：朝鮮世祖十年刊《禮部韻略》，有「大德庚子良月梅谿書院刊行」之原刊記，而臺故宮藏本雖有世祖十年之序跋，但刪去其刊記，且刻法較粗，印面不精，則可推爲朝鮮壬辰亂以前覆刻世祖十年本。

**卷首末題**：韻略卷首末題爲「排字禮部韻略」，各卷相同，唯卷二末題多加「新刊」二字。玉篇則各卷不同，如下：

| |  | |  |
|---|---|---|---|
| 目錄 | 卷一 | 首 | 新刊排字禮部玉篇目錄上 |
| | | 末 | 同前 |
| | 卷二 | 首 | 新刊排字禮部玉篇目錄下 |
| | | 末 | 同前 |
| 本文 | 卷一 | 首 | 新編直音禮部玉篇卷上 |
| | | 末 | 新編直音禮部玉篇卷上 |
| | 卷二 | 首 | 新編類聚禮部玉篇卷下 |
| | | 末 | 新編類聚改正禮部玉篇卷下 |

**肖像**：書首附載楊守敬七十歲影肖像一葉，其上捺有「星吾七／十歲小像」朱長、「楊印／守敬」白方二印。

**印章**：「楊印／守敬」白方（以下三鈐楊守敬印）、「宜都／楊氏藏／書記」白方、「星吾海／外訪得／秘笈」朱長外不明朱方二印。

**參考**：楊志卷四、楊續譜卷一、阿部志p64、安論p93。

## 古今韻會舉要三十卷

元黃公紹編輯、熊忠舉要。朝鮮中宗至宣祖六年間（明正德元年至萬曆元年；一五〇六至一五七三）覆刻元刊本。十册。〔總目p169；題朝鮮覆元刊本〕

左右雙欄，半郭19.2×12.9公分，序八行大十四字，本文八行大字不定，注小文雙行。版心：粗黑口，上下內向黑魚尾。題：「韻幾／（葉）幾」

**序**：書首載至順二年（一三三一）余謙〈序韻會舉要書考〉、余謙再序、壬辰（一二九二）劉辰翁序、歲丁酉（一二九七）熊忠序。

**原木記**：熊忠序後載陳宲所刊之雙欄十行木記。

案：此書爲小字本。朝鮮宣祖六年，校書館有小字板，而以字小不便閱讀，改刊大字板。

詳見《眉巖日記草》癸酉二月初四日。

**肖像**：書首附載楊守敬七十歲影肖像一葉，其上捺有「星吾七／十歲小像」朱長、「楊印／守敬」白方二印。

**印記**：「戔/之」朱文鼎形、「玄/蓬」朱方、「前印/□□」白方、「小島氏/圖書記」朱長（小島尚眞印）、「向黄邨/珍藏記」白長（向山黄邨印）、「楊印/守敬」白方（以下三鈐楊守敬印）、「宜都/楊氏藏/書記」白方、「星吾海/外訪得/秘笈」朱方、「教育部/點驗之章」朱長。

**參考**：阿部志 p68、安論 p96。

## 少微家塾點校附音通鑑節要五十卷

宋江贄編、史炤音釋、明王逢輯義、劉剡增註。朝鮮純祖三十二年（清道光十二年；一八三二）嶺營刊本。十五冊。〔總目 p200；題朝鮮嶺營刊本〕

四周單欄，半郭 21.0×17.7 公分，本文十行大十七字，注小文雙行。版天有注，行小三字，欄外右邊載帝王名。版心：白口，上下內向黑或二葉花紋魚尾。題：「冊幾/通鑑幾/（葉）幾」。

**序**：書首載江鎔序。總圖後載潘棠〈資治通鑑總目通論〉。

**木記**：書末載「歲在壬辰嶺營新刊」之三欄雙行陰刻木記。

**缺補**：卷五葉三十六以下、卷十四葉十八以下俱遭缺，後人以另紙補鈔之。

**印記**：「楊印/守敬」白方（以下二鈐楊守敬印）、「星吾海/外訪得/秘笈」朱長、「教古目

部／點驗之章」朱長

# 朝鮮賦一卷

明董越撰。朝鮮中宗二十六年（明嘉靖十年；一五三一）南原覆刻癸丑字本。一冊。〔總目 p539；題 朝鮮嘉靖十年刊本〕

四周雙欄，半郭 26.4×18.3 公分，本文八行大十六字，注小文雙行。版心：粗黑口，上下內向黑魚尾。題：「朝鮮賦卷／（葉）幾」

**序跋**：書首載弘治元年（一四八八）歐陽鵬〈朝鮮賦引〉。書末載弘治庚戌（一四九〇）王政〈朝鮮賦後序〉及嘉靖辛卯（一五三一）太斗南跋。

**刊記**：太斗南跋云：「遂囑余鋟諸梓，藏于帶方郡齋。」

**原刊記**：卷首題下去：「吉安府泰和縣儒學訓導桂林王政校刊」

案：此南原刊本，非直接覆刻明桂林王政刊本，而是覆刻癸丑字本矣。

**肖像**：書首附載楊守敬七十歲影肖像一葉，其上捺有「星吾七／十歲小像」朱長、「楊印／守敬」白方二印。

**墨跡**：書衣裏載後人書藥方文之墨跡

**印章**：「松田／本生」朱方（以下二鈐松田本生印）、「本生」朱橢、「楊印／守敬」白方（以下三鈐楊守敬印）、「宜都／楊氏藏／書記」白方、「星吾海／外訪得／秘笈」朱長、「教育部

／點驗之章」朱長。

**參考**：楊志卷十四、阿部志p83、安論p98。

## 標題音註東國史略十二卷

朝鮮柳希齡編註。朝鮮中宗十一年至宣祖壬辰亂間（明正德十一年至萬曆二十年；一五一六至九二）甲寅字補有木活字本。五冊。〔總目p634：題朝鮮舊刊活字本〕

四周雙欄，半郭25.9×18.0公分，本文十行大十七字，注小文雙行。左欄外題國名之耳格，欄上註記。版心：白口，上下下向三葉花紋魚尾。題：「東國史略卷幾／（葉）幾」

案：柳希齡，朝鮮成宗十一年生，中宗十一年登別試文科。

**缺落**：卷十二葉四十三以下遭缺，未補。

**墨跡**：每冊書衣上載「介山松堂」之黑筆墨跡。

**印章**：「玉巖」朱橢、「好古堂／圖書記」朱長、「吉家／氏藏」白方（以下二鈐吉田意庵印）、「稱意館／藏書記」朱長、「星吾海／外訪得／秘笈」朱長（以下二鈐楊守敬印）、「飛青／閣藏／書印」白方、「教育部／點驗之記」朱長。

**參考**：楊志卷六、楊譜卷四、阿部志p82、安論p97。

## 東國史略六卷

朝鮮朴祥撰。朝鮮中宗至宣祖壬辰亂間（明正德二年至萬曆二十年；一五〇七至九二）刊本。二册。〔總目 p634；題朝鮮舊刊本〕

四周單欄，半郭21.3×15.4公分，本文十二行大十九字，注小文雙行。版心：粗黑口，上下內向黑魚尾。題：「東國史略幾／（葉）幾」

**肖像**：書首附載楊守敬七十歲影肖像一葉，其上捺有「星吾七／十歲小像」朱長、「楊印／守敬」白方二印。

**題識**：册二後書衣裏載楊守敬親筆題識

**印章**：「養安院藏書」朱長（曲直瀨家印）、「楊印／守敬」白方（以下三鈐楊守敬印）、「宜都／楊氏藏／書記」白方、「星吾海／外訪得／秘笈」朱長

案：據金烋《海東文獻總錄》云，是書著者爲訥齋朴祥。

**參考**：楊志卷六、楊譜卷四、阿部志 p82。

## 心經附註四卷

宋眞德秀撰、明程敏政附註。朝鮮宣祖六年至壬辰亂前（明萬曆元年至二十年；一五七三至九二）覆刻宣祖六年甲寅字本。四册。〔總目 p656；題朝鮮銅活字本〕

四周雙欄，半郭24.5×18.2公分，本文十行大十七字，注小文雙行。版心：白口，上下內向黑或一至三葉花紋魚尾。題：「心經卷幾／（葉）幾」

**序跋**：書首載程敏政〈心經附註序〉。總目後載〈贊〉、端平改元（一二三四）顏若愚序。〈心學圖〉後載程敏政後序。書末載嘉靖四十五年歲丙寅（一五六六）李滉心經後論（臺故宮本遭缺）。

案：此書為覆刻甲寅字之異本（白口本）。又另有黑口本覆刻甲寅字本，今藏日本天理大學（1247.イ3.2）等。朝鮮宣祖六年校書館印出甲寅字本，今藏日本尊經閣文庫(317.2)等。

**印章**：「崔有／海印」方朱（崔有海印）、「文藏／天祿／之章」方白（顧天祿印）、「五福五代／堂古稀／天子寶」方朱（以下七鈐清內府印）、「八徵／耄念／之寶」長朱、「太上／皇帝／之寶」長朱、「乾隆／御覽／之寶」橢朱、「天祿／琳琅」方朱、「天祿／繼鑑」方白、「書筵／侍讀」方白。

**參考**：天祿卷九、天祿後編卷十六、安論p98。

## 新刊補註銅人腧穴鍼灸圖經五卷

宋王惟一編。朝鮮宣祖十一年（明萬曆六年；一五七八）內賜甲辰字翻印元余志安勤有書堂本。五冊。〔總目p711；題朝鮮舊活字翻元崇化余志安勤有書堂本〕

四周單欄，半郭21.5×15.2公分，本文十二行大十九字。版心：粗黑口，上下內向三葉花紋魚尾。題：「銅人經幾/（葉）幾」

**序**：書首載天聖四年（一〇二六）夏竦＜新刊補註銅人腧穴鍼炙圖經序＞。

**原木記**：目錄末載「崇化余志安刊于勤有書堂」之無欄單行木記。又卷五葉二＜傍通十二經絡流注孔穴圖＞，爲明代所補刊；於B面末載「嘉靖三十二年癸丑孟秋改誤重刊」之無欄單行木記。又旁載「前行惠民署教授張末石監校」之無欄單行。

案：萬曆六年內賜同本，今藏日本宮內廳書陵部（書 43745-2-558-7）；其同本微捲本，今藏韓國中央圖書館（古 M768 2）

**肖像**：書首附載楊守敬七十歲影肖像一葉，其上捺有「星吾七/十歲小像」朱長、「楊印/守敬」白方二印。

**墨跡**：書首衣裏載「序文天聖年號當宋仁宗皇帝時」之日人黑筆墨跡，又書末載「嘉亥臈月再歸于不求解甚解書室」之黑筆墨跡。

**印章**：「懷僊/院印」朱長（曲直瀨印）、「前室/圖書」朱長、「嘉春□/橘泉者」白長、「□札/者文」朱長、「子/揀氏」白方、「節縮/百費日/月積之」朱方（鈴木白藤印）、「小島氏/圖書印」朱長（小島尙眞印）、「尙質/私印」朱方（以下四鈐小島尙質印）、「學/古氏」朱方、「小島/山房」朱方、「父子鐙/前共/讀書」朱方、「弘前醫官澁/江氏藏書記」朱長（澁江抽齋印）、「森氏開萬/册府之記」朱長（森立之印）、「楊印/守敬」白方（以下三鈐楊守敬印）、「宜都/楊氏藏/書記」白方、「星吾海/外訪得/秘笈」朱長、「教育部/點驗之章」朱長

**參考**：森志卷七、楊譜卷七、阿部志 P300。

## 世醫得效方二十卷

元危亦林撰、余賜山校正。朝鮮世宗七年（明洪熙元年；一四二五）春川府覆刻元至正四年（高麗忠惠王五年；一三四四）陳志刊本。殘存卷三、四、八、九、十、十一，三冊。〔總目 p724；題朝鮮舊刊本〕

四周單欄，半郭 18.9×11.8公分，本文十一行大二十二字，注小文雙行。版心：粗黑口，上下下向黑魚尾。題：「得効方（或得効方或効方或効）幾／（葉）幾」

**序跋**：書首載至元四年（一三三八）王充〈危氏世醫得効方序〉、至元三年（一三三七）危亦林〈世醫得効方序〉、至元三年癸未（一三三七）陳志〈世醫得効方序〉。書末載洪熙元年（一四二五）崔元晃跋。

**原刊記**：每卷首題下載「建寧路官醫提領陳志刊行」。

**刊記**：崔元晃跋云：「歲在庚子，春川府使權公尚溫，得知司諫許公盤石家藏一本，……即命春川府事崔公洵，監加勸督，傳訖前功。」

案：是書完秩本，今藏日本內閣文庫（15558.23(3)、子 41-2）

**肖像**：卷三首附載楊守敬七十歲影肖像一葉，其上捺有「星吾七／十歲小像」朱長、「楊印／守敬」白方二印。

**墨跡**：殘冊二、三之書背上記「득 오 방。（得効方）」韓文字。

印章：「小島氏／圖書記」朱長（小島尚眞印）、「楊印／守敬」白方（以下三鈐楊守敬印）、「宜都／楊氏藏／書記」白方、「星吾海／外訪得／秘笈」朱長、「教育部／點驗之章」朱長

參考：安論 p101。

## 新刊京本活人心法二卷

明涵虛子撰、朝鮮朴英增補。朝鮮中宗十五年（明正德十五年；一五二〇）頃刊本。一冊。〔總目 p725;題朝鮮刊本〕

四周雙欄，半郭 24.2×17.8公分，本文十行大二十字，注小文雙行。版心：細黑口，上下內向黑魚尾。題：「心方幾／（葉）幾」

序跋：書首載臞僊〈臞仙活人心序〉。書末載竹溪山人（安玹）跋。

刊記：竹溪山人跋云：「右活人心方，世未之尚，朴兵使英公，始標出行于時，而香薷散加減法椒鼓，尤朴公所撰。」

案：朴英，生於朝鮮成宗二年（一四七一），歿於中宗三十五年（一五四〇）。中宗十五年（一五二〇），出慶尚道兵馬節度使。

肖像：書首附載楊守敬七十歲影肖像一葉，其上捺有「星吾七／十歲小像」朱長、「楊印／守敬」白方二印。

印章：「□□□山人」朱長、「楊印／守敬」白方（以下三鈐楊守敬印）、「宜都／楊氏藏／書

記」白方、「星吾海／外訪得／秘笈」朱長、「教育部／點驗之章」朱長外不明朱方一印。

**參考**：安論 p102。

## 鄉藥集成方八十五卷

朝鮮俞孝通等受命編。朝鮮世宗十五年（明宣德八年；一四三三）刊本。殘存卷一至七十五，二十五册。〔總目 P727；題朝鮮刊本〕

四周雙欄，半郭 20.6×14.1 公分，本文十二行大二十二字，注小文雙行。版心：粗黑口，上下內向黑魚尾。題：「集成方卷幾／（葉）幾」

**序**：書首載宣德八年（一四三三）權採〈鄉藥集成方序〉。

**刊記**：權採序云：「宣德辛亥秋，乃命集賢殿直提學臣俞孝通、典醫監正臣盧重禮、副正臣朴允德等，更取鄉藥方編，會諸書，搜檢無遺，分類增添，歲餘而訖。……合爲八十五卷以進，名曰《鄉藥集成方》，刊行廣傳。」

案：據《世宗實錄》十五年六月壬辰條云，命權採作序。又同年八月丁未條云，命全羅、江原兩道，分刊此書。

**缺補**：序、目錄及卷二十五葉十七、卷四十六至八、卷五十四葉二十二至二十五俱遭缺，後人以另紙補鈔之。册二十五書根記「卷七十五止」，係後人所補寫，而非原有者。

**肖像**：書首附載楊守敬七十歲影肖像一葉，其上捺有「星吾七／十歲小像」黑長、「楊印／守敬」白方二印。

**印章**：「多紀氏／藏書印」朱長（以下二鈐多紀家印）、「廣壽院／藏書記」朱長、「寺田／盛業」白方（以下四鈐寺田望南印）、「東京溜池靈／南街第六號／讀杜艸堂主人／寺田盛業印記」朱方、「讀杜／艸堂」朱方、「天下／無雙」朱方、「楊印／守敬」白方（以下三鈐楊守敬印）、「宜都／楊氏藏／書記」白方、「星吾海／外訪得／秘笈」朱長、「朱師／轍觀」白方（朱師轍印）

**參考**：楊譜卷八、安論P103。

## 經史證類大觀本草三十一卷

宋唐愼微撰。朝鮮宣祖壬辰亂（明萬曆二十年；一五九二）以前覆刻元大德六年（高德忠烈王二十八年；一三〇二）宗文書院本。十四册。〔總目P732；題朝鮮重刊元大德壬寅（六年）宗文書院本〕

四周雙欄，半郭22.7 16.3公分，本文十二行二十三字，注小文雙行。版心：粗黑口，上下內向黑魚尾。題：「本草幾／（葉）幾」

**序跋**：書首載大觀二年（一一〇八）艾晟〈經史證類大觀本草序〉。書末載嘉祐七年（一〇六二）刊版事實。

**原木記**：艾晟序末載「大德壬寅孟春宗文書院刊行」之雙欄雙行藻文木記。

**缺補：** 卷十六葉四至五、卷十九葉三至五俱遭缺，後人以另紙補鈔之。

**題識：** 肖像後附載楊守敬親筆題識四葉。

**墨跡：** 卷五末載「嘉永六年三月念三日校正，德正備記」，卷六末載「嘉永癸丑夏四月念二日照燈校之」，卷八末載「嘉永六年八月五日校正」，卷十五末載「嘉永七甲寅晚春念五」，卷十九末載「嘉永七甲寅五月十八日午飯前校之」、卷二十一末載「嘉永甲寅晚秋十有一日」，俱以紅筆寫之。

**印章：** 「愼氏／世家」朱方、「居易／樂天」朱方、「芝軒」白方、「本文」黑長無欄、「宜都／楊氏藏／書記」白方（以下三鈐楊守敬印）、「星吾海／外訪得／秘笈」朱長、「飛青／閣藏／書印」白方、「教育部／點驗之章」朱長。

**參考：** 楊志卷九、安論P104。

## 重修政和經史證類備用本草三十一卷

宋唐愼微撰、曹孝忠校勘。朝鮮宣祖十年（明萬曆五年；一五七七）內賜乙亥字本。十二册。〔總目P732；題明萬曆間朝鮮翻刊明成化四年本〕

四周雙欄，半郭25.4×17.3公分，本文十行大十九字，注小文雙行。版心：粗黑口，上下內向三葉花紋魚尾。題：「本草幾／（葉）幾」

**序跋：** 書首載成化四年歲次戊子（一四六八）安商輅〈重刊本草序〉、泰和甲子（一二〇四）

張宅晦明軒〈重脩本艸之記〉牌記、歲己酉（一三〇九）麻革〈重修證類本草序〉及曹孝忠〈政和新修經史證類備用本草序〉。目錄後載大觀二年（一一〇八）艾晟〈經史證類大觀本草序〉。書末載嘉祐二年（一〇五七）宋仁宗〈補注本草奏勑〉、嘉祐五年（一〇六〇）宋仁宗奏勑、嘉祐七年（一〇六二）宋仁宗〈圖經本草奏勑〉、政和六年（一一一六）〈證類本草校勘官敍〉、皇統三年（一一四三）宇文〈翰林學士宇文公書證類本草後〉、己酉（一二四九）劉祁跋及大德丙午（一三〇六）平水許宅出版事實。

**原刊記**：艾晟序後載「大德壬寅孟春宗文書院刊行」之雙欄雙行木記。書末載「成化四年歲次戊子冬十一月既望重刊」之無欄單行刊記，又旁載校勘者四人（楊昇督工、梅詡重校、劉肅重錄、朱廣同錄）

**內賜記**：「萬曆五年二月日，內賜內醫院參奉鄭士忠政和本草一件，命除謝恩。右承旨張（手決）」

**肖像**：書首附載楊守敬七十歲影肖像一葉，其上捺有「楊印／守敬」白方一印。

**印章**：「宣賜／之記」朱方（朝鮮內賜印）、「洪壽／享年／延記」朱方、「楊印／守敬」白方（以下四鈐楊守敬印）、「宜都／楊氏藏／書記」白方、「星吾海／外訪得／秘笈」朱長、「飛青／閣藏／書印」白方。

案：每卷首題下第三行校勘者，如「中衞大夫康州防禦使句當龍德宮總轄修建明堂所醫藥提舉入內醫官編類聖濟經提舉大醫學臣曹孝忠奉」，爲連活字。書中插圖，用木刊本。其他皆用乙亥字。

**參考**：安論P105。

## 楊輝筭法七卷（筭法通變本末一卷、乘法通變筭寶一卷、法筭取用本末一卷、續古摘奇筭法二卷、田畝比類乘除捷法二卷）

宋楊輝編。法筭取用本末：楊輝、史仲榮共編。朝鮮世宗十五年（明宣德八年；一四三三）慶州府翻刻明洪武十一年（高麗禑王四年；一三七八）古坑余氏勤德堂刊本。二册。〔總目P746；題明宣德癸丑（八年）朝鮮慶州府翻刊洪武戊午（十一年）古坑勤德書堂本〕

四周雙欄，半郭23.3×16.8公分，本文十六行大二十三字，注小文雙行。版心：粗黑口，上下內向黑或一至三葉花紋魚尾。題：「篇名幾／（葉）幾」

**原封面**：「古杭勤德書堂／乘除通變筭寶、法筭取用本末／新刊、宋揚輝筭法／續古摘奇筭法、田畝比類乘除捷法」

**序跋**：書首載咸淳甲戌（一二七四）揚輝序、時歲在乙亥德祐改元（一二七五）揚輝序。書末載朴彧跋。

**原木記**：乘除通變筭寶目錄末、田畝比類乘除捷法目錄末，俱載「洪武戊午冬至勤德書堂新刊」之雙欄雙行木記。又續古摘奇筭法目錄末載「古杭余氏勤德堂刊行」之雙欄單行木記。

**木記**：朴彧跋後載「宣德八年癸丑五月日慶州府板刊」之無欄單行木記。

**校刊**：朴彧跋後載是書校刊者（辛引孫、朴根、金乙辛等三十二人）。

**卷首末題**：每卷首末題頗有不同，如下：

| 卷次 | 首末 | 題 |
|---|---|---|
| 卷一 | 首 | 筭法通變本末卷上 |
| | 末 | 乘法通變筭寶卷上 |
| 卷二 | 首 | 乘法通變筭寶卷中 |
| | 末 | 乘法通變筭寶卷中 |
| 卷三 | 首 | 法筭取用本末卷下 |
| | 末 | 法筭取用本末卷下 |
| 卷四 | 首 | 續古摘奇筭法卷下 |
| | 末 | 續古上卷（陰文） |
| 卷五 | 首 | 續古摘奇筭法卷下 |
| | 末 | 續古摘奇筭法卷下 |
| 卷六 | 首 | 田畝比類乘除捷法卷上 |
| | 末 | 乘除捷法卷上（陰文） |
| 卷七 | 首 | 田畝比類乘除捷法卷下 |
| | 末 | 田畝比類乘除捷法卷下畢 |

**肖像**：書首附載楊守敬七十歲影肖像一葉，其上捺有「星吾七／十歲小像」朱長、「楊印／守敬」白方二印

**印章**：「宜都／楊氏藏／書記」白方、「星吾海／外訪得／秘笈」朱長、「教育部／點驗之章」朱長

**參考**：楊志卷七、阿部志P95、安論P105。

## 續博物志十卷

宋李石撰。朝鮮明宗九年（明嘉靖三十三年；一五五四）頃刊本。二册。〔總目P943；題明嘉靖間朝鮮刊本」

四周雙欄，半郭21.5×15.0公分，本文十行大十八字。版心：粗黑口，上下內向黑魚尾。

題：「續物卷幾／（葉）幾／刻工人名（或無）」

**跋**：卷十末題前載黃公泰跋、弘治乙丑（一五〇五）都穆（方齋錄）＜續博物志後記＞。

**原刊記**：都穆後記云：「是書在宋，嘗有板刻，而今罕傳，予同年賀君志同，近刻博物志，訖工，復取而刻之。」

**刻工人名**：靈安、尹石等。

**肖像**：書首附載楊守敬七十歲影肖像一葉，其上捺有「星吾七／十歲小像」朱長、「楊印／守敬」白方二印。

**墨跡**：册一書衣裏載己卯（一八七九）澁江抽齋評書之黑筆墨跡。卷四葉二紙背書「嘉靖三十三年正月二十九日」之古文書，其他紙背多書曆日或公文書。

**印章**：「養安院藏書」朱長（以下二鈐曲直瀨家印）、「羖／安」朱文爐形、「双品書屋」朱長、「正秉／珍藏」朱方、「楊印／守敬」白方（以下三鈐楊守敬印）、「宜都／楊氏藏／書記」白方、

「星吾海／外訪得／秘笈」朱長、「教育部／點驗之章」朱長。

**參考**：楊譜卷六、阿部志 P124、安論 P106。

## 老子鬳齋口義二卷

宋林希逸撰。朝鮮成宗五年（明成化十年；一四七三）原州覆刻庚子字本。一冊。〔總目 P969；題朝鮮舊刊十一行黑口本〕

四周雙欄，半郭 22.8×15.9 公分，本文十一行大二十一字，注小文雙行。版心：細黑口，上下內向黑魚尾。題：「老子幾／（葉）幾」

**序跋**：書首載林希逸〈老子鬳齋口義發題〉。書末載成化十年甲午（一四七三）徐居正新刊老列二書跋、成化十年甲午（一四七三）李封跋。

**缺落**：書末二跋遭缺。

**印章**：「申仲／淹記」朱長（以下四鈐申仲淹印）、「高靈／後學」朱長、「希／茫」朱文鼎形、「梅軒／居士」朱長、「星吾海／外訪得／秘笈」朱長（楊守敬印）、「教育部／點驗之章」朱長外不明有圖一印。

**參考**：森志卷五、楊續譜卷三、阿部志 P128。

# 樊川文集夾註四卷外集夾註一卷

唐杜牧撰：朝鮮宣祖壬辰亂（明萬曆二十年：一五九二）以前刊本。殘存本集卷一至二，二册。〔總目 P1030；題朝鮮舊刊本〕

四周雙欄，半郭 22.0×14.8公分，本文八行大十七字，注小文雙行。版心：細黑口，上下內向黑魚尾。題：「川卷幾／（葉）幾」

**肖像**：書首附載楊守敬七十歲影肖像一葉，其上捺有「星吾七／十歲小像」朱長、「楊印／守敬」白方二印。

**印章**：「竺山氏」黑長、「宜都／楊氏藏／書記」白方（以下三鈐楊守敬印）、「星吾海／外訪得／秘笈」朱方、「飛青／閣藏／書印」白方、「教育部／點驗之章」朱長。

案：是書疑爲朝鮮世宗二十二年（一四四〇）錦山刊本。朝鮮宣祖壬辰亂以前，另有太宗十六年（一四一六）公卅刊本及中宗至景宗間求禮刊本，但二本之版面特徵、木記等與是書有異。

**參考**：森志卷六、楊志卷十四、楊譜卷十、阿部志 P139、安論 P107。

# 王荆文公詩五十卷年譜一卷

宋王安石撰、李壁註、元劉辰翁評點。朝鮮成宗十六年（明成化二十一年；一四八五）甲辰字本。十册。〔總目 P1054；題朝鮮舊活字版翻刻元大德本〕

四周雙欄，半郭 15.9×23.6公分，本文有批點十一行、無批點十二行，各行大二十一字，注小文雙行。版心：小黑口，上下內向黑或三葉花紋魚尾。題：「王文公詩卷幾／（葉）幾」

**序**：書首載大德丙午（一三〇六）毋逢辰序、大德辛丑（一三〇一）劉時孫序。

**題簽**：「半山集」

**書衣**：每册書衣上捺有「新宮城書藏」朱長（水野忠央印）一印。又每册褙接紙用朝鮮公文書或乙亥字本《三體詩》紙。

**肖像**：書首附載楊守敬七十歲影肖像一葉，其上捺有「星吾七／十歲小像」朱長、「楊印／守敬」白方二印。

**題識**：卷二首附載後人補鈔十葉，即嘉定七年（一二一四）魏了翁〈原序〉、乾隆辛酉（一七四一）張載華序、〈重刊王荊公詩箋註畧例十二則〉及〈王荊文公詩補遺〉。

案：此補鈔處，擬爲日人鈔自中國本。此書甲辰字印出記，載《成宗實錄》十六年正月己酉條。

**印章**：「慈照院」朱長（以下二鈐相國寺印）、「梅熟軒」朱長、「仁正矦長昭／黃雪書屋鑒／藏書之印」朱長（市橋長昭印）、「賜蘆文庫」朱長（新見正路印）、「向黃邨／珍藏印」白長（向上黃邨印）、「宜都／楊氏藏／書記」白方、（以下二鈐楊守敬印）「星吾海／外訪得／秘笈」朱長。

**參考**：森志卷六、楊志卷十四、楊譜卷十、阿部志 P143、安論 P107。

## 增刊校正王狀元集注分類東坡先生詩二十五卷 附東坡紀元錄一卷

宋蘇軾撰、王十朋集注、元劉辰翁批點；紀元錄：傅藻編纂。朝鮮宣祖壬辰亂（明萬曆二十年；一五九二）以前覆刻世祖至成宗間（明景泰六年至弘治七年；一四五五至九四）甲寅字本。缺卷九、十，十三册。〔總目 P1055；題朝鮮舊刊本〕

四周單欄，半郭 24.1×17.8公分，本文有批點九行、無批點十行，各十七字，注小文雙行。

**版心**：白口，間或黑口。版心：白口，上下內向黑魚尾。題：「坡詩幾／（葉）幾」

　案：是書册板中或有半郭較少之補版。

**序**：書首載王十朋〈增刊校正百家註東坡先生詩序〉、趙夔序。

**肖像**：書首附載楊守敬七十歲影肖像一葉，其上捺有「星吾七／十歲小像」朱長、「楊印／守敬」白方二印。

**印章**：「須尹」黑長、「英平」黑長、「壽□堂」朱長、「黑川氏／圖書記」朱長（黑川春村印）、「寺田／盛業」白方（以下四鈐寺田望南印）、「字士弘／號望南」朱方、「讀杜／艸堂」朱方、「黃絹／幼婦」朱方、「宜都／楊氏藏／書記」白方（以下二鈐楊守敬印）、「飛青／閣藏／書印」白方、「教育部／點驗之章」朱長。

**參考**：阿部志 P144、安論 P108。

# 山谷內集詩註二十卷外集詩註十七卷別集詩註二卷

宋黃庭堅撰，內集：任淵注，外集：史容注，別集：史季溫注，朝鮮中宗二十一年（明嘉靖五年，一五二六）內賜甲寅字本。十五册。〔總目 P1058；題朝鮮舊活字本〕

四周雙欄，半郭 26.0×18.1 公分，本文十行大十七字，注小文雙行。版心：白口，上下內向二至三葉花紋魚尾。題：「山谷內集幾／（葉）幾」

**序**：內集首載紹興乙亥（一一五五）許尹〈黃陳詩註序〉。外集首載嘉定元年（一二〇八）錢文字〈薌室史氏註山谷外集詩序〉。

案：是書中宗二十一年內賜本，今藏日本尊經閣文庫（531.22）。

**缺補**：內集卷三葉十九、卷二十葉十六至十八俱遭缺，後人以另紙補鈔之。

**肖像**：書首附載楊守敬七十歲影肖像一葉，其上捺有「星吾七／十歲小像」朱長、「楊印／守敬」白方二印。

**題識**：肖像後附載楊守敬手書題識之襯紙一葉。其題識上捺有「宜都／楊氏藏／書記」白方、「星吾海／外訪得／秘笈」朱長、「飛青／閣藏／書印」白方及「養安院藏書」朱長四印。

**墨跡**：書中有日人室町末近世初間句讀點、註釋之墨筆墨跡。

**印章**：「文成／後裔」朱方、「養安院藏書」朱長（曲直瀨家印）、「向黃邨／珍藏記」白長（向山黃邨印）、「宜都／楊氏藏／書記」白方（以下四鈐楊守敬印）、「星吾東瀛／訪古記」

朱長、「星吾海/外訪得/秘笈」朱長、「飛青/閣藏/書印」白方、「教育部/點驗之章」朱長。

**參考**：森志卷六、楊志卷十四、楊譜卷十、阿部志P144、安論P109。

## 文選六十卷

梁蕭統編、唐李善、呂延濟、劉良、張銑、呂向，李周翰注。朝鮮宣祖壬辰亂（明萬曆二十年；一五九二）以前乙亥字本。殘存四十一卷（缺卷二十六至二十七、三十六至四十一、四十四至四十五、五十至五十二、五十五至六十），二十一冊。〔總目P1189；題朝鮮舊活字本〕

四周雙欄，半郭25.9×17.9公分，本文十行大十七字，注小文雙行。版心：粗黑口，上下內向三葉花紋魚尾。題：「文選幾/（葉）幾」

**序**：書首載蕭統〈文選序〉、開元六年（七一八）呂延祚〈進五臣集註文選表〉及唐玄宗敕言。

**缺補**：書首序、表、敕言及目錄俱遭缺，後人以另紙補鈔之。

**肖像**：書首附載楊守敬七十歲影肖像一葉，其上捺有「楊印/守敬」白方一印。

**墨跡**：冊一書衣上載「韓夏二本相合凡三十笧」之黑筆墨跡，又書中有後人以紅筆校字與以藍、黑、紅筆加訓點、批點之墨跡。

**印章**：「平/江白/氏」朱圓、「西備福山藩/鹽田屯私記」白長（鹽田屯印）、「森氏開萬/冊府之記」朱長（森立之）、「楊印/守敬」白方（以下三鈐楊守敬印）、「宜都/楊氏藏/

書記」長朱、「星吾海／外訪得／秘笈」長朱、「教育部／點驗之章」長朱。

**參考**：森志卷六、楊續譜卷六、阿部志 P149。

# 精選唐宋千家聯珠詩格二十卷

元于濟、蔡正孫共編、朝鮮徐居正增注、安琛等補刪。朝鮮燕山君八年（明弘治十五年；一五〇二）慶州府刊本。十册。〔總目 P1195；題明弘治十五年朝鮮刊本〕

四周雙欄，半郭 23.8×17.8公分，本文有批點九行，無批點十行，各大十七字。版心：粗黑口，上下內向黑魚尾。題：「聯珠詩幾／（葉）幾」

**序跋**：書首載庚子（一三六〇）蔡正孫序及于濟序。書末載弘治壬戌（一五〇二）安琛跋。

**刊記**：安琛跋云：「成化乙巳年間，達城徐公居正，增為註解頗詳密。後七年，我成王大王命臣琛及成俔、蔡壽、權健、申從濩，將徐註重加補刪。既獻，用鑄字印頒，而猶未廣布。今年余在合浦鎮，鷄林尹愼公承福、判官奇侯褚，以簡報余，曰：『近以《增注聯珠詩格》鋟于梓，思應其傳，請為我跋之。』仍遺新印一本。」

**印章**：「弘前醫官澁／江氏藏書記」長朱（澁江抽齋印）、「森氏開萬／册府之記」長朱（森立之印）、「遵義黎／庶昌之印」長白（黎庶昌印）、「星吾海／外訪得／秘笈」方朱（以下二鈐楊守敬印）、「飛青／閣藏／書印」方白、「教育部／點驗之章」長朱。

**參考**：楊志卷十三、楊譜卷九、阿部志 P156、安論 P111。

## 瀛奎律髓四十九卷

元方回編，明龍遵敍校。朝鮮成宗六年（明成化十一年；一四七五）完山覆刻明成化三年（朝鮮世祖十三年；一四六七）紫陽書院刊本。卷二十八至三十五凡八卷抄配，十冊。

〔總目 P1195；題明成化十一年朝鮮覆刊成化丁亥（三年）徽州紫陽書院本〕

四周雙欄，半郭 20.6×13.3 公分，本文十行大二十一字，注小文雙行。版心：粗黑口，二雙上下內向黑魚尾。題：「律體卷幾／刻工人名／（葉）幾」

**序跋**：書首載至元癸未（一三四三）方回〈瀛奎律髓序〉。書末載成化三年龍集丁亥（一四六七）龍遵敍跋及成化紀元十有一年蒼龍乙未（一四七五）尹孝孫跋。

**原木記**：方回序末載「成化三年仲春吉日紫陽書院刊行」之單欄雙行木記。

**刊記**：尹孝孫跋云：「歲甲午，僕謬承天恩叨守完山時，監司李相克均囑余以《瀛奎律髓》，曰：『此詩乃吾中朝所得而鋟諸梓，上黨韓相公志也。』……即鳩工繡梓，未幾，李相承召令監司芮相承錫繼志成之，閱數月而切記。」

**墨跡**：册一末有日人之黑筆墨跡及「正文堂」黑長一印。書中有日人以紅筆加句讀點。

**印章**：「雲／鄉」朱方、「蓬／原」朱方、「寓軒／琴書」朱方、「終南／秘藏」白方、「松屏書庫」朱長（堀家印）、「執鞭詞壇」白長、「悉耕／堂圖／書記」白方、「久保木／氏／家藏記」朱方、「飛青／閣藏／書印」白方（楊守敬印）、「教育部／點驗之章」朱長參考：楊志卷十三、阿部志P157、安論P110。

## 唐詩鼓吹十卷

金元好問編、元赦天挺注。朝鮮明宗十三年（明嘉靖三十七年；一五五八）以前乙亥字本。四册。〔總目P1206；題朝鮮活字本〕

四周雙欄，半郭23.7×15.7公分，本文九行大十七字，注小文雙行。版心：粗黑口，上下內向三葉花紋魚尾。題：「唐詩幾／（葉）幾」

序：書首載姚燧〈註唐詩鼓吹序〉

題簽：「唐詩鼓吹幾／翠香處藏書」

墨跡：册一書衣裏載「翠香莊珍玩」之日人墨跡。

肖像：書首附載楊守敬七十歲影肖像一葉，其上捺有「星吾七／十歲小像」朱長、「嘔香／閒人」朱方二印。

印章：「貞烈公後／肅靖之孫／止亭外孫」朱白兼方（宋寅印）、「川亭／主人／印」朱白兼圓、「趙」朱圓、「養安院藏書」朱長（曲直瀨家印）、「森氏開萬／册府之記」朱長（森立之印）、「宜都／楊氏藏／書記」白方（以下三鈐楊守敬印）、「星吾海／外訪得／秘笈」朱長、「飛青／閣藏／書印」白方、「教育部／點驗之章」朱長。

案：「貞烈公後肅靖之孫止亭外孫」藏書印，為宋寅（一五一六至八四）所捺。止亭，南袞（一四七一至一五二七）號，謚文敬，但至朝鮮明宗十三年（一五五八）被剝奪名，則朝鮮明宗十三年以後，宋寅不得明言己爲罪臣之外孫。要之，是書印年，應爲是年以前。

**參考**：楊志卷十三、楊譜卷九、阿部志P157、安論P110。

## 東文粹二卷

朝鮮成三問編、金宗直增削，不著再增削者。朝鮮中宗十一年至宣祖壬辰亂間（明正德十一年至萬曆二十年；一五一六至一五九二）刊本。二册。〔總目P1218；題朝鮮刊本〕

四周雙欄，半郭22.2×15.5公分，本文九行大十七字。版心：白口，上下內向一至三葉花紋魚尾。題：「東文粹幾／（葉）幾」

**內容**：卷一載自崔志遠〈檄黃巢書〉至李崇仁〈贈朴生序〉，卷二載自李在吾〈上玄陵封事〉至朴誾〈仁老名行記〉。

案：《東文粹》十卷本（今藏韓國中央圖書館貴－8／한-44-가154）載弘治元年（一四八八）申從護跋，云：「往時集賢諸公編《東文粹》若干卷，藏在秘閣者久矣。佔畢齋得而可之，然於其中不無病焉，故稍加增削之，又續以近時之作。」朴誾〈仁老名行記〉，作於朝鮮燕山君九年（一五〇三），則可知二卷本非爲金宗直所增削矣。金宗直，生於朝鮮世宗十三年（一四三一），歿於成宗二十三年（一四九二）。朴誾，生於朝

鮮成宗十年（一四七九），歿於燕山君十年（一五〇四）。

**墨跡：**書根及書背俱寫「동문슈（東文粹）」之墨書。

**肖像：**書首附載楊守敬七十歲影肖像一葉，其上捺有「星吾七／十歲小像」朱長、「楊印／守敬」白方二印。

**印章：**「金氏／應龍」朱方、「太平／野老」朱方、「永嘉／後學」朱方、「養安院藏書」朱長（曲直瀨家印）、「楊印／守敬」白方（以下三鈐楊守敬印）、「宜都／楊氏藏／書記」白方、「星吾海／外訪得／秘笈」朱方

**參考：**阿部志P159、安論P112。

## 周易會通十四卷首一卷附錄一卷

元董眞卿撰。朝鮮宣祖壬辰亂（明萬曆二十年；一五九二）以前刊本。殘存首五卷，一冊。〔總目P20 ；題朝鮮舊刊本〕

四周雙欄，半郭19.3×13.1公分，本文十一行大十九字，注小文二十二字。版心：粗黑口，上下下向黑魚尾。題：「易會通大目／（葉）幾」

**序：**書首〈周易會通凡例〉後載天曆初元蒼龍戊辰（一三二八）董眞卿序及元統二年歲在甲戌董僎百序。

**補鈔：**書衣裏載後人補寫〈鄱陽董氏周易會通序〉及康熙丁巳（一六七七）納蘭盛德序（只

寫「右通志堂經解本之也」）。

案：故宮藏本只存首五卷，即〈周易經傳歷代因革〉、〈程子說易綱領〉、〈朱子說易綱領〉、〈朱子易圖附錄纂注〉、〈雙湖胡先生易圖〉。

**印章**：「星吾海／外訪得／秘笈」朱方、「楊印／守敬」白方、「飛青／閣藏／書印」白方

**參考**：楊譜卷一、阿部志P18。

## 詩傳大全二十卷首一卷

明胡廣等奉敕撰。朝鮮正祖十七年（清乾隆五十八年；一七九三）頃覆刻丁酉字本。十册。〔總目P55；題朝鮮翻刊明內府本〕

四周單欄，半郭24.6×17.9公分，本文十行大十八字，注小文雙行。版心：白口，上二葉花紋魚尾。題：「詩傳大全幾／（葉）幾」

**序**：卷首末載淳熙四年丁酉（一一七七）朱熹〈詩傳序〉。

**原編輯**：書首〈詩傳大全凡例〉後載祖本編輯官銜（胡廣等四十二人）。

**印章**：「文淵／閣寶」朱方（僞清文淵閣印）

案：僞清文淵閣印，只捺有卷十一與卷十三之首葉。此書爲徐庭瑤捐贈本矣。

## 韓詩外傳十卷

漢韓嬰撰。朝鮮宣祖壬辰亂（明萬曆二十年；一五九二）以前覆刻明嘉靖間沈辨之野竹齋刊本。二册。〔總目 P59；題朝鮮覆刊明嘉靖間沈氏野竹齋本〕

左右雙欄，半郭19.1×14.7公分，序七行大十三字，本文九行十七字。版心：白口爲主，間或粗黑口，上下內向白或黑魚尾。題：「詩外傳幾／（葉）幾」

**序**：書首載至正十五年（一三五五）錢惟善序。

**原木記**：錢惟善序後載「吳郡沈辨之野竹齋校雕」之單欄雙行篆文木記。

**肖像**：書首附載楊守敬七十歲肖像一葉，其上捺有「星吾七／十歲小像」白方、「楊印／守敬」白方二印。

**墨跡**：版天上載日本室町末近世間之墨筆訓點。

**印章**：「權氏／慶思」朱方、「□山／後人」朱方、「井岡氏藏」朱長、「宜都／楊氏藏／書記」白方、「星吾海／外訪得／秘笈」朱長

**參考**：森志卷一、阿部志P27。

## 孟子集注大全十四卷

明胡廣等奉敕撰。朝鮮正祖十七年（清乾隆五十八年；一七九三）頃覆刻丁酉字本。七册。〔總目 P136；題朝鮮翻刊明內府本〕

四周單欄，半郭25.1×18.3公分，本文十行大十八字，注小文雙行。版心：白口，上二

葉花紋魚尾。題：「孟子集注大全幾／（葉）幾」

**印章**：無

案：此書爲徐庭瑤捐贈本矣。

## 三元參贊延壽書五卷

元李鵬飛撰。朝鮮世宗二十年（明正統三年；一四三八）全州府刊本。一冊。（總目P979；題明正統三年朝鮮全州府刊本）

四周雙欄，半郭22.1×16.6公分，本文十二行大二十五字，注小文雙行。版心：粗黑口，上下內向黑魚尾。題：「書幾／（葉）幾」。

**序**：書首載歲至元辛卯（一二九一）李鵬飛〈三元參贊延書序〉。又日錄後載〈人說〉。

**木記**：卷末載「皇明正統參年歲次戊午孟秋重刊于全州府」之無欄單行木記。

**印章**：「楊印／守敬」白方（以下三鈐楊守敬印）、「星吾海／外訪得／秘笈」朱長、「飛青／閣藏／書印」白方、「教育部／點驗之章」朱長

**參考**：楊續譜卷五、阿部志P131。

# 附、國立故宮博物院善本舊籍總目中誤題韓國古書籍

## 周易十卷

魏王弼注、晉韓康伯補注。日本慶長間活字本。三册。〔總目 P4；題朝鮮古活字本〕

四周雙欄，半郭 21.1×15.2公分，本文七行大十七字，注小字雙行。版心：粗黑口，上下下向黑魚尾。題：「周易卷幾／（葉）幾」

**肖像**：書首附載楊守敬七十歲影肖像一葉，其上捺有「楊印／守敬」白方一印。

**校字**：版中天頭上有日人以宋六卷本、古本六卷本校字之紅筆墨跡。

**印章**：「楊印／守敬」白方（以下四鈐楊守敬印）、「宜都／楊氏藏／書記」白方、「星吾海／外訪得／秘笈」朱長、「飛青／閣藏／書印」白方、「朱師／轍觀」白方（朱師轍印）。

# 貞觀政要十卷

唐吳兢撰、元戈直集論。元至順四年（一三三三）序刊本。十冊。〔總目 P232；題朝鮮覆元刊本〕

四周雙欄，半郭 25.2×18.6公分，本文十行大二十字，注小文雙行。版心：細黑口，上下內向黑魚尾。題：「貞觀政要卷幾／（葉）幾／刻工人名（或無）」

**序**：書首載吳澄〈貞觀政要集論題辭〉、至順四年歲在癸酉（一三三三）郭思貞序、戈直序、吳兢〈貞觀政要序〉。

**刻工人名**：苟道珉、劉士中，李浦才、陳中、劉興才、李文丑、張文王、王必文、文三、路長、文只、保兒、文才、大通等。

案：《欽定天祿琳琅書目後編》題是書為元刊本，而故宮善本書目、安論俱謂朝鮮覆元刊本，誤。

**印章**：「廬江／王文／房記」朱方（以下二鈐朱見滳印）、「宗藩／清暇」朱方（以下二鈐朱見滳印）、「五福五代／堂古稀／天子寶」朱方（以下六鈐清內府印）、「八徵／耄念／之寶」朱方、「乾隆／御覽／之寶」朱橢、「太上／皇上／之寶」朱方、「天祿／琳琅」朱方、「天祿／繼鑑」白方

**參考**：天祿後編卷九、安論P96。

## 大藏目錄三卷

高麗大藏都監編。日本寬永十九年（明崇禎十五年；一六四二）據高麗高宗二十五年（宋淳祐八年；一二四八）板重刊本。一冊。〔總目P964；題朝鮮翻刻日本寬永壬午（十九年）西村又左衞門本〕

四周單欄，半郭20.8×14.8公分，本文十行大十八字，注小文雙行。版心：粗黑口，上下內向黑魚尾。題：「大藏目錄」

**原刊記**：書末載「戊申年高麗國大藏都監奉勑雕造」之無欄單行木記。

**木記**：卷一末載「寬永壬午仲夏日西村又左清門板行」之雙欄雙行木記。

**書衣**：書衣上有「門外不出／兩／緣山／安民窟藏／西溪」朱長日本安民窟藏書標識，又旁寫「臺巖寶藏」之黑筆墨跡。

**印章**：「緣山學寮／寥廓堂什本／潮禪藏印」朱長、「星吾海／外訪得／秘笈」朱長（以下二鈐楊守敬印）、「飛青／閣藏／書印」白方、「朱師／轍觀」白方（朱師轍印）、「教育部／點驗之章」朱長

# 二、國立北平圖書館善本書目中韓國古書籍

## 全韻玉篇二卷

朝鮮不著撰者。朝鮮後期刊本。二册。〔北平 P15（中圖 01060）；題朝鮮舊刊本〕

同書見臺中圖藏 01058至 59 本。

**印章：**「楊以增字／益之又字／至堂晚號／冬樵行弍」朱方（以下十鈐楊以增、紹和父子印）、「東郡楊／紹和字／彥合藏／書之印」朱方、「楊彥合讀書」朱長、「紹和／筑岩」朱白兼方、「勰卿／珍賞」白方、「東郡／楊氏」白方、「東郡楊／氏海原／閣藏」朱方、「楊氏海原／閣鑑藏印」白長、「楊氏海／原閣藏」白長、「關西節／度系關西」白長、「國立北／平圖書／館收藏」朱方

## 耽羅志一卷

朝鮮李元鎭撰、高弘進監校。朝鮮孝宗四年（清順治十年；一六五三）濟州刊本。一册。

〔北平 P100（中圖 04156 ）；題清初朝鮮刊本〕

四周雙欄，半郭 26.2×18.0公分，本文八行大二十字，注小文雙行。版心：白口，上下內向二葉花紋魚尾。題：「耽羅志／（葉）幾／刻工人名（或無）」

**刻工人名**：白，李善萬。

**跋**：書末載癸巳（一六五三）申纘跋。

**刊記**：申纘跋云：「謀壽其傳，鳩工鋟梓，而爰命士人高弘進監校。其後閱旬月而告訖，頒印之後，置板於學宮，以爲鄉人之傳覽。」

**印章**：「國立北／平圖書／館收藏」朱方

## 迎接都監都廳儀軌不分卷

朝鮮迎接都監編。朝鮮仁祖四年（明天啓六年；一六二六）迎接都監稿本。一冊。〔北平 P104（中圖 04581）；題明天啓間朝鮮寫本〕

四周單欄，半郭 36.6×30.4公分，本文十四行大十八字左右。版心：白口，上下內向三葉花紋魚尾。無版心題。

**內容**：朝鮮仁祖四年迎接明使節事。明使：姜曰廣；朝鮮使：金瑬。

**印章**：「國立北／平圖書／館收藏」朱方

## 近思錄十四卷

宋朱熹、呂祖謙撰、葉采集解。朝鮮中宗至宣祖壬辰亂間（明正德元年至萬曆二十年；一五〇六至九二）刊本。四冊。〔北平 P124（中圖 05473 ）；題明正統元年朝鮮活字印本〕

四周雙欄，半郭 29.1×19.8公分，本文九行大十八字，注小文雙行。版心：粗黑口，上下內向三葉花紋魚尾。題：「刻工人名（或無）／近思錄幾／（葉）幾」

**序跋**：書首載淳祐戊申（一二四八）葉采〈近思錄集解序〉、淳祐十二年（一二五一）葉采〈進近思錄表〉。書末載永樂元年（一四〇三）權近鑄字事實、永樂二十年（一四二二）卞季良鑄字事實、宣德九年（一四三四）金鑌鑄字事實及正德元年（一四三六）金汶跋。

**缺落**：書末權近、卞季良、金鑌鑄字事實俱遭缺，未補。

案：同書見韓國漢城大學伽藍古貴 181.1-J868g-V.1.4 本

**印章**：「京師圖書／館收藏之印」朱長

**參考**：王提要 P223、安論 P122。

## 海東唐文選一卷

朝鮮趙寅永選注。朝鮮純祖十六年（清嘉慶二十一年；一八一六）趙寅永手抄本。一冊。

（北平 P268（中圖 14173 ）；題編者手稿本）

左右雙欄，半郭 19.3×14.2公分，本文十行大二十字，注小文雙行。版心：白口，上黑魚尾。無版心題。

**書題**：「海東唐文選」。其下有「豐壤趙寅永選幷註／東武劉喜海藏」之題識及「喜／海」白方、「吉／羊」朱方二印

**封面**：「海東唐文選」。其下有「豐壤／趙寅永／義卿印」白方一印。又其旁載「國立北／平圖書／館收藏」朱長外手決朱文一印

**題識**：書首載趙寅永題識及「趙寅／永印」白方、「義／卿」白方二印。其題識云：「前承《唐文抄》寄之示弟，羅、麗以上，文獻殘缺，金石錄識皆空典也。無足抄錄，故只據實所信傳有關治體者，畧抄一二，而又不可無方言註解處，無以倩人忘拙騰出，恐不堪雅覽也。寅永識。」又書末載劉喜海題識，云：「右海東唐文十二有九通，內多《全唐文》未經著錄者當采之，以備拾遺。燕庭志。」

案：朝鮮純祖十六年（一八一六），趙寅永以聖節使使清。此時，寅永將朝鮮金石學資料，送於劉喜海；是書乃爲其中之一矣。

**印章**：「嘉蔭／簃藏／書印」朱方、「東武鎦氏味經書屋藏書印」朱長

# 附、國立北平圖書館善本書目中誤題韓國古書籍

## 梁昭明太子文集五卷

梁蕭統撰。明嘉靖三十四年（朝鮮明宗十年；一五五五）周滿刊本。一冊。〈北平 P178（中圖 04921 ）；題朝鮮翻刻嘉靖三十四年周滿本〉

四周雙欄，半郭 19.7×16.3公分，本文九行大二十字，注小文雙行。版心：白口，上下內向黑魚尾。題：「昭明集卷幾／（葉）幾」。

**序跋**：書首載梁簡文帝〈梁簡文帝昭明太子集序〉。書末載淳熙八年歲在辛丑（一一八一）袁說友跋、嘉靖乙卯（一五五五）周滿〈昭明太子集序〉。

**木記**：卷一首題下載「東吳周復俊皇甫汸校刊」之無欄單行木記。

**印章**：「汪士鐘藏」白長（汪士鐘印）、「國立北／平圖書／館收藏」朱方

案：是書或謂朝鮮覆刻明板，而實爲明板矣。

**參考**：王提要 P495、安論 P123。

案：王重民《中國善本書提要》〈梁昭明太子六集五卷〉云：「按此乃周滿原刻原印本，紙軔如高麗棉紙，實爲滇、蜀土產。」

# 蒼崖先生金石例十卷

元潘昂霄撰、楊本編校。元至正八年（一三四八）序刊本。二冊。北圖 P283（中圖 14702）：題明代朝鮮刊本〕

四周雙欄，半郭 21.0×14.6公分，本文九行大十八字，注小文雙行。版心：白口，上白魚尾。題：「金石例／（葉）幾」

**序跋**：書首載至正五年（一三四五）楊本〈金石例序〉、至正乙酉（一三四五）傅貴全〈金石例序〉、至正五年（一三四五）湯植翁〈金石例序〉、明年戊子（一三四八）王思明〈金石例序〉。書末載至正五年（一三四五）潘詡跋。

**題識**：書末載己未（一七九九）顧廣圻之手書題識一葉。

**印章**：「周印／良金」方朱（以下二鈐周良金印）、「昆陵周氏九松／迂叟藏書印」方朱、「思適齋」長朱、「廣圻／審定」方朱（顧廣圻印）、「方燕昭／和齋甫／書畫印」方朱、「南陵徐乃昌／校勘經籍記」長朱（以下六鈐徐乃昌印）、「南陵／徐氏」長朱、「徐乃昌／馬韻芬／夫婦印」長朱、「積餘秘笈／識者寶之」長朱、「積學齋」長朱、「積學齋徐乃昌藏書」方朱、「國立北／平圖書／館書藏」方朱

**參考**：王提要 P706。

案：《中國善本書提要》〈蒼崖先生金石例十卷〉云：「按此即印徐氏積學齋翻刻底本，

諸家所認爲元至正間第二刻本者。《北京圖書館善本書目》題爲『明朝鮮刻本』，不知何所據而云然？若因此本用高麗紙刷印，（似是高麗紙，然或爲滇、蜀所產。）則爲懸想過敏所誤矣。」同書見臺故宮藏北平 P283（中圖 14703）本。

## 蒼崖先生金石例十卷

元潘昂霄撰、楊本編校。元至正八年（一三四八）序刊本。殘存卷一至七，一册。〔北平 P283（中圖 14703；題明代朝鮮刊本）〕

同書見臺故宮藏北平 P283（中圖 14702）本。

**缺落**：序葉二遭缺，未補。序葉三與葉四互相換裝。

**印章**：「休寧朱之赤／珍藏圖書」朱長、「寒士／精神」白方、「國立北／平圖書／館收藏」朱方

**參考**：王提要 P706。

# 三、國立中央圖書館善本書目中韓國古書籍

## 書集傳六卷

宋蔡沈撰。朝鮮後期刊本。缺卷六，五册。（00179；題朝鮮內閣舊刊本）

四周雙欄，半郭24.1×18.1公分，本文六行大十七字，注小文雙行。版心：白口，上二葉花紋魚尾。題：「書集傳幾／大目／（葉）幾」

序：卷首載嘉定己巳（一二〇九）蔡沈〈書集傳序〉及蔡沈〈書序說〉。

印章：「吳興劉氏／嘉業堂／藏書印」朱方（劉承幹印）、「國立中／央圖書／館攷藏」朱方

## 御定書傳人物類聚一卷

朴準源等受命校定。朝鮮純祖元年（清嘉慶六年；一八〇一）整理字本。一册。（00226；題清嘉慶六年朝鮮內閣活字本）

四周雙欄，半郭22.4×15.0公分，本文十行大二十字。版心：白口，上黑魚尾。

題：「書傳人物類聚／（葉）幾」
封面：「御定／書傳人物類聚／辛酉」
校正：書首載是書校正官銜（朴準源、金祖淳等五人）
印章：「恩賜」朱方有動物形（朝鮮內賜印）、「國立中央圖／書館收藏」朱長

## 纂圖互註周禮十二卷

漢鄭玄注。朝鮮肅宗三十二年（清康熙四十五年；一七〇六）刊本。十冊。（00342；題清順治五年朝鮮趙絅等刊本）

四周雙欄，半郭21.2×15.6公分，本文九行大十五字，注小文雙行。版心：白口，上下內向二葉花紋魚尾。題：「大目幾／（葉）幾」

序跋：書首載賈公彥等〈周禮正義序〉及〈序周禮廢興〉。書末載成化十四年（一四七八）金宗直跋、上之廿六季戊子（一六四八）趙絅跋、上之三十二年歲在丙戌（一七〇六）金濱跋。

刊記：金濱跋云：「遂分送爲邑，鳩工翻刊，以壽其傳。……只書刊行，顛末以歸之。」

印章：「國正中央圖／書館收藏」朱長

案：是書爲後刷本。諸跋皆移裝於賈序之後。同書見臺中圖藏00343本。

## 纂圖互註周禮十二卷

漢鄭玄注。朝鮮肅宗三十二年（清康熙四十五年；一七〇六）刊本。七册。〔00343；題清康熙四十五年朝鮮刊本〕

同書見臺中圖藏 00342 本。

**墨跡**：册一末書衣裏載「唐巷不藏」、「安東權」之黑筆墨跡。

**印章**：「宜鎰權華述」朱長無欄（以下二鈐權華述印）、「權典叟/墨藏印」朱方、「國立中央圖/書館收藏」朱長

## 儀禮經傳通解三十七卷續二十九卷

本集：宋朱熹撰；續集：黃榦撰、楊復重訂。朝鮮後期刊本。三十九册。〔00478；題朝鮮舊刊本〕

四周雙欄，版郭 23.9×17.9公分，本文十行大十七字，注小文雙行。版心：白口，上下下向黑或一至二葉花紋魚尾。

**原刊記**：續集目錄後載「元統三年六月日刊補完成」之無欄單行木記。

**缺補**：本集目錄葉一遭缺，後人以另紙補鈔之。

印章：「李印／應翼」朱方、「完／山」白方、「伯龠／氏」朱白兼方、「誠／菴」朱方、「國立中央圖／書館收藏」朱長

## 禮疑類輯二十四卷附錄二卷

朝鮮朴聖源編。朝鮮正祖七年（清乾隆四十八年；一七八三）芸閣印書體字本。卷十五至卷十六、卷十九至卷二十凡四卷鈔配，十五册。〔00480；題清乾隆五十八年朝鮮芸閣活字本〕

四周雙欄，半郭22.2×14.8公分，本文十行二十字，注小文雙行。版心：白口，上白魚尾。

題：「禮疑類輯／卷幾／大目／（葉）幾」

序：書首載即祚之七年癸卯（一七八三）徐鼎修〈御製禮疑類輯序〉、崇禎紀元後三戊寅（一七五八）朴聖源〈禮疑類輯序〉。

印記：徐鼎修序云：「故諭善朴聖源乃盡取諸家之書，……凡若干卷，名曰《禮疑類輯》。予覽而嘉之，亟命芸館刊布。」

印章：「奎章／之寶」朱方（朝鮮內賜印）、「石堂／藏書」朱方（以下二鈐金相定印）、「光／山」朱方、「金聖／林宗／源印」白方、「□士／堂／藏書」白方、「國立中央圖／書館收藏」朱長

案：同書見臺中圖藏00481本。

## 禮疑類輯　二十四卷附錄二卷

朝鮮朴聖源編。朝鮮正祖七年（清乾隆四十八年；一七八三）芸閣印書體字本。十五册。〔00481；題清乾隆五十八年朝鮮芸閣活字本〕

同書見臺中圖藏00480本。

**印章**：「奎章／之寶」朱方（朝鮮內賜印）、「國立中央圖／書館收藏」朱長

案：臺中圖藏本，係二人各藏而後爲配齊之本。

## 禮疑類輯　二十四卷附錄二卷

朝鮮朴聖源編。朝鮮末期據正祖七年（清乾隆四十八年；一七八三）芸閣印書體字鈔本。十五册。〔00482；題朝鮮鈔本〕

四周單欄，半郭21.2×15.3公分，本文十行大二十字，注小文雙行。無版心。

**序**：書首載即祚之七年癸卯（一七八三）徐鼎修〈御製禮疑類輯序〉、崇禎紀元後三戊寅（一七五八）朴聖源〈禮疑類輯序〉。

**印章**：「洪󠄀睿／裕印」白方、「在／奎」白方、「談筆／鴻儒」白橢、「意在／筆／墨外」朱方、「得書／知我在」朱橢、「言光／之國」白橢、「千金／勿傳」白方、「國立中／央圖書／館保管」

朱方外不明白方一印。

## 備要補解八卷

朝鮮南紀濟編。朝鮮英祖三年（清雍正五年；一七二七）以後鈔本。九冊。〔00483；題朝鮮舊鈔本〕

四周單欄，半郭 24.5 × 17.2公分，本文十一行大二十四字，注小文雙行。無版心。

**序**：書首載丁未（一七二七）南紀濟〈備要補解序〉。

**編輯**：南紀濟序云：「於是自忘孤陋，抄輯東儒禮說十數家，一依備要之列，逐條立說，名之曰《備要補解》。」

**印章**：「國立中央圖／書館收藏」長朱方外不明朱方一印。

## 奉先雜儀二卷

朝鮮李彥迪撰。朝鮮宣祖壬辰亂至正祖二十三年間（明萬曆二十年至清嘉慶四年；一五九二至一七九九）玉山書院刊本。一冊。〔00503；題明嘉靖間朝鮮刊本〕

四周雙欄，版郭 22.4 × 18.0公分，本文十行大二十一字，注小文雙行。版心：白口，上下內向二葉花紋魚尾。題：「奉先雜儀／（葉）幾」

**跋**：書末載嘉靖庚戌（一五五〇）李彥廸跋。

**墨跡**：册後書衣裏載「嘉慶四年己未三月日自玉山書院來」之墨跡。

案：是書之册板，今藏韓國慶北慶州郡玉山書院。

**褙接紙**：書衣裏用木刻《近思錄》紙。

**印章**：「國立中央圖／書館收藏」朱長外不明鮮人一印。

案：同書見臺中研院394／161本。

## 喪禮備要二卷

朝鮮申義慶撰、金長生修訂。朝鮮肅宗十五年（清康熙二十八年；一六八九）咸營刊本（？）。二册。（00504；題清順治五年朝鮮刊本）

四周雙欄，版郭21.5×18.6公分，本文十行大十八字。天頭有小字注。版心：白口，上下內向一至三葉花紋魚尾。題：「喪禮備要卷幾／（葉）幾」

**序跋**：書首載萬曆庚申（一六二〇）金長生〈喪禮備要序〉、戊子（一六四八）金集序。書末載天啓元年歲辛酉（一六二一）申欽跋。

**木記**：卷一末及卷二末俱載「歲己巳孟夏咸營重刊朴昌楷謹書」之無欄單行木記。

**印章**：「國立中央圖／書館收藏」朱方

## 五先生禮說分類前集八卷後集十二卷

朝鮮鄭逑撰。朝鮮仁祖七年（明崇禎二年；一六二九）刊本。十册。〔00505；題明崇禎二年朝鮮李潤雨刊本〕

四周雙欄，版郭24.4×19.8公分，本文十三行大二十二字。版心：白口，上下內向二葉花紋魚尾。題：「五先生禮說前集幾／（葉）幾」

**序跋**：書首載萬曆辛亥（一六一一）鄭逑〈五先生禮說分類序〉及鄭逑序。書末載崇禎二年己巳（一六二九）李潤雨跋。

**刊記**：李潤雨跋云：「其後與羅州牧使辛公啓榮，……分板入梓，……凡數月而功訖。」

**缺落**：卷五葉八遭缺，未補。

**褙接紙**：册七書衣裏用木刻《畢齋文》。

**印章**：「具昌／番印」朱長、「練／□」朱方、「國立中央圖／書館收藏」朱長

## 家禮輯覽十卷

朝鮮金長生撰、金集等校。朝鮮肅宗十一年（清康熙二十四年；一六八五）刊本。六册。〔00506；題清康熙二十四年朝鮮刊本〕

四周雙欄，版郭20.6×17.7公分，本文六行大二十字。版心：白口，上下內向二葉花紋魚尾。題：「家禮輯覽卷幾／（葉）幾」

**序**：書首載萬曆乙亥（一五七五）金長生〈家禮輯覽序〉、崇禎旃蒙赤奮若（一六八五）宋時烈〈家禮輯覽後序〉。

**刊記**：宋時烈序云：「先生沒後，胤子文敬公與諸門人共加校讎，藏之巾笥，達城徐公文重、完山李公師命前後爲兩南方伯，剞劂而行於世。」

**印章**：「完山／鹵叔」白方、「國立中央圖／書館收藏」朱長

## 疑禮問解四卷

朝鮮金長生撰、金士剛編。朝鮮仁祖二十四年（清順治三年；一六四六）序刊本。四冊。

〔00507；題清康熙間朝鮮刊本〕

四周雙欄，半郭21.2×14.7公分，本文十行大十九字，注小文雙行。上欄有注，行小三字。版心：白口，上下內向二至三葉花紋魚尾。題：「疑禮問解卷之幾／（葉）幾」

**序跋**：書首載歲舍丙戌（一六四六）金尚憲〈疑禮問解序〉。書末載癸未（一六四三）李植跋、歲舍癸未（一六四三）申翊聖跋。

**校刊**：金尚憲序云：「《疑禮問解》者，沙溪金先生之所纂述，而胤子士剛氏校讎成編者也。」又李植跋云：「今以《疑禮問解》一帙，將入梓行布，其有補於禮經甚大矣。」

印章：「國立中央圖／書館收藏」朱長

案：臺中圖將是書與《疑禮問解續》合定爲一部，但以著者、刊年互相不同，故茲分成二部。同書見臺中圖藏 00508 本、臺中研院藏 392.2／210 本。

## 疑禮問解續一卷附古今喪禮異同表一卷

朝鮮金長生撰、金集編。朝鮮肅宗二十年（清康熙三十三年；一六九四）序刊本。一冊。

〔00507；題清康熙間朝鮮刊本〕

四周雙欄，半郭 22.0×14.9公分，本文十行大十八字，注小文雙行，上欄有注，行小三字。附錄十行大二十字。版心：白口，上下內向二葉花紋魚尾。題：「疑禮問解續／（葉）幾」

序：書首載崇禎紀元戊辰之後六十七年甲戌（一六九四）尹拯序。

缺落：尹拯序遭缺。

印章：「金印／昌協」朱方（以下二鈐金昌協印）、「仲／和／□」朱方、「國立中央圖／書館收藏」朱長

案：金昌協，字仲和，生於朝鮮孝宗二年（一六五一），歿於肅宗三十四年（一七〇八）。臺中圖將是書與《疑禮問解》合定爲一部，而茲分成二部。同書見臺中圖藏 00508 本。

## 疑禮問解四卷

朝鮮金長生撰、金士剛編。朝鮮仁祖二十四年（清順治三年；一六四六）序刊本。四冊。

〔00508；題清康熙間朝鮮刊本〕

同書見臺中圖藏00507本、臺中研院藏392.2／210本。

印章：「潘南朴／氏家藏」白長（以下二鈐朴齊聞印）、「齊聞／敬韶／松章」朱方、「□圃／居士」朱白兼方、「國立中央圖／書館收藏」朱長

## 疑禮問解續附古今喪禮異同表一卷

朝鮮金長生撰、金集編。朝鮮肅宗二十年（清康熙三十三年；一六九四）序刊本。一冊。

（00508；題清康熙間朝鮮刊本）

同書見臺中圖藏00507本。

印章：「潘南朴／氏家藏」白長（以下二鈐朴齊聞印）、「齊聞／敬韶／松章」朱方、「□圃／居士」朱白兼方、「國立中央圖／書館收藏」朱長

## 鄉禮合編三卷

朝鮮李秉模等受命編。朝鮮正祖二十一年（清嘉慶二年；一七九七）丁酉字本。二册。

〔00509；題清乾隆五十年朝鮮內閣銅活字本〕

四周單欄，版郭 25.3 × 18.1公分，本文十行大十八字，注小文雙行。版心：白口，上二葉花紋魚尾。題：「鄉禮合編卷幾／大目／（葉）幾」

**序**：書首載〈御製養老務農頒行小學五倫行實鄉飲酒禮鄉約綸音〉及丁酉字鑄字事實。

**編印官**：書末載是書編輯官銜（李秉模等九人）及監印官銜（李晚秀）

**印章**：「奎章／之寶」朱方（朝鮮內賜印）、「國立中央圖／書館收藏」朱長

案：同書見臺中研院藏 095.23／161 本。

## 鄉禮合編三卷

朝鮮李秉模等受命編。朝鮮正祖二十一年（清嘉慶二年；一七九七）嶺營覆刻丁酉字本。二册。〔00510；題清嘉慶二年朝鮮嶺營刊本〕

四周單欄，版郭 25.3 × 18.1公分，本文十行大十八字，注小文雙行。版心：白口，上二葉花紋魚尾。題：「鄉禮合編卷幾／大目／（葉）幾」

序：書首載＜御製養老務農頒行小學五倫行實鄉飲酒禮鄉約綸音＞及丁酉字鑄字事實。

原編印官：書末載是書之原編輯官銜（李秉模等九人）及監印官銜（李晚秀）

木記：原編印官後載「丁巳七月嶺營新刊」之單欄雙行木記。

印章：「國立中央圖／書館收藏」朱長

## 五禮祭儀鈔一卷祭儀一卷五禮儀嘉禮抄一卷

朝鮮不著撰者。朝鮮後期戊戌（？）雪山刊本。一册。〔00511；題清乾隆四十三年朝鮮雪山刊本〕

四周雙欄，版郭24.5×18.3公分，本文十行大十八字。版心：白口，上下內向黑或一至三葉花紋魚尾。題：「五禮祭儀抄（或題目）／（葉）幾」

木記：書末載「戊戌季春下澣雪山刊」之無欄單行木記。

印章：「國立中央圖／書館收藏」朱長

## 家禮考證七卷

朝鮮曹好益撰、金堉等編。朝鮮仁祖二十四年（清順治三年；一六四六）刊本。三册。〔00512；題朝鮮閔應協刊本〕

四周雙欄，版郭21.0×18.2公分，本文十一行大二十字。版心：白口，上下內向二葉花紋魚尾。題：「考證卷之幾／（葉）幾」

**序**：卷首載丙戌（一六四六）金堉〈家禮考證序〉。

**刊記**：金堉序云：「南伯閔公應協將行，余持此書造請曰：『此先師之所著者，非獨我門弟之所寶，抑斯文之所重也。予其鋟梓以壽之。』閔公慨然頒諸而去。今當剞劂之後，益切傷惘之懷，錄其梗槩，以寓追慕之誠。」

**印章**：「名言／允念」白方、「□□／山」白方、「國立中央圖／書館藏本」朱長

## 二禮撮要四卷

朝鮮不著撰人。朝鮮正祖元年（清乾隆四十二年；一七七七）以後鈔本。一冊。（00513；題喪祭撮要朝鮮鈔本）

30.2×20.6公分，本文九行大二十二字，注小文雙行。

**內容**：不著書名喪禮一卷、《喪祭撮要》三卷。

案：是書之書題爲《二禮撮要》。《祭撮要》曾引用朝鮮學者語，其中有陶菴（李縡）、厚齋（金榦）、遂菴（權尚夏）等。此諸人俱仕於肅、景、英祖。冊首書衣裏載是書鈔者所書之丁丑年國恤時事及丙申年詔；其詔下書「今皇上詔勅」，疑指丙申年爲建陽元年丙申（一八九六）。

印章：「國立中央圖／書館收藏」朱長

## 禮家要覽不分卷

朝鮮不著編人。朝鮮純祖十五年（清嘉慶二十年；一八一五）以後鈔本。一冊。（00514；題朝鮮舊鈔本）

26.8×16.9公分，本文十行大三十三字左右，注小文雙行。

**書題**：「星湖禮說」。星湖，李瀷號。

案：李瀷，生於朝鮮肅宗七年（一六八一），歿於英祖三十九年（一七六三）。是書末載「乙亥九月初一告辭。伏以不肖行年七十有七。」李瀷死後之第一乙亥年，爲純祖十五年。

**印章**：「國立中央圖／書館收藏」朱長

## 春秋胡氏傳三十卷

宋胡安國撰、林堯叟音註。朝鮮後期刊本。十冊。（00524；題韓國舊刊本）

四周單欄，半郭24.2×17.3公分，本文十行大十九字，注小文雙行。版欄右外載「年表」耳題。版心：白口，上下內向黑或一至二葉花紋魚尾。題：「胡傳幾／（葉）幾」。

**序**：書首載胡安國〈春秋胡氏傳序〉。

印章：「國立中央圖／書館收藏」朱長

## 春秋三十卷

宋胡安國撰、林堯叟音註。朝鮮後期刊本。十冊。〔00529；題朝鮮舊刊本〕

四周單欄，半郭21.2×18.3公分，本文十二行大二十字，注小文雙行。版心：白口，上下內向二葉花紋魚尾。題：「春秋／卷幾／大目／（葉）幾」

序：書首載成化壬寅（一四八二）劉憲＜重刻春秋集註序＞、杜預＜左氏傳序＞、范寧＜穀梁傳序＞、胡安國＜胡氏傳序＞。

印章：「國立中央圖／書館收藏」朱長

## 春秋左傳詳節句解三十五卷

宋朱申注、明孫鑛批點、顧梧芳較正、鍾惺重訂。朝鮮後期刊本。十冊。〔00622；題朝鮮舊刊本〕

四周雙欄，半郭22.4×18.3公分，本文十二行大二十一字，注小文雙行。版心：白口，上下內向二葉花紋魚尾。題：「左傳卷幾／（葉）幾」

序：書首載正德癸酉（一五一三）王鏊＜春秋左傳詳節句解序＞、杜預＜春秋左傳詳節句解序〉。

**褙接紙**：册二、九等書衣裏用木刻《事文類抄》紙，又册三、十等用地方公文書。

**印章**：「國立中央圖／書館收藏」朱長

## 左傳鈔評十二卷

明穆文熙撰，石星校。朝鮮景宗四年（清雍正二年；一七二四）錦城刊本。六册。（00627；題清雍正二年朝鮮錦城刊本）

四周單欄，半郭23.5×15.5公分，本文九行大二十字，注小文雙行。上欄有注，行小五字。

**版心**：白口，上下內向二葉花紋魚尾。題：「左傳鈔評卷幾／（葉）幾／大目」

**原刊記**：每卷首題下載「長洲知縣劉懷恕刊刻」之無欄單行刊記。

**木記**：書末載「崇禎後再度甲辰錦城午門刊刻」之無欄單行木記。

**印章**：「雲／伯」朱方、「國立中央圖／書館收藏」朱長

## 春秋經傳集解三十卷

朝鮮集賢殿受命編。朝鮮正祖元年至哲宗八年間（清乾隆四十二年至咸豐七年；一七七七至一八五七）丁酉字本。十五册。（00646；題春秋經傳集解音訓附註朝鮮舊刊本）

四周單欄，半郭24.5×17.6公分，本文十行大十七字，注小文雙行，注家及國名作黑圍。版心：白口，上下內向二葉花紋魚尾。題：「左傳幾／（葉）幾」

序：書首載杜預〈春秋左氏傳序〉及集賢殿裒輯事實。

裒輯：集賢殿裒輯事實云：「歲庚申夏五月，上命集賢殿裒輯數家之說，合成一書，以杜李爲主，林、朱則刪繁，……又採陸德明釋文，林、朱翻音，名曰音訓，以附其後。」

印章：「朴氏／齊聞」朱方（以下四鈐朴齊聞印）、「潘／南」白方、「敬／韶」白方、「雋／金／齋」白方、「國立中央圖／書館收藏」朱長

## 魯史零言三十卷

朝鮮李恒福撰。朝鮮顯宗十四年（清康熙十二年；一六七三）序刊本。卷十三至十五凡三卷鈔配，十二册。（00647；題清康熙十二年朝鮮白沙李氏刊本）

四周雙欄，半郭22.0×16.1公分，本文九行大十九字，注小文雙行。版欄右邊載「年表」耳題。版心：白口，上下內向四葉花紋魚尾。題：「魯史零言卷第幾／（葉）幾」

序：書首載崇禎癸丑（一六七三）朴世采〈魯史零言序〉。

刊記：朴世采序云：「此乃故丞相白沙李忠公所編《魯史零言》者，……前年秋，公之孫時顯氏，出牧星山，慨然發憤，命其子世龜，奉公成法，悉加整頓，間有闕文錯簡，亦謹補輯，將付剞劂。」

案：是書作者爲李恒福。恒福，字子常，號白沙、弼雲。

缺補：卷十三至十五及卷十六葉一俱遭缺，後人以另紙補鈔之。

印章：「國立中央圖／書館收藏」朱長

## 春秋集傳大全三十七卷

明胡廣等奉敕撰。朝鮮顯宗九年至英祖五十二年間（清康熙七年至乾隆四十一年；一六六八至一七七六）戊申字本。三十二册。〔00691；題明隆萬間朝鮮活字本〕

四周雙欄，半郭25.7×18.2公分，本文十行大十八字，注小文雙行。版心：白口，上下二至四葉花紋魚尾。題：「春秋集傳幾／（葉）幾」

印章：「積學齋徐乃昌藏書」朱長（徐乃昌印）、「國立中央圖／書館收藏」朱長

## 孝經大義一卷

宋朱子刊誤、董鼎註。朝鮮純祖十九年（清嘉慶二十四年；一八一九）春坊覆刻丁酉字本。一册。〔00708；題韓國舊刊本〕

四周單欄，半郭24.9×18.1公分，本文十行大十八字，注小文雙行。版心：白口，上下內向二葉花紋魚尾。題：「孝經大義／（葉）幾」

**封面：**「己卯新刊／孝經／春坊藏板」

**序跋：**書首載歲在乙巳（一三〇五）熊禾〈孝經大義序〉。書末載成化二十二年歲次丙午（一四八六）徐貫跋。

**原木記：**徐貫跋末載「甲戌輔養廳重刊」之無欄單行木記。

**缺落：**封面及序跋俱遭缺，未補。

**墨跡：**書衣裏載「册主人은徐青龍册이라」之黑筆墨跡。

**印章：**「國立中央圖／書館收藏」朱長

案：同書見臺中圖藏 00709 本。

## 孝經大義一卷

宋朱子刊誤、董鼎註。朝鮮純祖十九年（清嘉慶二十四年；一八一九）春坊覆刻丁酉字本。一册。〔00709；題朝鮮春坊刊本〕

同書見臺中圖藏 00708 本。

**褙接紙：**書衣裏用木刻《通鑑》、《唐音》紙及日文報紙。

**印章：**「宋鎬／承章」朱方（宋鎬承印）、「國立中央圖／書館收藏」朱長

# 孝經諺解一卷

朝鮮校正廳諺解。朝鮮後期刊本。一册。〔00714；題朝鮮刊本〕

四周雙欄，半郭 23.4 × 18.1公分，本文十行大十九字，注小文雙行。版心：白口，上下內向黑或一葉至三葉花紋魚尾。題：「孝經諺解／幾」

**缺補：** 葉五遭缺，後人以另紙補鈔之。

**褙接紙：** 書衣裏用木刻朝鮮本及日文報紙。

**印章：**「宋鎬／承章」方朱（朱鎬承印）、「國立中央圖／書館收藏」長朱

# 國朝樂章一卷

朝鮮洪啓禧等受命編。朝鮮英祖四十一年（清乾隆三十年；一七六五）戊申字本。一册。〔00741；題清乾隆三十年朝鮮內閣活字本〕

四周雙欄，半郭 24.6 × 18.3公分，本文十行大十七字，注小文雙欄。版心：白口，上二葉花紋魚尾。題：「國朝樂章／（葉）幾」

**跋：** 書末載歲乙酉予嗣服四十一年（一七六五）具庠〈御製國朝樂章跋文〉。

**編輯：** 具跋後載是書編輯官銜（洪啓禧、徐命應等四人）

**印章**：「國立中央圖／書館收藏」朱長

## 孟子集註七卷

周孟軻撰、宋朱熹集註。朝鮮末期刊本。七册。〔00766；題朝鮮舊刊本〕四周雙欄，半郭 24.7×18.2公分，本文六行大十七字，注小文雙行。版心：白口，上二葉花紋魚尾。題：「孟子幾／大目／（葉）幾」

**序**：書首載〈孟子序說〉。

**附錄**：書末載〈新刊經書總目〉，如《易本義》十二卷、《易傳》六卷、《書集傳》六卷、《書序辨說》一卷、《書傳音釋》一卷、《詩集傳》二十卷、《詩序辨說》一卷、《詩傳音釋》一卷、《論語集註》十卷、《大學章句》一卷、《大學或問》一卷、《中庸章句》一卷、《孟子集註》七卷，共十三種。

**印章**：「劉承幹／字貞一／號翰怡」白方（以下四鈐劉承幹印）、「承幹／鈐記」朱方、「劉印／翰怡」朱方、「吳興劉氏／嘉業堂／藏書印」朱方、「國立中／央圖書／館攷藏」朱方

**參考**：長澤長編 P466。

## 御定論孟人物類聚一卷

朝鮮李晚秀等受命編。朝鮮純祖即位年（清嘉慶五年；一八〇〇）整理字本。一册。（00850；題清嘉慶五年內閣活字本）

四周雙欄，半郭22.4×15.0公分，本文十行大二十字，注小文雙行。版心：白口，上黑魚尾。題：「論孟人物類聚／（葉）幾」

**封面**：「御定／論孟人物類聚／庚申」

**校正**：書首載是書校正官銜（李晚秀、朴準源等七人）

**印章**：「宣賜／之記」朱方（朝鮮內賜印）、「國立中央圖／書館收藏」朱長

## 玉堂釐正字義韻律海篇心鏡二十卷

明朱之蕃撰。朝鮮宣祖三十六年至顯宗三年間（明萬曆三十一年至清康熙元年；一六〇三至六二）覆刻明萬曆三十一年南都博古堂刊本。十册。（01043；題朝鮮翻刻明博古堂本）

四周單欄，半郭20.1×14.7公分，序五行大十三字，本文上欄十行、下欄六行。版心：白口，上黑或一至二葉花紋魚尾。題：「官板海篇心鏡／幾卷／（葉）幾」

**原封面**：「玉堂釐正分類字義韻律／鼇頭海篇心鏡／萬曆癸卯南都博古堂刊」

**序**：書首載萬曆癸卯（一六〇三）朱之蕃〈海篇心鏡序〉。

**印章**：「平山申氏攷藏／金石詩文書畫」白橢（以下三鈐申恂印）、「賜／號／恩休亭」朱長內有

紋、「冠巖／恩休」白方、「臣本／布衣」朱方、「學／畬」朱方、「金印／正喜」朱方（以下五章鈐金正喜印）、「阮／堂」白方、「子孫／永寶」朱方、「雙／魚／平安」朱圓有圖、「東方／弌士」白方、「繡／山」朱方、「心／齋」朱方、「康／寧」朱方、「永嘉／雲信」朱方、「眞實／先□」朱文石形、「□永□□章」朱長無欄、「嘉林／白氏／之章」白方、「庚／祿」白方、「國立中央圖／書館收藏」朱長

案：申恂，生於朝鮮宣祖三十一年（一五九八），歿於顯宗三年（一六六二）。臺中圖藏本，係曾數人各藏而後爲配齊之書。

## 全韻玉篇二卷

朝鮮不著撰者。朝鮮後期刊本。二冊。（01058；題朝鮮舊刊本）

四周雙欄，半郭 21.9×16.4公分，本文十行大十五字，注小文雙行。版心：白口，上黑魚尾。題：「全韻玉篇／卷幾／幾畫／（葉）幾」

印章：「親湖／藏書」朱方、「國立中央圖／書館收藏」朱長

案：同書見臺中圖藏 01059 本、臺故宮北平 P15（中圖 01060）本。

## 全韻玉篇二卷

朝鮮不著撰者。朝鮮後期刊本。二冊。〔01059；題朝鮮舊刊本〕

同書見臺中圖藏 01058 本、臺故宮北平 P15（中圖 01060 ）本

**褙接紙**：書衣裏用木刻《白眉故事》紙。

**印章**：「李信／學印」朱方、「晦舲」朱圓、「國立中央圖／書館收藏」朱長

## 古今韻會擧要三十卷韻會玉篇二卷

擧要：元黃公紹編輯、熊忠擧要；玉篇：朝鮮崔世珍編。朝鮮仁祖十四年至二十五年間（明崇禎九年至清順治四年；一六三六至四七）刊本。十四冊。〔01119；題明嘉靖間朝鮮刊本〕

四周雙欄，半郭 24.7×17.6公分，擧要八行大十一字，玉篇九行大十八字，各小注雙行。

版心：粗黑口，上下內向黑或一至三葉花紋魚尾。題：「韻幾卷／（葉）幾」

**序跋**：書首載壬辰（一二九二）劉辰翁序、歲丁酉（一二九七）熊忠序、余謙〈序韻會擧要書考〉。擧要卷三十末載李植跋。

**原木記**：熊忠序後載陳棠所刊之雙欄十行木記。

**題識**：書首附載吳廣霈之親筆題識三條及「吳印／廣霈」白方、「劍華／道人」朱方二印。題識（第一）云：「庚子三月十三日，購於漢城書市大洋伍圓正。」庚子，指朝鮮光武四年（一九〇〇）。

印章：「吳印／廣霈」白方（以下十鈐吳廣霈印）、「臣印／廣霈」白方、「吳氏／藏過」白方、「吳大」朱長、「古猷州／吳氏瀚／濤藏書」朱方、「瀚濤」朱方、「劍華」白長、「劍華／道人」朱方、「劍華／道人」又朱方印、「劍華堂／藏書印」朱長、「國立中央圖／書館收藏」朱長

參考：安論P96。

## 御定奎章全韻 二卷

朝鮮奎章閣編。朝鮮正祖二十年（清嘉慶元年；一七九七）刊本。一冊。〔01179；題乾隆五十九年朝鮮刊本〕

四周雙欄，半郭22.1×16.7公分，義例十行二十字，本文十行大十八字，注小文雙行或三行。版心：白口，上白魚尾。題：「奎章全韻／韻目／（葉）幾」

序：書首載〈御定奎章全韻義例〉，其中載生生字造字事實、整理字鑄字事實。

案：朝鮮正祖二十年內賜本，今藏韓國漢城大學奎章閣（奎3545本）等。

印章：「奎章／之寶」朱方（朝鮮內賜印）、「國立中央圖／書館收藏」朱長

案：同書見臺中研院藏432.4／320本。

## 五經百篇五卷

朝鮮正祖命編。朝鮮正祖二十一年（清嘉慶三年；一七九八）刊本。五册。〔01268；
題清嘉慶三年朝鮮內閣刊初印本〕

四周雙欄，半郭 26.8×19.3公分，本文七行大十四字，注小文雙行。版心：白口，上下內向二葉花紋魚尾。題：「五經百篇／卷之幾／大目／（葉）幾」

案：《羣書標記》卷三〈五經百篇〉云：「親撰題印行。義例曰：《易》一卷、《書》一卷、《詩》一卷、《春秋》一卷、《禮記》一卷，命內閣廣蒐諸本，精加校準。經始于甲寅，是正于乙卯，至戊午刊印頒行。」然此書之實際印年頒行，始于朝鮮正祖二十一年丁巳。是年內賜本，今藏韓國高麗大學（晚松A11－A18本）

**書題**：「五經百篇」。其旁有「內賜」二字。

**印章**：「奎章／之寶」朱方（朝鮮內賜印）、「曾經錬嶺／王氏珍藏」朱長、「澤存／書庫」朱方（陳羣印）、「國立中央圖／書館收藏」朱長

案：同書見臺中圖藏01269至70本。

## 五經百篇五卷

朝鮮正祖命編。朝鮮正祖二十一年（清嘉慶三年；一七九八）刊本。五册。〔01269；
題清嘉慶三年朝鮮內閣刊本〕

同書見臺中圖藏01268，01270本

書題：「五經百篇」。其旁有「內賜」二字。

內賜記：「道光十八年四月日，內賜文廟酌獻禮時執事儒生幼學成載瑗五經百篇一件，命除謝恩。檢校待教臣金（手決）」

案：是書刻於朝鮮正祖二十一年（一七九八），但臺中圖藏本頒賜於憲宗四年（一八三八）。按朝鮮書籍內賜例，通常印出後立即內賜諸臣，偶而保管一部份，歷數十年之後，復頒賜之。

印章：「奎章／之寶」朱方（朝鮮內賜印）、「國立中央圖／書館收藏」朱長

## 五經百篇　五卷

朝鮮正祖命編。朝鮮正祖二十一年（清嘉慶三年；一七九八）刊本。五冊。〔01270；題清嘉慶三年朝鮮內閣刊本〕

同書見臺中圖藏01268至69本。

印章：「李□／□信」朱圓、「閔晟基字德／卿號藕齋驪／興人丹巖文／忠公九世孫」朱方（閔晟基印）、「國立中央圖／書館收藏」朱長

## 史記英選六卷

漢司馬遷撰、朝鮮正祖命編。朝鮮正祖二十年（清嘉慶元年；一七九六）丁酉字本。六册。〔01340；題清嘉慶元年朝鮮內閣銅活字本〕

四周單欄，半郭25.1×17.9公分，本文十行大十八字，注小文雙行。版心：白口，上二葉花紋魚尾。題：「史記英選／卷幾／（葉）幾」

**封面**：「御定史記英選／丙辰內閣活印」

**印章**：「李印／載馨」白方、「綾石／之章」朱長、「國立中央圖／書館收藏」朱長

## 季漢書六十卷正論一卷答問一卷

明謝陛撰、鍾人傑等教。朝鮮後期刊本。二十册。〔01446；題朝鮮舊刊本〕

四周雙欄，半郭21.6×15.2公分，本文九行大二十字，注小文雙行。版心：白口，上下內向黑或二葉花紋魚尾。題：「季漢本紀／卷幾／（葉）幾」

**序**：書首載鍾人傑〈敍季漢書〉、葉向高〈季漢書序〉、王圖〈季漢書序〉、李維楨〈季漢書序〉、謝陛〈季漢書自序〉、陳邦瞻〈謝氏季漢書序〉。

**內容**：本集六十卷：本紀三卷、內傳十七卷、世家六卷、外傳三十卷、載記三卷、雜傳一卷。

**印章**：「國立中央圖／書館收藏」朱長

案：臺中圖藏本，係曾二人各藏而後爲配齋之書。

## 十七史詳節二百七十三卷

宋呂祖謙編。朝鮮英祖十七年（清乾隆六年；一七四一）頃鈔本。六十七冊。〔01701；題朝鮮舊鈔本〕

四周雙欄，半郭21.2×15.5公分，本文十二行大十九字，注小文雙行。版心：白口，上下內向二葉花紋魚尾。題：「十七史／大目／（葉）幾」

**序跋**：書首載歲正德丙子（一五一六）鄭京〈十七史序〉。書末載皇明正德丙子（一五一六）劉弘毅〈十七史序後〉。

**補接紙**：冊五十一、五十四、五十六等書衣裏用乾隆元年（一七三六）之地方公文書，冊四十五用乾隆六年（一七四一）之古文書。

**印章**：「朴印／□先」白方、「聖／氣」朱方、「國立中央圖／書館收藏」朱長

## 少微通鑑節要五十卷

宋江贄編。朝鮮後期庚申（？）年京中刊本。十五冊。〔01755；題朝鮮京中刊本〕

四周單欄，半郭22.9×17.1公分，本文十行大十七字，注小文雙行。版心：白口，上下內向二葉花紋魚尾。題：「通鑑幾／（葉）幾」

序：書首載嘉熙丁酉（一二三七）江鎔序。

木記：書末載「庚申孟春京中開刊」之單欄雙行木記。

缺落：序葉二、卷十五葉十九以下、卷三十五葉三十以下、卷三十八葉二十六以下俱缺，未補。

印章：「澤存／書庫」朱方（陳群印）、「國立中央圖／書館收藏」朱長

## 續資治通鑑綱目二十七卷

明商輅等編。朝鮮肅宗二十一年至四十六年（清康熙三十四年至五十九年；一六九五至一七二〇）韓構字兼戊申字本。十四册。〔01801；朝鮮舊刊本〕

四周雙欄，半郭24.2×16.3公分，本文十二行大二十二字。版心：白口，上下內向二至三葉花紋魚尾。題：「續綱目幾／（葉）幾」

序：書首載成化十二年（一四七六）明憲宗〈御製續資治通鑑綱目序〉、〈續資治通鑑綱目凡例〉及成化十二年（一四七六）商輅等〈進續資治通鑑綱目表〉。

案：書首序、凡例、表三文，皆用戊申字所印，而自目錄以下本文皆用韓構字所印。《增補文獻備考》卷二百四十二〈藝文考〉云：「（肅宗）初清城府院君金錫胄，倩韓構書小字，鑄銅，印《綱目》，今所謂小字綱目也。」此《綱目》本，爲十一行本。十二行本，雖版面乾淨，但其間補有木活字，紙質較厚，故其印出年疑爲()韓構字移

至校書館（肅宗二十一年；一六九五）以後之肅宗朝矣。

印章：「國立中央圖／書館收藏」朱長

## 續資治通鑑綱目三十六卷

明商輅等編，朝鮮金宇顒重編。朝鮮純祖八年（清嘉慶十三年；一八〇八）刊本。二十冊。（01827；題清嘉慶十三年朝鮮刊本）

四周雙欄，半郭24.4×17.8公分，本文五行大十二字，注十行十八字。版心：白口，上下內向二葉花紋魚尾。題：「續綱目幾／（葉）幾」

序：書首載戊辰（一八〇八）金翰東〈續資治通鑑綱目事略〉。

刊記：金翰東序云：「當宁八年戊辰，士林始倡議刊印于本院。」

分冊：是書原十二卷，每卷分爲上、中、下三篇。

缺落：目錄葉五以下遭缺，未補。

印章：「金印／□問」白方、「國立中央圖／書館收藏」朱長

## 周書國編十卷

朝鮮朴泰輔編。朝鮮肅宗二年（清康熙十五年；一六七六）序芸閣印書體字本。三冊。（

01836；題清朝鮮刊本〕

左右雙欄，半郭 21.3 × 14.5公分，本文十行大二十字，注小文雙行。版心：無魚尾。題：「大目／小目／（葉）幾」

**序**：書首載歲丙辰（一六七六）朴泰輔〈周書國編凡例〉。

**印章**：「國立中央圖／書館收藏」朱長

## 明紀編年十二卷

明鍾惺編定，清王汝南補定。朝鮮肅宗二十六年（清康熙三十九年；一七〇〇）頃戊申字本。六冊。〔01919；題清初朝鮮活字本〕

四周雙欄，半郭 25.2 × 17.9公分，本文十行大二十字，注小文雙行。版心：白口，上下內向二葉花紋魚尾。題：「明紀編年幾／（葉）幾」

**序**：書首載順治庚子（一六六〇）王汝南〈明紀編年序〉。

**墨跡**：每冊書衣裏上書韓人申貞均之墨跡數條，蓋寫自朝鮮高宗三十年癸巳（一八九三）至建陽六年丙申（一八九六）之間。

**褙接紙**：各冊書衣裏皆用木刻《金海金氏世譜》紙。

**印章**：「國立中央圖／書館收藏」朱長

案：同書見臺中圖藏 01920 本。

## 明紀編年十二卷

明鍾惺編定，清王汝南補定。朝鮮肅宗二十六年（清康熙三十九年；一七〇〇）頃戊申字本。〔01920；題清乾隆間朝鮮內閣活字本〕

同書見臺中圖藏01919本。

**褙接紙**：是書書衣裏用木刻《璿源系譜紀略》、《事文類聚前集》及昭和初《京城日報》紙。

**印章**：「宣賜／之記」朱方（朝鮮內賜印）、「李印／觀命」白方（李觀命印）、「光／山」朱方、「國立中央圖／書館收藏」朱長

案：臺中圖藏本，係曾二人各藏而後爲配齊之書。李觀命，字子賓，號屏山，本貫全州，生於朝鮮顯宗二年（一六六一），歿於英祖九年（一七三三）。肅宗十三年（一六八七）及第。

## 皇明紀略六卷

明不著撰者。朝鮮後期刊本。三册。〔01932；題朝鮮舊刊本〕

四周雙欄，半郭21.6×15.5公分，本文十行大二十二字，注小文雙行。版心：白口，上下內向黑或一至三葉花紋魚尾。題：「大目／明史幾／（葉）幾」

**墨跡**：卷一目錄上書「公州」之黑筆墨跡。

**印章**：「國立中央圖／書館收藏」朱長

## 續史略翼箋二十一卷

朝鮮洪仁謨撰、洪奭周箋、洪稚強校。朝鮮哲宗八年（清咸豐七年；一八五七）刊本。六册。〔01939；題清咸豐七年朝鮮原刊本〕

四周雙欄，半郭22.2×17.8公分，本文十行大二十字，注小文雙行。版心：白口，上二葉花紋魚尾。題：「續史略翼箋卷之幾／（葉）幾」

**序跋**：書首載崇禎紀元後四丙辰（一八五六）趙斗淳〈續史略翼箋序〉、崇禎紀元後四辛巳（一八二一）洪吉周〈序〉。書末載崇禎紀元後四丁巳（一八五七）申錫愚〈續史略翼箋跋〉。

**刊記**：趙斗淳序云：「此洪氏蒐羅輯綴，而觀察公命剞劂，壽乎世之志也。」又申錫愚跋云：「原本失於讎對多有訛謬，遂請今清道守洪稚強健厚看詳校勘，遂成佳本。」

**印章**：「澤存／書庫」朱方（陳羣印）、「國立中央圖／書館收藏」朱長

## 三藩紀事本末四卷

清楊陸榮撰。朝鮮後期鈔本。二册。（02014；題朝鮮鈔本）

四周單欄，半郭20.2×14.5公分，本文十行大二十字。無版心。

**序**：書首載康熙五十六年歲次丁酉（一七一七）楊陸榮序。

**印章**：「調查濟」青長、「國立中央圖／書館收藏」朱長

## 池氏鴻史十七卷

朝鮮池光翰撰。朝鮮英祖二十六年（清乾隆十五年；一七五〇）序刊本。十七册。（02030；題清乾隆間朝鮮刊本）

四周單欄，半郭21.9×18.0公分，本文十二行大二十三字。版心：白口，上下內向二葉花紋魚尾。題：「鴻史卷幾／（葉）幾」

**序**：書首載崇禎紀元後再庚午（一七五〇）池光翰〈池氏鴻史書題〉。

**內容**：池光翰序云：「起於盤古，終於皇明，編〈帝王統紀〉八卷、〈姓氏韻彙〉二十六卷，合爲一書，名曰《池氏鴻史》。」

案：此書印出時，將〈帝王統紀〉八卷縮爲四卷，〈姓氏韻彙〉二十六卷縮爲十三卷。

**褙接紙**：是書書衣裏用《第一才子書》、《唐詩正音》、《全韻玉篇》、《小學集註》、《通鑑》紙，皆爲木刻本。

**印章**：「國立中央圖／書館收藏」朱長

## 國語二十一卷

吳韋昭注、宋宋庠補音。朝鮮肅宗十年至英祖五十二年間（清康熙二十三年至乾隆四十一年；一六八四至一七七六）戊申字本。四册。（02059；題清乾隆間朝鮮內閣活字本）

四周雙欄，半郭25.2×17.8公分，本文十行大十八字，注小文雙行。版心：白口，上下內向三葉花紋魚尾。題：「國語幾／（葉）幾」

**序**：書首載張一鯤〈刻國語序〉、韋昭〈國語解敍〉、〈校補國語凡〉及宋庠〈國語補音敍錄〉。

**印章**：「文印／素相」白方、「文府／□□」朱圓、「國立中央圖／書館收藏」朱長

## 國語二十一卷

吳韋昭注、宋宋庠補音。朝鮮哲宗十年（清咸豐九年；一八五九）整理字本。四册。（02060；題清咸豐九年朝鮮內閣活字本）

四周雙欄，半郭23.6×16.7公分，本文十行大二十字，注小文雙行。版心：白口，上黑魚尾。題：「國語／卷幾／大目／（葉）幾」

**序跋**：書首載張一鯤〈刻國語序〉、韋昭〈國語解敍〉、〈校補國語凡〉及宋庠〈國語補音

敍錄〉。書末載哲宗十年補鑄整理字事實。

**印章：**「任邱邊葆恕／印州氏藏書」白長、「滄海／半癡／樓印」朱方、「國立中央圖／書館收藏」朱長

## 戰國策 十卷

漢劉向編、宋鮑彪注、元吳師道校注。朝鮮肅宗十一年（清康熙二十四年；一六八五）戊申字本。六冊。（02088；題清乾隆間朝鮮內閣活字本）

四周雙欄，半郭25.3×18.0公分，本文十行大十八字，注小文雙行。版心：白口，上下內向三葉花紋魚尾。題：「戰國策幾／（葉）幾」

**序跋：**書首載萬曆九年（一五八一）張一鯤〈刻戰國策序〉、劉向〈戰國策序〉、曾鞏〈校戰國策序〉、紹興十七年丁卯（一一四七）鮑彪〈戰國策序〉、泰定二年歲乙丑（一三二五）吳師道〈國策校注序〉、至正十五年（一三五五）陳祖仁〈戰國策校注序〉、紹興四年（一一三四）耿延禧〈括蒼刊本序〉、嘉靖改元（一五二二）朱延相〈校戰國策序〉、萬曆五年（一五七七）王篆〈張陸二先生批評戰國策抄序〉。書末載〈李文叔書戰國策後〉、王覺〈題戰國策〉、紹興丙寅（一一四六）姚宏伯〈題戰國策〉、至順四年癸酉（一三三三）吳師道跋及吳師道〈戰國策後序〉。

**印章：**「國立中央圖／書館收藏」朱長

案：是書朝鮮肅宗十一年（一六八五）內賜本，今藏韓國漢城大學奎章閣（奎中1698本）

## 明季實錄四卷

清顧炎武撰。朝鮮後期鈔本。二册。（02320；題朝鮮鈔本）

四周雙欄，半郭22.4×15.6公分，本文十行大二十二字，注小文雙行。版心：白口，上下內向一葉花紋魚尾。題：「明季實錄／卷幾／（葉）幾」

案：顧炎武，初名絳，字寧人，江南崑山人，生於明萬曆四十一年（一六一三），歿於清康熙二十一年（一六八二）。

**印章**：「國立中央圖／書館收藏」朱長

## 宋名臣言行錄前集十卷後集十四卷續集八卷別集十三卷外集十七卷

前、後集：宋朱熹纂輯、李衡校正；續、別、外集：宋李幼武纂輯、明張采評閱、宋學顯、馬嘉植參正。朝鮮顯宗七年（清康熙五年；一六六六）刊本。（02387；題清康熙五年朝鮮閔維重刊本）

四周單欄，半郭25.0×18.1公分，本文十行大二十字，注小文雙行。版心：白口，上下內向二葉花紋魚尾。題：「名臣言行錄卷幾／（葉）幾／前集」

**序跋**：前集首載周鑣〈序〉、崇禎戊寅（一六三八）張采〈題識〉、張采〈讀前集〉、萬曆丁未（一六〇七）焦竑〈刻宋名臣言行錄序・楊州版舊序〉、朱熹〈原敍〉、戊寅（一六三八）張采〈紀事〉、崇禎六年（一六三三）楊以任〈重修宋名臣言行錄序・應天府學版舊序〉及張采題識。後集前載張采〈讀後集〉及寶祐戊午（一二五八）李居安〈原序〉。續集首載張采〈讀續集〉及景定辛酉（一二六一）趙崇硂〈原總序〉。別集首載張采〈讀別集〉。外集首載張采〈讀外集〉。外集末載崇禎丙午（一六六六）宋時烈〈重刊名臣言行錄跋〉。

**刊記**：宋時烈跋云：「今湖南按使閔公維重重刊是書。」

**印章**：「國立中央圖／書館收藏」朱長

## 歷代將鑑博議十卷

宋戴溪撰。朝鮮後期鈔本。五册。〔02391；題朝鮮舊鈔本〕

四周雙欄，半郭 26.4×18.1公分，本文十行大十七字，注小文雙行。無版心。

案：是書未鈔書首末序跋，如紹興辛酉（一一四一）戴溪序等。

**印章**：「國立中央圖／書館收藏」朱長

## 五倫行實圖五卷

朝鮮李秉模等受命撰、金炳國等重校。朝鮮哲宗十年（清咸豐九年；一八五九）覆刻正祖二十一年（清嘉慶二年；一七九七）整理字本。五册。〔02639；題清嘉慶四年朝鮮內閣重刊本〕

四周雙欄，半郭22.2×14.8公分，本文十行大二十字。有圖，韓漢兼文。版心：白口，上黑魚尾。題：「五倫行實圖／卷幾／大目／（葉）幾」

**封面**：「五倫行實圖」

**序跋**：書首載上之十年己未（一八五九）金炳學〈御製五倫行實圖重刊序〉、上之二十一年（一七九七）〈御製養老務農頒行小學五倫行實鄉飲酒禮鄉約綸音〉、上之二十有一年丁巳（一七九七）李晚秀〈五倫行實圖序〉、宣德七年（一四三二）權採〈三綱行實圖原序〉、歲丙午（一七二六）尹憲柱〈三綱行實圖跋〉、正德戊寅（一五一八）姜渾〈二倫行實圖原序〉。書末載鑄字事實。

**原校印**：姜渾序後載是書校閱官銜（李秉模、尹蓍東）、監印官銜（李晚秀、沈象奎等八人）。

**校印**：原校印後載是書校印監董官銜（金炳國、南秉哲等三人）

**木記**：校印官銜末載「己未重刊」四字。

**褙接紙**：書衣裏用木活字《濟州高氏族譜》紙。

印章：「積學齋徐乃昌藏書」朱長（徐乃昌印）、「國立中央圖/書館收藏」朱長

## 續三綱行實圖一卷

朝鮮申用漑等受命撰。朝鮮明宗十五年至宣祖十四年間（明嘉靖三十九年至萬曆九年；一五六〇至八一）刊本。一冊。〔02640；題明正德嘉靖間朝鮮刊本〕

四周雙欄爲主，間或左右雙欄。版郭24.6×17.3公分，本文十一行大二十二字。前圖後文，天欄有諺解，行小十二字。版心：粗黑口，上下內向黑或二至三葉花紋魚尾。題：「續大目圖/（葉）幾/刻工人名（或無）」

**序**：書首載正德九年甲戌（一五一四）南袞〈續三綱行實圖序〉、正德九年（一五一四）申用漑等〈進續三綱行實圖箋〉。

**內容**：孝子圖（三十六張）、忠臣圖（六張）、烈女圖（二十八張）

**墨跡**：書衣裏載「萬曆九年十月日任實上」之黑筆墨跡，以及印文未詳之朱方一印。又旁載「Chinese On Filial Piety Times of Sliotoku」之鉛筆記。孝子圖目錄末載「民國十八年二月初四日買於金陵」之杜永明親筆墨書及「杜永/明章」朱方一印。

案：是書忠臣圖之深源斥姦條，發生於朝鮮明宗十五年（一五六〇），詳見《明宗實錄》十五年七月辛酉條。據許篈續撰《攷事撮要》（朝鮮宣祖十八年；一五八五）所載，是書冊板藏於海州、南原、南平；海州、南原冊板，許篈時增補。

印章：「杜永／明章」朱方（以下二鈐杜永明印）、「Du Yung Ming」朱長無欄、「鍾山／堂印」朱方、「堂」黑長、「國立中央圖／書館收藏」朱長

參考：安論 P113。

## 己卯八賢錄一卷

朝鮮金堉撰。朝鮮仁祖十七年（明崇禎十二年；一六三九）序刊本。一册。〔02641；題崇禎十二年金堉刊本〕

四周雙欄，半郭 19.0×16.0公分，本文十行大十六字。版心：白口，上下內向二至四葉花紋魚尾。題：「己卯／（葉）幾」

序：書首載歲舍己卯（一六三九）申翊聖〈己卯諸賢傳序〉。

刊記：申翊聖序云：「今忠清道觀察使金君堉伯厚，以《己卯八賢錄》問余將欲剞劂而傳之世。」

內容：己卯八賢：鄭光弼、安瑭、李長坤、金淨、趙子祖、金湜、奇遵、申命仁。

褙接紙：是書書衣裏用木刻黃曆紙。

印章：「李／□／□」朱方、「順典／後人」朱長、「賣」黑圓、「國立中央圖／書館收藏」朱長

## 明陪臣考六卷

朝鮮黃景源撰。朝鮮正祖十四年（清乾隆五十五年；一七九〇）以後鈔本。殘存卷四至六，一册。〔02642；題清初朝鮮鈔本〕

四周雙欄，半郭21.9×15.4公分，本文十行大二十字。版心：白口，上下內向二葉花紋魚尾。無版心。

**內容**：是書抄自黃景源《江漢集》卷二十七至三十二，共六卷，名曰《明陪臣考》。《江漢集》，乃以朝鮮正祖十四年（一七九〇）芸閣印書體字本爲初印本。

**印章**：「國立中央圖／書館收藏」朱長

## 聖誌狀通紀十二卷

朝鮮不著編者。朝鮮肅宗十四年（清康熙十四年；一六八八）內賜顯宗實錄字本。殘存卷一至三，一册。〔02643；題清康熙間朝鮮內閣活字本〕

四周雙欄，半郭25.0×18.0公分，本文十一行大十九字，注小文雙行。版心：白口，上下內向二至四葉花紋魚尾。題：「列聖誌狀卷之幾／（葉）幾」

**內容**：朝鮮穆祖大王至仁獻王后。

案：臺中圖藏本，以朝鮮肅宗十四年內賜十二卷本與肅宗四十五年二十卷本配爲一種，但茲各分爲二種而論之。

**內賜記**：「康熙二十七年六月十八日，內賜領敦寧府事金壽恒列聖誌狀通紀一件，命除謝恩。右承旨臣閔（手決）」

**印章**：「宣賜／之記」朱方（朝鮮內賜印）、「澤存／書庫」朱方（陳羣印）、「國立中央圖／書館收藏」朱長

## 列聖誌狀通紀二十卷

朝鮮不著編者。鄭載崙等校補。朝鮮肅宗四十五年（清康熙五十八年；一七一九）顯宗實錄字本。缺卷一至二，七册。〔02643；題清康熙間朝鮮內閣活字本〕

左右雙欄，半郭 24.7×15.7公分，本文十一行大十九字，注小文雙行。版心：白口，上下內向二葉花紋魚尾。題：「列聖誌狀卷幾／（葉）幾」

**校印**：凡例末載是書校印事實，云：「鄭載崙私自裒輯，……閔鎭厚請令玉堂，……洪啓迪、金相玉、金雲澤等前後校正，……校編始於丙申冬，印役始於己亥五月，訖於八月。臣雲澤兼管芸閣以董其役。」

**內容**：朝鮮穆祖大王至仁顯王后。

**印章**：「李／翊／叟」朱方（以下三鈐李翊叟印）、「翊／叟」白方、「完／山」白文鼎形、「相信

／書記」黑楕、「澤存／書庫」朱方（陳羣印）、「國立中央圖／書館藏本」朱長

案：此將臺中圖藏本（02643）分爲二種。

## 列朝功臣案二卷

朝鮮不著撰者。朝鮮英祖四年（清雍正二年；一七二四）以後鈔本。一冊。（02644；題朝鮮舊鈔本）

四周單欄，半郭19.6×13.8公分，本文十行大二十字，注小文雙行。無版心。

**內容**：朝鮮太祖開國至英祖四年拙金一鏡殘黨時之功臣案。

**印章**：「國立中央圖／書館收藏」朱長

## 表忠祠志一卷

朝鮮不著編者。朝鮮英祖四十九年（清乾隆三十八年；一七七三）刊本。一冊。（02645；題清乾隆三十八年朝鮮刊本）

四周單欄，半郭20.9×15.8公分，本文十行大二十字，注小文雙行。版心：白口，上黑魚尾。題：「表忠祠志／（葉）幾」

**序跋**：書首載上之四十五年己丑（一七六九）洪啓禧〈表忠祠志敍〉。書末載癸巳（一七七

三）趙畋〈三忠志跋〉。

**木記**：書末載「癸巳三月日」之無欄單行木記。又旁載「同志之志，各出物子，三忠本孫與族姓出宰者，亦各裒財，合印千秩于東序，廣布中外，仍藏板本于清州之表忠祠」之無欄三行。

**印章**：「國立中央圖／書館收藏」朱長

## 雙節錄二卷首一卷

朝鮮金養善編。朝鮮純祖三年（清嘉慶八年；一八〇三）跋刊本。一册。（02646；題清嘉慶八年朝鮮刊本）

四周雙欄，半郭 19.4×16.3公分，本文十行大十八字，注小文雙行。版心：白口，上下內向二葉花紋魚尾。題：「雙節錄卷幾／（葉）幾」

**跋**：書末載今上三年癸亥（一八〇三）李楨國跋。

**編書**：李楨國跋云：「金友養善氏裒錄忠介公白巖先生、忠貞公籠巖先生雙節一册。」

案：忠介公，金濟；忠貞公，金澍。

**印章**：「國立中央圖／書館收藏」朱長

# 陶公及門諸賢錄五卷附錄一卷

朝鮮權斗經撰、李守淵追撰、李守恒續補、李野淳三補。朝鮮哲宗五年（咸豐四年；一八五四）刊本（？）。二册。〔02647；題朝鮮陶山書院刊本〕

四周雙欄，半郭20.6×16.9公分，本文十行大二十字。版心：白口，上下內向二葉花紋魚尾。題：「陶山及門諸賢錄卷幾／（葉）幾」

**木記**：卷五末載「甲寅五月日陶山書院刊行」之無欄雙行刊記。

**編書**：書首載〈陶山及門諸賢錄凡例〉，云：「陶山及門諸賢事行多逸而不傳，亦未有一統載錄。蒼雪齋權公斗經始乃裒輯而編成之，名曰《沙門諸子錄》，其有功於斯文大矣。所錄凡百有餘賢，而未克斷手。先生後孫青壁公守淵追錄六十餘賢，更加修潤，規模已成。山後公守恒又添十餘賢，以先生言行錄及文集中訓誨唱酬往復文字、諸賢輓祭疏附各註下，倣理學通錄例。廣瀨公野淳又得幾十賢以補之，合二百六十餘賢。」

案：最終增補者，李野淳，生於朝鮮英祖三十一年（一七五五），歿於純祖三十一年（一八三一）。

**印章**：「國立中央圖／書館收藏」朱長

## 湖南節義錄五卷

朝鮮不著編者。朝鮮正祖二十三年（清嘉慶四年；一七九九）序刊本。五册。〔02648；題清嘉慶三年朝鮮刊本〕

四周單欄，半郭22.3×16.4公分，本文十行大二十二字，注小文雙行。版心：白口，上二葉花紋魚尾。題：「大目／節義錄卷幾／（葉）幾」

**序**：書首載崇禎三戊午（一七九八）柳匡天序、崇禎紀元百七十二年（一七九九）高廷憲序及〈湖南節義錄總敍〉。

**刋記**：高廷憲序云：「南州章甫將剞劂之，壽其傳。」

**內容**：壬辰（一五九二）節錄、甲子（一六二四）節錄、丁卯（一六二七）節錄、丙子（一六三六）節錄、戊申（一七二八）節錄。附錄：丁巳（一五四五）女眞亂時節錄、乙卯（一五五五）達梁戰時節錄、戊午（一六一八）深河役時節錄。

**印章**：「國立中央圖／書館收藏」朱長

## 熙朝軼事二卷

朝鮮李慶民編。朝鮮高宗三年（清同治五年；一八六六）全史字本。一册。〔02649；題清同治間朝鮮活字本〕

四周單欄，半郭21.7×15.7公分，本文十行大二十字，注小文雙行。版心：白口，上白魚尾。題：「熙朝軼事／卷幾／（葉）幾」

**封面**：「熙朝軼事／雲崗書屋」

**序跋**：書首載丙寅（一八六六）南秉吉〈熙朝佚事序〉。書末載上之三年丙寅（一八六六）尹定鉉〈書熙朝軼事後〉。

**刊記**：南秉吉序云：「將付剞劂，屬余一言。」

**印章**：「國立中央圖／書館收藏」朱長

## 孔子通紀　八卷

明潘府撰。朝鮮純祖三年（清嘉慶八年；一八〇三）田以采朴致維據仁祖三年（明天啓五年；一六二五）長城府槧重刊本。三册。〔02665；題清嘉慶八年朝鮮泰仁田以采朴致維刊本〕

四周單欄，半郭20.8×16.2公分，本文十行大二十一字，注小文雙行。版心：白口，上下內向二葉花紋魚尾。題：「孔子通紀幾／大目／（葉）幾」

**序跋**：書首載弘治十四年辛酉歲（一五〇一）劉瑞〈孔子通紀序〉、弘治癸亥（一五〇三）

潘府〈孔子通紀總解〉、弘治辛酉歲（一五〇三）謝鐸〈讀孔子通紀序〉。書末載弘治甲子（一五〇四）羅僑跋。

**原刊記：**卷一首題下載「弟建陽縣典史潘正捐俸刊行」之無欄單行刊記。

**木記：**書末載「崇禎紀元後三癸亥九月日泰仁田以采朴致維梓」之無欄單行木記。又旁載重刊事實，云：「此編舊本，即天啓五年十月日長城府刊行，而年久板壞，且編帙斷爛，所存無幾，故謹攷重刊。」

**印章：**「國立中央圖／書館收藏」朱長

案：同書見臺中圖藏 02666 本。

## 孔子通紀八卷

明潘府撰。朝鮮純祖三年（清嘉慶八年；一八〇三）田以采朴致維據仁祖三年（明天啓五年；一六二五）長城府槧重刊本。三册。〔02666；題清嘉慶八年朝鮮泰仁田以采朴致維刊本〕

同書見臺中圖藏 02665 本。

**褙接紙：**書衣裏用木刻《眞寶大全》紙。

**印章：**「積學齋徐乃昌藏書」朱長（徐乃昌印）、「國立中央圖／書館收藏」朱長

## 成仁錄一卷

朝鮮尹斗壽撰。朝鮮宣祖十四年（清萬曆九年；一五八一）刊本。一冊。〔02798；題明萬曆辛巳（九年）朝鮮刊本〕

四周單欄，半郭20.8×17.7公分，本文九行大十五字。有肖像。版心：白口，上下內向黑或二至三葉花紋魚尾。題：「成仁錄／（葉）幾」

**跋**：書末載萬曆辛巳（一五八一）尹斗壽跋。

**刊記**：尹斗壽跋云：「吾爲此懼，刊是編。」

案：是書册板，見朝鮮宣祖十八年（一五九〇）所刻《攷事撮要》中黃海道延安增補本。尹斗壽作跋時之官銜，爲延安府使。

**印章**：「國立中央圖／書館收藏」朱長

**參考**：安論P124。

## 治隱先生言行拾遺三卷

朝鮮不著編者，吉興先、吉宗先等增補編。朝鮮光海君七年（明萬曆四十三年；一六一五）據宣祖六年（萬曆元年；一五七三）重刊增補本。一冊。〔02799；題明萬曆乙卯

（四十三年）朝鮮吉氏刊後代修補本）

四周單欄，半郭 22.3 × 17.9公分，本文十行大十九字。版心：白口，上下內向二至三葉花紋魚尾。題：「治隱言行拾遺卷幾／（葉）幾」

**跋**：卷三末載萬曆元年癸酉（一五七三）崔應龍〈行錄初刊跋〉。書末載萬曆乙卯（一六一五）張顯光跋。

**原刊記**：崔應龍跋云：「遂命先生五代孫生員誨繕寫，上板，傳之不朽，又令鄉上舍李瑋摹寫遺像，表於卷首。」

**刊記**：張顯光跋云：「凡詩文若干篇與行狀及前後諸人贊詠，合爲一册者，曾已印行，而比於兵火之日并失焉。今者先生六代孫興先、宗先等求得其一件於僅存者，謀復刊布，冀永其傳，又以列聖賜祭之文及金烏吳山兩書院創設事證，俱載於中、下兩篇鋟訖。遂欲略敍其重刊之意，置諸卷末。」

案：此行狀一卷，刊於朝鮮宣祖六年（一五七三）。光海君七年（一六一五）重刊時，將行狀一卷當作卷首，而卷二、三始補增之。

**印章**：「國立中央圖／書館收藏」朱長

## 重峰先生抗義新編五卷附一卷

朝鮮安邦俊撰、安永奎等補編。朝鮮光海君六年（明萬曆四十二年；一六一四）序原刊

哲宗十四年（清同治二年；一八六三）木活字增補本。二册。〔02800；題明萬曆末年朝鮮原刊清同治間趙安植等修補本〕

四周單欄，間或雙欄，半郭22.6×16.0公分，本文十行大二十字。版心：白口，上下內向黑或一至三葉花紋魚尾。題：「抗義新編幾／（葉）幾」

**序跋**：書首載萬曆甲寅（一六一四）李廷龜〈抗義新編序〉。圖後載安邦俊序。卷四末載萬曆紀元癸丑（一六一三）跋。書末載崇禎紀元後四癸亥（一八六三）宋來熙〈書抗義新編重刊後〉及崇禎四癸亥（一八六三）宋近洙跋。

**刊記**：宋近洙跋云：「而惟此《抗義新編》，牛山安先生所裒輯而鋟梓者也。先生言行志業，俱載於此，而印布未廣，世代鋟遠，識者嘗恨其傳之無幾。今先生後孫永奎、永孚、徹植、安植，合謀鳩財，就其舊板，而將重刊廣布，如碑表及崇報諸文字、世德門人錄，幷以活字附焉。」

案：朝鮮光海君六年（一六一四）頃安邦俊只刻原本四卷，但至哲宗十四年（一八六三），安永奎等裒輯舊板而重印之，又其所缺之版及附錄一卷用木活字補印之。重峯，趙憲號。

**印章**：「積學齋徐乃昌藏書」朱長（徐乃昌印）、「國立中央圖／書館收藏」朱長

## 南寧先生行狀一卷

朝鮮不著編者。朝鮮仁祖十五年（明崇禎十年；一六三七）後不久刊本。一册。〔02801；

題明崇禎間朝鮮刊本〕四周雙欄，半郭19.8×14.2公分，本文十行大二十一字。版心：白口，上下內向一至二葉花紋魚尾。題：「（葉）幾」

**內容**：南寧洪命耉行狀。洪命耉，字元老，號懶齋，謚忠烈，本貫南陽，生於朝鮮宣祖二十九年（一五九六），歿於仁祖十五年（一六三七）。

**書題**：「南寧先生行狀」

**印章**：「國立中央圖／書館收藏」長朱

## 懦軒行狀一卷

朝鮮朴世采撰。朝鮮仁祖二十六年（清順治五年；一六四八）以後鈔本。一冊。

〔02802；題韓鮮蓋鈔本〕四周雙欄，半郭22.4×17.6公分，本文十行大二十字。版心：白口，上白魚尾，下二葉花紋魚尾。無版心題。

**內容**：懦軒朴潢行狀。朴潢，字德雨，號懦軒，生於朝鮮宣祖三十年（一五九七），歿於仁祖二十六年（一六四八）。

**印章**：「國立中央圖／書館收藏」長朱

## 墨溪先生實記二卷

朝鮮柳懇、柳台煥、柳詮共編。朝鮮哲宗六年（清咸豐五年；一八五五）刊本。一册。

〔02803；題清咸豐五年朝鮮全州柳氏家刊本〕

四周雙欄，半郭21.4×17.5公分，本文十行大十八字，注小文雙行。版心：白口，上下內向二葉花紋魚尾。題：「墨溪實記卷幾／（葉）幾」

**序跋**：書首載上之五年甲寅（一八五四）柳致明〈墨溪實記序〉。書末載柳致皜跋。

**刋記**：卷一〈年譜〉末載「今上六年乙卯五月刋實記」之刋記。又柳致皜跋云：「公後孫懇氏、台煥氏、詮氏嘗收拾公事蹟及朝家褒典後賢稱述爲一卷，謏爽、根、泰鎭等將繡梓以傳於世。」

**印章**：「國立中央圖／書館收藏」朱長

## 炭翁金公遺事三卷

朝鮮金處一等編。朝鮮純祖二十七年（清道光七年；一八二七）後不久木活字本。一册。

〔02804；題清嘉道間朝鮮活字本〕

四周單欄，半郭24.8×16.9公分，本文十行大二十字，注小文雙行。版心：白口，上黑魚尾。題：「炭翁遺事卷之幾／（葉）幾」

**序**：書首載魚在濂〈炭翁金公遺事序〉。

**刋記**：魚在濂序云：「而今其九世孫處一、處泰，將以公遺事，付於剞劂。」

案：魚在濂作序時之官職，爲「通政大夫行敦寧府都正」；其位階爲正三品堂上官。《純祖實錄》二十七年十月辛未日云：「削掌令魚在濂職。」司憲府掌令，爲正四品。

**印章**：「國立中央圖／書館收藏」朱長

## 睡翁先生日記二卷

朝鮮宋甲祚撰、宋龜相編、宋煥箕攷訂。朝鮮正祖二十四年（清嘉慶五年；一八〇〇）芸閣印書體字本。二册。（02820；題清嘉慶五年朝鮮宋氏活字本）

四周雙欄，半郭 22.4×15.6公分，本文十行大二十字，天頭有小文註釋。版心：白口，上白魚尾。題：「睡翁先生日記卷幾／（葉）幾」

**序跋**：書首載崇禎紀元後三丁未（一七八七）金熤〈睡翁先生日記序〉。書末載崇禎紀元之百五十四辛丑（一七八一）宋龜相跋、崇禎三丁未（一七八七）金鍾秀跋及崇禎三庚申（一八〇〇）宋煥箕跋。

**刊記**：金熤序云：「是記凡四册，藏在雲仍家，秘而不出，先生之孫龜相氏，懼其久而殘缺，裒輯甲丁所記，合成一册，將以壽其傳也。」又宋煥箕跋云：「右我先祖《睡翁先生日記》，而族叔聞溪公所抄出者也。余於其抄刪之始，亦有與聞，而不能盡意校勘，爰謀刊行，而無以致力竣成，……只就字句間舛訛處，略加攷訂，而付諸剞劂，其出力鳩財，期得訖功者，族弟煥學也。」

墨跡：書末載「丁卯七月日」、「丁卯七月鶴松主人」、「冊主松村李永源字子雲」之黑筆墨跡。

印章：「國立中央圖／書館收藏」長朱

## 太師徽國文公年譜一卷

明葉公回等補編。朝鮮後期刊本。一冊。〔02826；題朝鮮舊刊本〕

四周雙欄，半郭22.6×15.5公分，本文八行十六字，注小文雙行。天欄有小注，行小五字。

版心：粗黑口，上下內向黑或一葉花紋魚尾。題：「年譜／（葉）幾」

序：書首載宣德六年（一四三一）孫原貞〈文公先生年譜重刊序〉、朱湛序、是歲（洪武二十七年甲戌；一三九四）汪仲魯〈文公年譜序〉。〈太師徽國文公眞像〉後載葉公回題識。〈文公塋墓形勢圖〉後載朱湛題識。

案：是書另一刊本，有「龍集壬申夏鏡城府開刊」之無欄雙行木記及孫思齋跋。太師徽國文公，指朱熹。

印章：「金□／之叔」朱圓內有方形、「光□／孫學」朱圓內有方形、「泓／段」黑方、「中本」白方、「積學齋徐乃昌藏書」長朱（徐乃昌印）、「國立中央圖／書館收藏」長朱外不明朱長一印。

## 同春堂先生年譜四卷

朝鮮宋堯佐撰。朝鮮肅宗四十六年（清康熙五十九年；一七二〇）戊申字本。二冊。〔02850；題清康熙五十九年朝鮮內閣活字本〕

左右雙欄，半郭23.8×16.9公分，本文九行大十七字，注小文雙行。版心：白口，上黑魚尾。題：「大目／同春年譜幾／（葉）幾」

**木記**：卷四末題下有「庚子孟夏印」之無欄單行木記。

案：朝鮮英祖十七年刊《同春堂年譜》中宋堯輔跋云：「右文正公府君年譜四卷二冊，成於肅宗庚子，先兄郡守堯佐用活字印數百本。」

**印章**：「王／汝」白方、「王吾／居士」朱方、「國立中央圖／書館收藏」朱長

## 沙溪先生年譜一卷

朝鮮李選等編。朝鮮正祖十六年（清乾隆五十七年；一七九二）刊本。一冊。〔02851；題清乾隆五十七年朝鮮刊本〕

四周雙欄，半郭20.2×15.1公分，本文十行大二十字，注小文雙行。版心：白口，上黑魚尾。題：「沙溪先生年譜／（葉）幾」

刋記：年譜末載「壬子刋行年譜」之無欄單行木記。又旁載「先生外曾孫芝湖李公選，始編年譜，未及卒業。海上臨歿時，作訣書於先生玄孫鎭玉、鎭泰，以草本託付。其後節次修潤，而猶有未該，因循藏弆至是，諸後孫懼其終無以成也，更考遺稿，及佗記載之可據者補纂若干條入刋。」

內容：沙溪金長生年譜。

印章：「積學齋徐乃昌藏書」長朱（徐乃昌印）、「國立中央圖／書館收藏」長朱

## 竹谷集續編一卷附世譜一卷世譜一卷

朝鮮李長榮撰；年譜、續集：黃胤錫編。朝鮮正祖十四年（清乾隆五十五年；一七九〇）刊本。一册。（02852；題清乾隆五十五年朝鮮李氏刊本）

四周雙欄，半郭22.6×16.9公分，本文十行大二十字，注小文雙行。版心：白口，上下內向三葉花紋魚尾。題：「竹谷集續編／（葉）幾」

跋：年譜末載聖上九年（一七八五）黃胤錫跋。書末載歲庚戌（一七九〇）李師程跋。

刋記：李師程跋云：「而兵革之後，獻徵無多，嘉言懿行，恐遂湮沒，吾族兄師尹氏搜聚略干，以成文集上下卷。……仍以門長命屬草于黃頤齋胤錫，甫以成〈竹谷年譜〉及〈續集〉一卷。」

印章：「國立中央圖／書館收藏」長朱

## 伸冤牛栗兩先生疏 一卷

朝鮮李景震等疏。朝鮮後期刊本。（02876；題朝鮮舊刊本）

四周雙欄，版郭23.9×17.2公分，本文十行大二十二字。版心：白口，上下內向黑或一至三葉花紋魚尾。題：「大目／（葉）幾」

**內容**：朝鮮宣祖二十年丁亥（一五八七）二月二十三日李景震疏及趙光玹、李貴等疏。兩先生爲牛溪成渾、栗谷李珥。

**印章**：「國立中央圖／書館收藏」朱長

## 溫泉陪從錄 一卷

朝鮮尹憲柱編。朝鮮肅宗四十三年（清康熙五十六年；一七一七）錦營刊本。一册。（02877；題清康熙五十六年朝鮮錦營刊本）

四周雙欄，半郭21.9×16.6公分，本文九行大十七字，注小文雙行。版心：白口，上下內向三葉花紋魚尾。題：「溫泉陪從錄／（葉）幾」

**跋**：書末載李頤命跋。

**木記**：書末載「丁酉八月日刊于錦營」之無欄單行木記。

**內容**：朝鮮肅宗四十三年丁酉三月事。

**蓋紙**：葉三A面三行「魚有龜」上有青色蓋紙，其上寫「眞外曾祖考」。葉四B面一行、七行「沈啓賢」上有青色蓋紙，其上寫「高祖考」。葉五A面六行「李重蕃」上有青色蓋紙，其上寫「生外高祖考」。

**印章**：「青松／世家」白方、「國立中央圖／書館收藏」朱長

## 乙卯式年司馬榜目一卷

朝鮮不著編者。朝鮮肅宗元年（清康熙十四年；一六七五）戊申字本。一册。（02960；題清康熙十四年朝鮮芸閣活字本）

四周雙欄，半郭 25.3 × 17.9公分，本文十行大十八字。版心：白口，上下內向三葉花紋魚尾。題：「乙卯式年司馬榜目／（葉）幾」

**內容**：朝鮮肅宗元年（一六七五）司馬榜目。

**印章**：「國立中央圖／書館收藏」朱長

## 庚寅增廣司馬榜目一卷

朝鮮不著編者。朝鮮肅宗三十七年（清康熙五十年；一七一一）木活字本。一册。（

02961；題清康熙五十年朝鮮芸閣活字本）四周單欄，半郭22.9×16.4公分，本文十行大十八字，小文雙行。版心：白口，上下內向二葉花紋魚尾。題：「大目／庚寅增廣司馬榜／（葉）幾」

木記：書末載「辛卯二月日芸閣印」之無欄單行木記。

內容：朝鮮肅宗三十六年（一七一〇）司馬榜目。

印章：「國立中央圖／書館收藏」長朱

## 甲午增廣司馬榜目一卷

朝鮮不著編者。朝鮮肅宗四十一年（清康熙五十四年；一七一五）戊申字本。一冊。（02962；題清康熙五十四年朝鮮芸閣活字本）

四周單欄，半郭25.1×18.0公分，本文十行大十八字，小文雙行。版心：白口，上下內向二葉花紋魚尾。題：「甲午司馬榜／（葉）幾」

木記：書末載「乙未十月芸閣印」之無欄單行木記。

內容：朝鮮肅宗四十年（一七一四）司馬榜目。

印章：「國立中央圖／書館收藏」長朱

## 辛丑聖上即位增廣別試司馬榜目一卷

朝鮮不著編者。朝鮮英祖元年（清雍正三年；一七二五）戊申字本。一冊。〔02963；題清雍正三年朝鮮芸閣活字本〕

左右雙欄，半郭23.6×16.3公分，本文九行大十七字，小文雙行。版心：白口，上下內向黑魚尾。題：「大目／辛丑增廣司馬榜／（葉）幾」

**木記**：書末載「乙巳六月芸閣印恩門庫道李章成」之無欄單行木記。

**內容**：朝鮮景宗元年（一七二一）司馬榜目。

**印章**：「國立中央圖／書館收藏」朱長

## 癸卯式年司馬榜目一卷

朝鮮不著編者。朝鮮英祖五年（清雍正七年；一七二九）刊本。一冊。〔02964；題清雍正元年朝鮮刊本〕

左右雙欄，版郭24.0×15.9公分，本文九行大十七字，小文雙行。版心：白口，上下內向黑魚尾。題：「大目／癸卯司馬榜／（葉）幾」

**木記**：卷末題下載「己酉孟夏開刊」之無欄單行木記。

**內容**：朝鮮景宗三年（一七二三）司馬榜目。

**蓋紙**：進士三等葉三十二A面「金秉淵」上有蓋紙。

**印章**：「國立中央圖／書館收藏」朱長

## 崇禎三庚子式年司馬榜目 一卷

朝鮮不著編者。朝鮮正祖十五年（清乾隆五十六年；一七九一）丁酉字本。一冊。〔02965；題清乾隆五十六年朝鮮芸閣活字本〕

四周單欄，半郭25.0×17.9公分，本文十行大十七字，小文雙行。版心：白口，上二葉花紋魚尾。題：「庚子司馬榜／大目／（葉）幾」

**木記**：書末載「辛亥季春芸閣活印」之無欄雙行木記。又卷末題下載「恩門庫直洪萬栻」之無欄小字雙行木記。

**內容**：朝鮮正祖四年（一七八〇）司馬榜目。

**印章**：「國立中央圖／書館收藏」朱長

## 崇禎三己酉式年司馬榜目 一卷

朝鮮不著編者。朝鮮正祖十五年（清乾隆五十六年；一七九一）以後據丁酉字本鈔本。

一冊。〔02966；題朝鮮鈔本〕

四周雙欄，半郭21.7×15.8公分，本文十行大十七字，小文雙行。版心：白口，上下內向二葉花紋魚尾。題：「大目／庚子式年司馬榜目／（葉）幾」

**內容**：朝鮮正祖四年（一七八〇）司馬榜目。

案：此鈔本，較之丁酉字本，漏字頗多。

**書題**：「庚子蓮榜」。

**蓋紙**：是書∧進二∨葉二A面「洪義浩」之父兄（父洪秀輔、兄洪仁浩）上有蓋紙。

**印章**：「國立中央圖／書館收藏」朱長

## 崇禎三庚子式年司馬榜目一卷

朝鮮不著編者。朝鮮正祖十三年（清乾隆五十四年；一七八九）丁酉字本。一冊。〔02967；題清乾隆五十四年朝鮮芸閣活字本〕

四周單欄，半郭25.2×18.1公分，本文十行大十七字，小文雙行。版心：白口，上二葉花紋魚尾。題：「己酉司馬榜／大目／（葉）幾」

**木記**：卷末題下載「恩門庫直宋弘默」之無欄小字雙行木記。

**內容**：朝鮮正祖十三年（一七八九）司馬榜目。

**墨跡**：書末載「戊寅十二月二十七日都目政□」及諸人姓名之墨筆墨跡。

印章：「國立中央圖／書館收藏」朱長

## 崇禎三庚戌增廣司馬榜目 一卷

朝鮮不著編者。朝鮮正祖十四年（清乾隆五十五年；一七九〇）丁酉字本。一冊。（02968；題清乾隆五十五年朝鮮芸閣活字本）

四周單欄，半郭25.1×18.0公分，本文十行大十七字，小文雙行。版心：白口，上二葉花紋魚尾。題：「庚戌司馬榜／大目／（葉）幾」

**木記**：卷末題下載「恩門庫直李聖崇」之無欄小字雙行木記。

**內容**：朝鮮正祖十四年（一七九〇）司馬榜目。

**印章**：「宋印／欽詩」白方（宋欽詩印）、「國立中央圖／書館收藏」朱長

## 崇禎紀元後四癸酉式司馬榜目 一卷

朝鮮不著編者。朝鮮高宗十年（清同治十二年；一八七三）丁酉字本。一冊。（02969；題清嘉慶十八年朝鮮芸閣活字本）

四周單欄，半郭25.2×17.9公分，本文十行大十八字，小文雙行。版心：白口，上二葉花紋魚尾。題：「大目／癸酉式司馬榜目／（葉）幾」

木記：書末載「癸酉季春芸閣恩門庫直洪箕煥、宋兩植」之無欄三行木記。
內容：朝鮮高宗十年（一八七三）司馬榜目。
　案：崇禎紀年後四癸酉，該爲朝鮮純祖十三年（一八一三），然是書書首載監試官俱爲高宗時人，如洪萬植生於憲宗八年（一八四二），歿於光武九年（一九〇五），故是書印年應改爲高宗十年癸酉（一八七三）。
褙接紙：書衣裏用《南平文氏族譜》紙。
印章：「國立中央圖／書館收藏」朱長

## 崇禎紀元後四壬增廣司馬榜目 一卷

朝鮮不著編者。朝鮮純祖二十二年（清道光二年；一八二二）木活字本。一册。〔02970；題清道光二年朝鮮芸閣活字本〕

四周單欄，半郭 24.9×18.7公分，本文十行大十八字，小文雙行。版心：白口，上三葉花紋魚尾。題：「大目／壬午增廣司馬榜目／（葉）幾」
木記：書末載「芸閣新刊壬午孟冬恩門庫直宋兩植」之無欄三行木記。
內容：朝鮮純祖二十二年（一八二二）司馬榜目。
印章：「國立中央圖／書館收藏」朱長

## 崇禎紀元後四癸卯式司馬榜目 一卷

朝鮮不著編者。朝鮮憲宗九年（清道光二十三年；一八四三）丁酉字本。一册。〔02971；題清道光二十三年朝鮮芸閣活字本〕

四周單欄，半郭 24.4 × 18.2公分，本文十行大十八字，小文雙行。版心：白口，上二葉花紋魚尾。題：「大目／癸卯式司馬榜目／（葉）幾」

**木記**：書末載「癸卯季秋芸閣活印恩門庫直」之無欄三行木記。

**內容**：朝鮮憲宗九年（一八四三）司馬榜目。

**印章**：「國立中央圖／書館收藏」朱長

## 崇禎紀元後四甲辰增廣別試文武科殿試榜目 一卷

朝鮮不著編者。朝鮮憲宗十年（清道光二十四年；一八四四）木刊及丁酉字本。一册。〔02972；題清道光二十四朝鮮芸閣活字本〕

四周單欄，半郭 24.7 × 18.3公分，本文十行大十八字，小文雙行。版心：白口，上二葉花紋魚尾。題：「大目／甲辰增廣榜目／（葉）幾」

**內容**：朝鮮憲宗十年（一八四四）司馬榜目。

案：本文爲木刻本，榜目附編以下八葉用丁酉字所印。

墨跡：書末載「冊主金把捴宅，守而勿失，傳之子孫，惟以青氈知守，是所望也」之黑筆墨跡。

印章：「國立中央圖／書館收藏」朱長

## 崇禎紀元後四庚戌增廣司馬榜目 一卷

朝鮮不著編者。朝鮮哲宗元年（清道光三十年；一八五〇）刊本。一冊。〔02973；題清道光三十年朝鮮芸閣活字本〕

四周單欄，半郭24.6×18.0公分，本文十行大十八字，小文雙行。版心：白口，上二葉花紋魚尾。題：「大目／庚戌增廣司馬榜目／（葉）幾」

木記：書末載「庚戌孟冬芸閣活印恩門庫直」之無欄三行木記。

內容：朝鮮哲宗元年（一八五〇）司馬榜目。

印章：「國立中央圖／書館收藏」朱長

## 崇禎紀元後四乙卯式司馬榜目 一卷

朝鮮不著編者。朝鮮哲宗六年（清咸豐五年；一八五五）丁酉字本。一冊。〔02974；

題乙卯式司馬榜目清咸豐五年朝鮮芸閣活字本〉

四周單欄，半郭25.2×17.9公分，本文十行大十八字，小文雙行。版心：白口，上二葉花紋魚尾。題：「大目／乙卯式司馬榜目／（葉）幾」

**木記**：書末載「乙卯孟秋芸閣活印恩門庫直李道英」之無欄三行木記。

**內容**：朝鮮哲宗六年（一八五五）司馬榜目。

**缺落**：卷首一葉、卷末木記一葉俱遭缺，未補。

**印章**：「國立中央圖／書館收藏」朱長

## 崇禎紀元後四己未元子誕生慶科增廣別試文武科殿試榜目一卷

朝鮮不著編者。朝鮮高宗七年（清同治九年，一八七〇）全史字本。一册。〔02975；題清咸豐十年朝鮮內閣活字本〕

四周單欄，半郭21.9×15.8公分，本文十行大十八字，小文雙行。版心：白口，上白魚尾。題：「大目／己未增廣榜目／（葉）幾」

**木記**：書末載「庚午季春追印」之無欄單行木記。

**內容**：朝鮮哲宗十年（一八五九）司馬榜目。

**印章**：「國立中央圖／書館收藏」朱長

## 崇禎後五壬午慶科增廣文武科殿試榜目一卷

朝鮮不著撰者。朝鮮高宗二十五年（清光緒十四年；一八八八）丁酉字及木刊本。一册。〔02976；題清光緒十四年朝鮮恩門活字本〕

四周單欄，半郭25.0×18.1公分，本文十行大十八字，小文雙行。版心：白口，上二葉花紋魚尾。題：「大目／壬午增廣龍虎榜目／（葉）幾」

**木記**：書末載「恩門活印戊子刊行庫直洪永善」之無欄三行木記。

**內容**：朝鮮高宗十九年（一八八二）司馬榜目。

案：本文及試題前四葉，用丁酉字；試題葉五至八葉，爲木刊本。

**印章**：「國立中央圖／書館收藏」朱長

## 崇禎紀元後五乙酉式年司馬榜目一卷

朝鮮不著編者。朝鮮高宗二十八年（清光緒十七年；一八九一）整理字本。一册。〔02977；題清光緒十七年朝鮮內閣活字本〕

四周單欄，半郭25.0×17.3公分，本文十行大十八字。版心：白口，上二葉花紋魚尾。題：「大目／乙酉式年司馬榜目／（葉）幾」

木記：書末載「辛卯仲春內閣活印」之無欄雙行木記。
內容：朝鮮高宗二十二年（一八八五）司馬榜目。
印章：「國立中央圖／書館收藏」朱長

## 崇禎紀元後五乙酉慶科增廣司馬榜目一卷

朝鮮不著編者。朝鮮高宗二十八年（清光緒十七年；一八九一）整理字本。一册。〔02978；題清光緒十七年朝鮮內閣活字本〕

四周單欄，半郭25.0×17.3公分，本文十行大二十字，小文雙行。版心：白口，上二葉花紋魚尾。題：「大目／乙酉增廣司馬榜目／（葉）幾」
木記：書末載「辛卯仲春內閣活印」之無欄雙行木記。
內容：朝鮮高宗二十二年（一八八五）司馬榜目。
印章：「國立中央圖／書館收藏」朱長

## 上之即祚二十九年辛卯慶科增廣司馬榜目一卷

朝鮮不著編者。朝鮮光武六年（清光緒二十八年；一九〇二）整理字本。二册。〔02979；題清光緒二十八年朝鮮內閣活字本〕

四周單欄，半郭 26.5×19.0公分，本文十一行大二十字，小文雙行。版心：白口，上二葉花紋魚尾。題：「大目／辛卯增廣司馬榜目／（葉）幾」

**木記**：書末載「壬寅仲秋內閣活印」之無欄雙行木記。

**內容**：朝鮮高宗二十八年（一八九一）司馬榜目。

**印章**：「國立中央圖／書館收藏」朱長

## 奮武原從功臣錄卷　一卷

朝鮮奮武錄勳都監編。朝鮮英祖四年（清雍正六年，一七二八）戊申字本。一冊。〔02996；題清雍正六年朝鮮內閣活字本〕

四周雙欄，半郭 25.4×17.9公分，本文十行大十八字。版心：白口，上下內向二葉花紋魚尾。題：「奮武原從功臣錄卷／（葉）幾」

**序**：書首載尹淳〈奮武討逆討頒教文〉。

**編輯**：書末載是書編輯官銜（吳命恒、趙文命等五人）

**內容**：朝鮮英祖即位年（一七二四）及四年（一七二八），討伐金一鏡及其殘黨李麟佐等之變亂。

**頒賜**：宣傳官李義祥。

**印章**：「施命／之寶」朱方（朝鮮內賜印）、「國立中央圖／書館收藏」朱長案：同書見臺中圖藏 02997 本。

## 奮武原從功臣錄卷一卷

朝鮮奮武錄勳都監編。朝鮮英祖四年（清雍正六年；一七二八）戊申字本。一冊。〔02997；題清雍正六年朝鮮內閣活字本〕

同書見臺中圖藏 02996 本。

**頒賜**：閑良金已男。

**印章**：「施命／之寶」朱方（朝鮮內賜印）、「國立中央圖／書館收藏」朱長

## 揚武原從功臣錄卷一卷

朝鮮揚武錄勳都監編。朝鮮英祖四年（清雍正六年；一七二八）戊申字本。一冊。〔02998；題清雍正六年朝鮮內閣活字本〕

四周雙欄，半郭 25.4 × 17.9公分，本文十行大十八字。版心：白口，上下內向二葉花紋魚尾。題：「奮武原從功臣錄卷／（葉）幾」

**序**：書首載尹淳〈奮武討逆頒教文〉。

**編輯**：書末載是書編輯官銜（吳命恒、趙文命等五人）

**內容**：朝鮮英祖即位年（一七二四）及四年（一七二八），討伐金一鏡及其殘黨李麟佐之變亂。

**頒賜**：御營軍趙好發。

**印章**：「施命／之寶」朱方（朝鮮內賜印）、「國立中央圖／書館收藏」朱長

## 倡義錄 一卷

朝鮮郭元甲編、朴胤光校。朝鮮英祖十年（清雍正十二年；一七三四）刊本。一冊。（02999；題清雍正十二年朝鮮朴胤光刊本）

四周雙欄，半郭21.3×17.4公分，本文十行大二十字。版心：白口，上下內向二葉花紋魚尾。題：「倡義錄／（葉）幾」

**序跋**：書首載壬子（一七三二）趙顯命〈倡義錄序〉。書末載甲寅（一七三四）金始炯跋。

**刊記**：金始炯跋云：「朴生胤光主其事，其志可尚，添補財力，使之亟付剞劂，書其槩如右。」

**印章**：「國立中央圖／書館收藏」朱長

## 實錄廳題名記（正祖）一卷

朝鮮實錄廳編。朝鮮純祖五年（清嘉慶十年；一八〇五）丁酉字本。一冊。（03000；

題清嘉慶十年朝鮮內閣活字本）

四周單欄，半郭25.3×18.1公分，本文十行大十八字，小文雙行。版心：白口，上二葉花紋魚尾。題：「實錄廳題名記／（葉）幾」

序：書首載金祖淳〈實錄廳題名記序〉。

內容：朝鮮正宗大王實錄。

印章：「國立中央圖／書館收藏」朱長

## 實錄廳題名記（純祖）一卷

朝鮮實錄廳編。朝鮮憲宗四年（清道光十八年；一八三八）丁酉字本。一冊。（03001；題清道光十八年朝鮮內閣活字本）

四周單欄，半郭25.1×18.2公分，本文十行大十八字，小文雙行。版心：白口，上二葉花紋魚尾。題：「實錄廳題名記／（葉）幾」

序：書首載金逌根〈實錄廳題名記序〉。

內容：朝鮮純宗大王實錄。

印章：「三浦／文庫」朱楕、「國立中央圖／書館收藏」朱長

## 實錄廳題名記（哲宗）一卷

朝鮮實錄廳編。朝鮮高宗二年（清同治四年；一八六五）顯宗實錄字本。一册。〔03002；題清同治四年朝鮮內閣活字本〕

四周單欄，半郭 25.3×18.2公分，本文十行大十八字，小文雙行。版心：白口，上二葉花紋魚尾。題：「實錄廳題名記／（葉）幾」

序：書首載今上二年（一八六五）金學性〈實錄廳題名記序〉。

內容：朝鮮哲宗大王實錄。

印章：「國立中央圖／書館收藏」朱長

## 蔭譜不分卷

朝鮮不著編者。朝鮮後期鈔本。三册。〔03033；題稿本〕

四周單欄，半郭 30.8×19.0公分，本文四段。無版心。

印章：「國立中央圖／書館收藏」朱長

## 璿源世系 一卷

朝鮮宗親府編。朝鮮高宗四年（清同治六年；一八六七）序刊本。一冊。〔03034；題清同治六年朝鮮內閣刊本〕

四周雙欄，半郭23.2×20.2公分，本文十一行大二十二字，小文雙行。版心：白口，上下內向三葉花紋魚尾。題：「璿源世系／（葉）幾」

**序**：書首載丁卯（一八六七）申錫禧〈璿源續譜序〉。

**內容**：朝鮮穆祖至高宗之世系。

**褙接紙**：書衣裏用活字《璿源續譜》（義安大君派）紙。

**印章**：「國立中央圖／書館收藏」朱長

案：臺中圖將是書與《璿源續譜》（撫安大君派）合爲一種，而茲分爲二種。

## 璿源續譜（撫安大君派）十三卷

朝鮮宗正院編。朝鮮光武六年（清光緒二十八年；一九〇二）芸閣筆書體鐵字本。十三冊。〔03034；題清同治六年朝鮮內閣刊本〕

四周雙欄，半郭26.3×19.5公分，凡例十行大二十四字，本文六段。版心：白口，上下內向三葉花紋魚尾。題：「撫安大君派／璿源續譜卷之幾／（葉）幾」

**編輯**：書末載是書編輯官銜（李相佑、李義周等五人）

**褙接紙**：書衣裏用木刻《國朝寶鑑》紙及《璿源續譜》紙。

**題識**：書首載韓人之黑筆題識，云：「此是甲子譜，而或有冒入，或有序次之錯誤，不可準信，於後日之攷覽爾。」

案：甲子，指朝鮮高宗元年（一八六四）。

**印章**：「國立中央圖／書館收藏」朱長

案：臺中圖將本書與《璿源世系》合爲一種，但以前者用芸閣筆書體鐵活字，後者用木板，故茲分爲二種而論之。

## 搢紳世譜不分卷

朝鮮不著編者。朝鮮末期鈔本。五册。（03035；題稿本）

四周單欄，半郭30.8×18.8公分，本文五段。無版心。

**內容**：朝鮮後期搢紳人之世譜。

**蓋紙**：書中「檍」、「洞」、「溥」字上有蓋紙。

**印章**：「洪配／厚原／傳印」白方（洪配厚印）、「國立中央圖／書館收藏」朱長

## 古今歷代標題註釋十九史略通攷八卷

元曾先之編次、余進通攷。朝鮮宣祖六年至二十五年（明萬曆元年至二十年；一五七三至九二）癸酉字本。（03088；朝鮮舊刊本）

四周雙欄，半郭26.8×18.0公分，本文十行大十八字，注小文雙行。天頭有小文注，版欄右有「帝名」耳題。版心：白口，上下內向三葉花紋魚尾。題：「史略幾／（葉）幾」

**缺落**：卷八葉十八遭缺。

**印章**：「谷口氏／藏書印」朱長、「子孫永保／共十卷／雲煙家藏書記」黑長、「國立中央圖／書館收藏」朱長

案：癸酉字，始鑄於朝鮮宣祖六年（一五七二）。

## 史要聚選九卷

朝鮮權以生撰。朝鮮正祖二十三年（清嘉慶四年；一七九九）田以采朴致維刊本。五册。

（03122；題清康熙十八年朝鮮田以采等刊本）

四周單欄，半郭19.0×16.1公分，本文十七行大二十五字，注小文雙行。版心：白口，上下內向黑或一至二葉花紋魚尾。題：「史要聚選卷之幾／（葉）幾」

**序**：書首載崇禎後己未（一七九九）權以生〈史要聚選序〉。
**書名**：卷一首題爲「史要聚選卷」，其下有「一名增補歷代會靈」。
**木記**：目錄末載「己未開板」之無欄單行木記。又卷九末題下載「田以采朴致維梓」之無欄雙行木記。
**刊記**：權以生序云：「適夫田以采、朴致維兩人爲詞林萬一之助鳩財剞，欲以行于世，請余起萬。」
案：田以采朴致維刊本，又見臺中圖藏 02665 至 66、05323 本。
**褙接紙**：書衣裏用木刻《眞寶大全》紙。
**印章**：「尹□／謙印」白方、「玄居堂」朱長、「國立中央圖／書館收藏」朱長

## 寅林 不分卷

朝鮮不著編者。朝鮮後期鈔本。三册。〔03123；題朝鮮抄本〕
四周雙欄，半郭 25.0 × 16.1公分，本文二十二行大四十五字左右。無版心。
**內容**：中國上古至明朝間帝王、諸臣之略傳。
**印章**：無

## 東編不分卷

朝鮮不著編者。朝鮮後期鈔本。二十二册。朝鮮後期鈔本。〔03124；題朝鮮鈔本〕

31.0×20.8公分，本文十二行大三十四字，注小文雙行。

**內容**：中國上古至明朝間人物之略傳，册二十二另立聖賢人之略傳。

**印章**：「國立中央圖／書館收藏」朱長

## 東史纂要八卷

朝鮮吳澐撰。朝鮮光海君元年（明萬曆三十七年；一六〇九）雞林府刊光海君六年（萬曆四十二年；一六一四）補刊本。殘存卷一上、中，卷一下鈔配，三册。〔03131；題朝鮮舊刊本〕

四周雙欄，半郭23.0×18.3公分，本文十行大二十字，注小文雙行。版心：白口，上下內向二葉花紋魚尾。題：「東史卷幾／（葉）幾」

**跋**：書末載萬曆四十二年甲寅（一六一四）吳澐跋。

**木記**：書末載「萬曆己酉雞林府刊」之木記。

案：是書雖題「萬曆己酉」（一六〇九）所刊，但至朝鮮光海君六年（一六一四）吳澐作跋後，方能補刊而印出之。吳澐，生於朝鮮中宗三十五年（一五四〇），歿於光海君九年（一六一七）。

**印章**：「金廷/□印」朱方、「國立中央圖/書館收藏」朱長

## 東史纂要十六卷附東國世家一卷

朝鮮吳澐撰。朝鮮末期榮川三友亭重刊本。八册。〔03132；題朝鮮榮川三友亭重刊本〕

四周雙欄，半郭 20.3×16.5公分，本文十行大二十字，注小文雙行。版心：白口，上下內向二葉花紋魚尾。題：「東史卷幾/（葉）幾」。

**序跋**：書首載萬曆四十二年（一六一四）吳澐序。卷十六末載歲戊申（？）朴勝振跋及吳應澈跋。

**木記**：書末載「榮川三友亭重刊」之無欄單行木記。

**刋記**：吳應澈跋：「右先祖始書始爲四册，末爲八册。蓋刊傳於當時，而板本之藏，失於授受，並與其印帙而無存焉。……今年春，鄉人士竣發重刊之，……上三編之舊合爲一者，並分釐而次第之刋，去上、中、下之篇目，……剞功之訖，僅四箇月。始終幹勞者，權直員大鑽、宋斯文奎淵、朴斯文灝陽諸人也。」

**印章**：「國立中央圖/書館收藏」朱長

## 懲毖錄十六卷雜記一卷

朝鮮柳成龍撰。朝鮮後期刊本。七册。〔03133；題明萬曆間朝鮮刊本〕

四周雙欄，半郭18.3×16.0公分，本文十行大二十字。版心：白口，上下內向二至三葉花紋魚尾。題：「懲毖錄卷幾／（葉）幾」

**序**：書首載柳成龍序。

**印章**：「國立中央圖／書館收藏」朱長

## 東史會綱十二卷附論辯一卷年譜一卷

朝鮮林象德撰。朝鮮肅宗三十一年（清康熙四十四年；一七〇五）以後芸閣印書體字本。十三册。〔03135；題朝鮮舊刊本〕

四周單欄，半郭23.8×16.0公分，本文十二行大十七字，注小文雙行。版心：白口，上下內向白魚尾。題：「東史會綱／卷幾／（葉）幾」

**內容**：新羅、高句麗、百濟及高麗之歷史。

案：目錄末載〈東史會綱序例〉，云：「起自新羅始祖元年，迄于高麗恭愍二十三年，約爲十卷，名之曰《東史會綱》。」是書本文之卷數，實爲十二卷，每卷分上下。林象德，字潤甫，號老村，生於朝鮮肅宗九年（一六八三），歿於肅宗四十五年（一七一九）。肅宗二十五年（一六九九）及進士，肅宗三十一年（一七〇五）及第。

**印章**：「閔印／丙承」白方（以下二鈐閔丙承印）、「賜號／善／寶齋」朱方、「國立中央圖／書館收藏」朱長

案：同書見臺中研院藏善本P85（登172936—44）本。

## 國朝寶鑑六十八卷

朝鮮金尚喆等受命編。朝鮮正祖六年（清乾隆四十七年；一七八二）丁酉字本。殘存卷三十七，一冊。〔03136；題清乾隆四十七年朝鮮內閣刊本〕

四周單欄，半郭23.5×18.1公分，本文十行大十八字，注小文雙行。版心：白口，上二葉花紋魚尾。題：「國朝寶鑑卷之幾／（葉）幾」

**序跋**：書首載予踐位之六年壬寅（一七八二）朝鮮正祖＜國朝寶鑑序＞、上之六年（一七八二）金尚喆等＜進國朝寶鑑箋＞。編輯官銜後載＜國朝寶鑑總敍＞。書末載上之六年（一七八二）金鍾秀＜國朝寶鑑跋＞。

**編印**：＜進國朝寶鑑箋＞後載是書總裁官銜（金尚喆）、校正官銜（李福源、徐命膺）、纂輯官銜（蔡濟恭等十三人）、考校官銜（趙城鎮等十三人）、繕寫官銜（李敬一等十四人）、參訂官銜（金致仁等十一人）　御製校閱官銜（李福源等二十一人）、御製書寫官銜（鄭

志儉）、監印官銜（李性源等九人）。

案：臺中圖藏本，缺序跋及編印官銜之處。

**內容**：朝鮮正祖〈國朝寶鑑序〉云：「於是命館閣臣幷取十二朝實錄，分編纂修，越明年三月工告訖。」朝鮮太祖至英祖間之朝廷諸事。

**蓋紙**：書中朝鮮孝宗諱字上有紅色蓋紙。

**印章**：「澤存／書庫」朱方（陳羣印）、「國立中央圖／書館收藏」朱長

案：臺中圖將是書與覆刻丁酉字本《國朝寶鑑》合爲一種，而茲各分爲二種。

## 國朝寶鑑六十八卷

朝鮮金尚喆等受命編。朝鮮正祖六年（清乾隆四十七年；一七八二）覆刻丁酉字本。缺卷三十七，二十二册。〔03136；題清乾隆四十七年朝鮮內閣刊本〕

**四周單欄**，半郭23.5×18.1公分，本文十行大十八字，注小文雙行。版心：白口，上二葉花紋魚尾。題：「國朝寶鑑卷之幾／（葉）幾」

**序跋**：書首載予踐位之六年壬寅（一七八二）朝鮮正祖〈國朝寶鑑序〉、上之六年（一七八二）金尚喆等〈進國朝寶鑑箋〉。編輯官銜後載〈國朝寶鑑總敍〉。書末載上之六年（一七八二）金鍾秀〈國朝寶鑑跋〉。

**編印**：〈進國朝寶鑑箋〉後載是書總裁官銜（金尚喆）、校正官銜（李福源、徐命膺）、纂

輯官銜（蔡濟恭等十三人）、考校官銜（趙城鎭等十三人）、繕寫官銜（李敬一等十四人）、參訂官銜（金致仁等十一人）、御製校閱官銜（李福源等二十一人）、御製書寫官銜（鄭志儉）、監印官銜（李性源等九人）。

**內容**：朝鮮正祖〈國朝寶鑑序〉云：「於是命館閣臣幷取十二朝實錄，分編纂修，越明年三月工告訖。」朝鮮太祖至英祖間之朝廷諸事。

**蓋紙**：書中朝鮮諸王諱字上有紅或朱黃色之蓋紙。

**印章**：「朴印／宗慶」白方（以下二鈐朴宗慶印）、「潘／南」朱文鼎形、「澤存／書庫」朱方（陳羣印）、「國立中央圖／書館收藏」朱長

案：臺中圖藏本，係曾數人各藏而後爲配齊之書。臺中圖將是書與丁酉字本《國朝寶鑑》合爲一種，而茲各分爲二種。

## 丙子錄一卷己卯錄補遺二卷

丙子錄：朝鮮羅萬甲撰；己卯錄補遺：安璐撰。朝鮮後期鈔本。一册。〔03137；題國朝寶鑑朝鮮舊鈔本〕

27.0×19.0公分，本文十二行大二十四字不等，小文雙行。

**內容**：《丙子錄》、《己卯錄補遺》。

案：是書題爲「國朝」、「寶鑑」，但非原書題目，而是後人所補。

印章：「國立中央圖／書館收藏」朱長

## 莊陵誌四卷

朝鮮尹舜擧撰，權和、朴慶餘增補。朝鮮後期據肅宗三十七年（清康熙五十年；一七一一）槧鈔本。一册。〔03138；題朝鮮舊鈔本〕

27.3×17.2公分，本文十二至十四行，大二十三字不等。

**序跋**：書首載歲己丑（一七〇九）南鶴鳴序。書末載權和、朴慶餘後序。

案：書末載重光單閼（一七一一）崔錫鼎與崇禎後癸卯（一六六三）尹舜擧二跋，是書未鈔。

**撰記**：朴慶餘後序云：「舊誌，即坡平尹舜擧所撰。而安東權和考證之，且輯端宗大王復位事實及六臣建祠復官顛末，編爲實錄，而附其下，合而名之曰《莊陵誌》。」

**印章**：「國立中央圖／書館收藏」朱長

## 麗史提綱二十三卷

朝鮮俞棨撰。朝鮮顯宗八年（清康熙六年；一六六七）序刊本。十三册。〔03139；題清康熙六年朝鮮刊本〕

四周雙欄，半郭23.1×17.7公分，本文五行大十二字，注十行十八字。天頭有「年表」小文，版欄右外有「王名」耳題。版心：白口，上下內向二葉花紋魚尾。題：「麗史提綱卷之幾／（葉）幾」

**序**：書首載崇禎丁未（一六六七）宋時烈〈麗史提綱序〉。

**編書**：宋時烈序云：「《高麗史》凡一百三十七卷，有世家、有列傳、有志、有表，辭事散出，不可領要。市南俞公棨為是之病，……總十二卷，名曰《麗史提綱》。」初為十二卷，後分為二十三卷。

**褙接紙**：書衣裏用鉛印《江陵劉氏大同世譜》紙。

**印章**：「尹印／履采／元禮」朱方（以下三鈐尹履采印）、「尹氏／家藏」朱白兼方、「南／原」朱文壺形、「西皐／閑人」白方、「□／光／齋」朱長、「李氏／□□」朱長、「國立中央圖／書館收藏」朱長

案：朝鮮肅宗八年（一六八二）內賜本，今藏高麗大學。臺中圖藏本，係曾數人各藏而後為配齊之書。同書見臺中研院藏善本P85（登172866–77）本。

## 燃藜室記述三十三卷

朝鮮李肯翊撰。朝鮮正祖元年（清乾隆四十二年；一七七七）以後鈔本。卷二十七凡一卷配他人鈔本。三十冊。〔03140；題朝鮮舊鈔本〕

四周單欄，半郭24.2×17.3公分，本文十二行大二十四字，注小文雙行。無版心。

序：書首載李肯翊〈燃藜室記述義例〉。

內容：朝鮮太祖至顯宗朝之紀事本末。

印章：「國立中央圖／書館收藏」長朱

## 燃藜室記述四十二卷

朝鮮李肯翊撰。朝鮮正祖元年（清乾隆四十二年；一七七七）以後鈔本。殘存卷一至卷九，卷一下配他人鈔本，七冊。〔03141；題朝鮮烏孫欄舊鈔本〕

四周單欄，半郭21.9×14.8公分，本文十行大二十一字，注小文雙行。版心：白口，上二葉花紋魚尾。題：「大題／卷幾／（葉）幾」。冊二（卷一下）：四周雙欄，本文十二行大二十三字，白口，上下內向二葉花紋魚尾。

序：書首載李肯翊〈燃藜記述義例〉。

內容：朝鮮太祖至景宗朝之紀事本末，附錄載英祖朝之紀事本末。

印章：「國立中／央圖書／館保管」方朱

## 鸂藜室記述別集　十九卷

朝鮮李肯翊撰。朝鮮正祖元年（清乾隆四十二年；一七七七）以後鈔本。十七冊。〔03142；題朝鮮舊鈔本〕

四周雙欄，半郭22.6×16.1公分，本文十行大二十字，注小文雙行。版心：白口，上下內向一葉花紋魚尾。題：「大目／卷幾／（葉）幾」

印章：無。

## 燃藜室記述別集六卷

朝鮮李肯翊撰。朝鮮正祖元年（清乾隆四十二年；一七七七）以後鈔本。六冊。〔03143；題朝鮮鈔本〕

四周雙欄，半郭18.3×13.7公分，本文十行大二十二字，注小文雙行。版心：白口，上一葉花紋魚尾。無版心題。

內容：朝鮮肅宗朝之紀事本末。

印章：無。

## 我我錄二卷

朝鮮南紀濟撰。朝鮮正祖元年（清乾隆四十二年；一七七七）以後鈔本。二冊。〔03144；

題朝鮮鈔本〉

32.0×21.8公分，本文十一行大三十字左右。

**內容**：朝鮮宣祖二十二年（一五八九）至景宗元年（一七二一）間之四色黨派、士禍及壬辰、丙辰亂。

**印章**：「閔印／趾鎬」朱方、「□／庭」朱方、「國立中央圖／書館收藏」朱長

## 丹巖漫錄二卷

朝鮮閔鎭遠撰。朝鮮純祖十四年（清嘉慶十九年；一八一四）金魯敬鈔本。一冊。〈03145；題朝鮮舊鈔本〉

27.6×19.7公分，本文十行大十七字。

**序**：書末載甲戌（一八一四）酉堂（金魯敬）〈後序〉。

**寫年**：金魯敬〈後敍〉云：「然此錄本爲主家之所必藏，余從娣兄獲讀焉。仍爲繕寫一帙。」

**內容**：朝鮮肅宗六年（一六八〇）至英祖四年（一七二八）間之朝廷諸事。

**印章**：「金印／正喜」白方（以下十鈐金正喜印）、「阮／堂」白方、「實／境」朱方、「嵩陽／墨掾」朱方、「長宜子孫」朱長方凹凸形、「東國／儒子」白長、「因封／爲屋」白長、「大雅／拙輪」朱方、「居士／記」朱方、「髯」朱方、「國立中央圖／書館收藏」朱長外五十六字朱方一印。

## 奉敎嚴辨錄 一卷

朝鮮申晚等受命編。朝鮮英祖三十八年（清乾隆二十七年；一七六二）刊本。一冊。（03146；題清乾隆二十七年朝鮮內閣刊本）

四周雙欄，半郭25.9×18.1公分，本文十行大十八字，小文雙行。版心：白口，上三葉花紋魚尾。題：「奉教嚴辨錄／（葉）幾」

**序**：書首載洪啓禧〈奉教嚴辨錄御製序〉、尹汲〈壬午八月二十六日傳教〉、乾隆二十七年（一七六二）申晚等〈進奉教嚴辨錄箋〉

**編輯**：書末載是書編輯官銜（申晚、洪鳳漢等十二人）。

**內賜記**：「乾隆二十七年九月十六日，內賜副校理洪秀輔奉教嚴辨錄一件，命除謝恩。右承旨臣鄭（手決）」

**印章**：「宣賜／之記」朱方（朝鮮內賜印）、「豐山洪／秀輔君／澤私印」朱方（洪秀輔印）

## 明義錄四卷

朝鮮金致仁等受命編。朝鮮正祖元年（清乾隆四十二年；一七七七）壬辰字本。三冊。（03147；題清乾隆四十三年至四十四年朝鮮芸閣活字本）

四周單欄，半郭25.2×18.1公分，本文十行大十八字。版心：白口，上二葉花紋魚尾。題：「明義錄卷幾／（葉）幾」

**封面**：「丁酉仲春／明義錄／芸閣活印」。

**跋**：書末載上之元年（一七七七）金鍾秀〈明義錄跋〉。

**編輯**：金鍾秀跋後載是書編輯官銜（金致仁以下三十三人）

**印章**：「恩賜」朱方有祥物形（朝鮮內賜印）、「極」白方有祥物形（以下三鈐朝鮮內府印）、「弘齋」白長、「萬機／之暇」朱白兼方、「國立中央圖／書館收藏」朱長

案：臺中圖將是書與《續明義錄》、《明義錄諺解》合爲一種，而茲各分爲三種。

**參考**：安論P114。

## 續明義錄 一卷

朝鮮金致仁等受命編。朝鮮正祖二年（清乾隆四十三年；一七七八）壬辰字本。一册。

〔03147；題清乾隆四十三年至四十四年朝鮮芸閣活字本〕

四周單欄，半郭25.2×18.1公分，本文十行大十八字。版心：白口，上二葉花紋魚尾。題：「續明義錄／（葉）幾」

**封面**：「戊戌季春／續明義錄／芸閣活印」

**序**：書首載金致仁等〈進續明義錄劄〉。

編輯：書末載是書編輯官銜（金致仁以下十二人）

印章：「恩賜」朱方有祥物形（朝鮮內賜印）、「極」白方有祥物形（以下三鈐朝鮮內府印）、「弘齋」白長、「萬機／之暇」朱白兼方、「國立中央圖／書館收藏」朱長

案：臺中圖將是書與《明義錄》、《明義錄諺解》合爲一種，而茲各分爲三種。

參考：安論P114。

## 明義錄諺解四卷

朝鮮金致仁等受命諺解。朝鮮正祖二年（清乾隆四十三年；一七七八）覆刻壬辰字本。四冊。（03147；題清乾隆四十三年至四十四年朝鮮芸閣活字本）

四周雙欄，半郭25.5×18.3公分，本文十行大十八字。版心：白口，上二葉花紋魚尾。題：「明義錄諺解卷幾／（葉）幾」

印章：「國立中央圖／書館收藏」朱長

案：臺中圖將是書與《明義錄》、《明義錄諺解》合爲一種，而茲各分爲三種。

參考：安論P114。

## 俟百錄九卷續編一卷

朝鮮趙重訓、趙重潤撰。朝鮮純祖元年（清嘉慶六年；一八〇一）以後木活字本。五冊。
〔03148；題朝鮮刊本〕

四周雙欄，半郭22.3×17.0公分，本文十行大二十字。版心：白口，上下內向黑魚尾。題：「俟百錄卷之幾／（葉）幾」

**跋**：書末載崔鼎鎭＜後敍＞及趙重訓＜跋＞。

**刊記**：崔鼎鎭後識云：「盖是錄之刊出，趙友重訓倡之，其徒氏重潤成之。」

**內容**：朝鮮肅宗六年（一六八〇）至正祖末之黨禍。

案：趙跋云「正廟庚申」，寫廟諱，則可推是書印年爲純祖以後。

**印章**：「尹氏／相貞」朱方（以下二鈐尹相貞印）、「坡／平／人」朱方、「國立中央圖／書館收藏」朱長

## 進退記事 存一卷

朝鮮不著撰者。朝鮮末期鈔本。殘存卷一，一冊。〔03149；題朝鮮鈔本〕

27.9×17.3公分，本文十行大二十二字，注小文雙行。

**內容**：卷一內容爲朝鮮純祖元年（一八〇一）、六年（一八〇六）、七年（一八〇七）度之諸臣進退事。

**印章**：「國立中／央圖書／館保管」朱方

## 燃藜室記述十四卷

朝鮮李肯翊撰。朝鮮正祖元年（清乾隆四十二年；一七七七）以後鈔本。十六册。（03150；題東國三朝故事本末朝鮮鈔本）

四周雙欄，半郭22.0×15.2公分，本文十行大二十一字。版心：白口，上白魚尾。無版心題。

**內容**：朝鮮孝宗、顯宗、肅宗、景宗等四朝之紀事本末。

案：是書僅錄《燃藜室記述》中孝、顯、肅、景宗十四卷。册二卷二首題爲「孝宗朝故事本末二」，此應改爲「顯宗」。

**書題**：「東史」

**褙接紙**：册一首書衣裏用朝鮮光武六年（一九〇二）芸閣筆書體鐵字《璿源續譜》（孝寧大君派）紙。其他册書衣裏亦用《璿源續譜》或木刻《國朝寶鑑》紙。

**印章**：「國立中／央圖書／館攷藏」朱方

## 朝野輯要二十九卷

朝鮮不著編者。朝鮮正祖元年（清乾隆四十二年；一七七七）以後鈔本。卷十三凡一卷

他人鈔本配，二十九册。〔03151；題朝鮮舊鈔本〕

四周單欄，半郭27.3×19.1公分，本文十一行大二十六、七字。無版心。

**序**：書首載歲甲辰（？）李長演序。

**內容**：朝鮮太祖至英祖朝之紀事本末。

**印章**：「國立中央圖／書館收藏」朱長

## 朝野會通二十八卷

朝鮮不著編者。朝鮮英祖元年（清雍正三年；一七二五）以後鈔本。十六册。〔03152；題朝鮮舊鈔本〕

33.0×20.4公分，本文十一行大二十六字，注小文雙行。

**內容**：朝鮮太祖至景宗朝之簡史。

**印章**：「國立中央圖／書館收藏」朱長

## 葵史二卷

朝鮮大邱儒林編。朝鮮末期據哲宗十年（清咸豐九年；一八五九）木活字本鈔本。缺卷二，一册。〔03153；題朝鮮舊鈔本〕

32.2×20.5公分，本文十行大二十二字，注小文雙行。

印章：「積學齋徐乃昌藏書」朱長、（徐乃昌印）、「國立中央圖／書館收藏」朱長

## 野史抄三卷

朝鮮不著撰者。朝鮮高宗三十二年（清光緒二十一年；一八九五）後不久鈔本。三册。〔03154；題朝鮮鈔本〕

四周單欄，半郭22.8×17.8公分，本文十行大二十字，注小文雙行。版心：白口，上下內向黑魚尾。題：「大目」

著年：是書〈列聖繼序〉中〈今上陛下〉注云：「熈。壬子七月二十五日誕降，癸亥即位，元年甲子。明成皇后，閔氏驪興致祿安，忌乙未八月二十日，洪陵。」明成皇后，薨於朝鮮高宗三十二年（一八九五）。

內容：朝鮮太祖至英祖間之紀事本末。

印章：「李印／源昇」白方、「素／雲」朱方、「國立中央圖／書館收藏」朱長

## 大事編年不分卷

朝鮮不著編者。朝鮮純祖二十九年（清道光九年；一八二九）以後鈔本。六册。〔03155；

題朝鮮舊鈔本〕

四周單欄，半郭24.7×18.3公分，本文十二行大二十五字。版心：白口，上下內向一葉花紋魚尾。無版心題。

內容：朝鮮純祖元年（一八〇一）至二十九年（一八二九）間之朝廷諸事。

印章：「閔印／□承」白方、「青／雲」朱方、「國立中央圖／書館收藏」朱長

## 歲華紀麗四卷

唐韓鄂撰。朝鮮後期鈔本。一册。〔03163；題朝鮮舊鈔本〕

四周單欄，半郭23.5×17.6公分，本文十二行大二十字，注小文雙行。版心：白口，上白魚尾。題：「歲華紀麗／卷幾／（葉）幾」

印章：「柳玩／之印」白方、「小／山」朱白兼方、「景／美」朱方、「鶴麓／居士」朱長、「完／山人」白方、「國立中央圖／書館收藏」朱長

## 東國山水錄一卷

朝鮮李重煥撰。朝鮮後期鈔本。一册。〔03888；題朝鮮舊鈔本〕

31.2×19.9公分，本文十二行大二十二字，注小文雙行。

**印章**：「國立中央圖／書館收藏」朱長

案：書名，一作《澤里誌》。

## 陶山記一卷附一卷

朝鮮李滉撰。附錄：奇大升等撰。朝鮮宣祖六年（明萬曆元年；一五七三）海州刊本。一册。（03953；題明萬曆元年朝鮮刊本）

**無版面**。25.6×20.0公分，本文十行大十四字不等，注小文雙行。題：「（葉）錢」

**序跋**：書首載嘉靖辛酉（一五四一）老病畸人〈陶山記〉。書末載許曄跋。

**刊記**：許曄跋云：「萬曆癸酉孟秋初吉，吾友李監司清之，自首陽館奇以新刊退溪李先生所著，而寫《陶山記》與詩梅花貼，兼以大字書四張三十二字，仍命曄爲之跋。……西北之士，得見先生所著手迹者，蓋無幾矣。監司乃能窅然深思，俾入于梓，以廣其傳。黃海之人，無不得覩，其功可謂盛矣。」

案：朝鮮宣祖十八年（一五八五）許篈續撰《攷事撮要》載八道册板目錄，其所新增者中，海州、永川有是書册板。由許跋云「西北之士」、「黃海之人」，則可以推知是書册板爲海州所藏。

**印章**：「□山／金氏」白方、「國立中央圖／書館收藏」朱長

**參考**：安論P124。

## 熱河日記二十六卷

朝鮮朴趾源撰。朝鮮正祖七年（清乾隆四十八年；一七八三）以後鈔本。六册。〔04117；題朝鮮舊鈔本〕

四周雙欄，半郭20.5×14.6公分，本文十二行大二十四字，注小文雙行。版心：白口，上下內向一葉花紋魚尾。無版心題。

**序**：書首載崇禎百五十六年癸卯（一七八三）朴跡源〈渡江錄序〉。

**印章**：「國立中央圖／書館收藏」朱長

## 東京雜記三卷

朝鮮不著撰者，成原默修補。朝鮮肅宗三十七年（清康熙五十年；一七一一）據顯宗十年（清康熙八年；一六六九）頃閔周冕槧重刊憲宗十一年（清道光二十五年；一八四五）補刊本。〔04152；題朝鮮舊刊本〕

四周雙欄，半郭19.4×17.8公分，本文十行大十六字，注小文單行。版心：白口，上下內向二葉花紋魚尾，間或上白魚尾。題：「雜記卷幾／（葉）幾」

**跋**：書末載歲辛卯（一七一一）南至動跋及歲在乙巳（一八四五）成原默跋。

**原刊記**：南至勳跋云：「《東京雜記》，新羅赫居以後事蹟者也。未知書成於何時，而己酉年間，閔侯周冕所刊板本，歲久殘缺。……鳩聚板子，仍舊重鋟，以壽其傳。」

**刊記**：成原默跋云：「由者並付公議，略加添刊。」

**原刊印**：書末載原刊印官銜，如刻手（孫貴彥）、書履吏（李震雄、孫恭興）、校正有司（權勳、陳聖準）、刊局都監從仕郎（李達徵等七人）、有司（李埨、金建準）、纂集都監（李埰）及總監印官（閔周冕）。

**刊印**：原刊印後載是書刊印官銜，如書履吏（孫永謨等四人）、有司（任必權等三人）、刊局都監（孫志魯等四人）、有司（孫永纘等三人）、較正都監（李淵祥）及總監印官（成原默）。

案：成原默所補板之版心，俱爲上白魚尾，終與祖本之上下內白二葉花紋魚尾有別。補版處：卷二葉五十三至五十四、六十六至七十四，卷三葉二十至二十一、二十五至二十六，成跋及其刊印官銜。

**缺落**：書首二圖（〈慶州府新羅故基之圖〉、〈慶州府之地〉）俱遭缺。

**印章**：「□/溪」朱方、「耘苗軒」朱長、「天興/多情不/自辭」朱方、「國立中/央圖書/館攷藏」朱方

案：同書見臺中圖藏04153本。

## 東京雜記三卷

朝鮮不著撰者，成原默修補。朝鮮肅宗三十七年（清康熙五十年；一七一一）據顯宗十年（清康熙八年；一六六九）頃閔周冕槧重刊憲宗十一年（清道光二十五年；一八四五）補刊本。〔04153；題朝鮮舊刊本〕

同書見臺中圖藏04152本。

**印章**：「鄭印／雲歧」白方、「烏／川」白方、「來／卿」朱方、「碧／常」白方、「國立中央圖／書館收藏」朱長

## 東京雜記三卷

朝鮮不著撰者，成原默修補。朝鮮憲宗十一年（清道光二十五年；一八四五）以後鈔本。三册。〔04154；題朝鮮鈔本〕

27.0×19.1公分，本文十行大十六字，注小文單行。

案：書首二圖未鈔。

**印章**：「久保氏所／藏圖書記」朱長、「宮崎／藏書」朱方（宮崎三味印）、「國立中央圖／書館收藏」朱長

## 新增東國輿地勝覽五十五卷

朝鮮盧思慎等受命撰，李荇等新增。朝鮮宣祖壬辰亂至肅宗二十九年間（明萬曆二十年至清康熙四十二年；一五九二至一七〇三）刊本。二十五册。〔04155；題明嘉靖十年朝鮮官刊本〕

四周雙欄，半郭 26.5×17.9公分，本文八行大十六字，注小文雙行。版心：白口，上下內向黑或一至四葉花紋魚尾。題：「東覽幾／（葉）幾」

**序跋**：書首載成化紀元之十七年蒼龍辛丑（一四八一）徐居正〈東國輿地勝覽序〉、成化十七年（一四八一）盧思慎等〈進東國輿地勝覽箋〉、嘉靖九年（一五三〇）李荇等〈進新增東國輿地勝覽箋〉。書末載是歲（成化二十一年；一四八五）金宗直跋、弘治十二年（一四九九）任士洪跋、嘉靖十年（一四九七）洪彥弼跋。

**原編輯**：徐居正序後載是書總裁官銜（盧思慎以下五人）、纂集官銜（鄭孝恒以下十九人）、撰修官銜（成俔以下二十三人）。

**新增教修**：原編輯後載是書新增教修官銜（李荇、尹殷輔等二十人）。

**缺補**：卷十葉三十二至三十三，卷十一葉一，卷三十一葉十三至十四、卷三十九葉三十九至四十一、四十七等俱遭缺，後人以另紙補鈔之。

**印章**：「道／載／閣／藏」朱圓、「生晉／山姜」朱方、「□□後／人李□／□明章」黑白兼方、「柳命／賢士／希章」朱方（柳命賢印）、「朗善／□□／□章」朱方、「仁興／□□／父耑／外永」朱方、「西河世／家李順／之□孝」朱白兼方、「剛／齋」朱白兼文鼎形、「頹／頌」朱文瓶形、「竹／杓」朱文鼎形、「風月閑人」朱白兼長、「國立中央圖／書館收藏」朱長案：臺中圖藏本，係曾數人各藏而後爲配齊之書。柳命賢，字士希，號靜齋，生於朝鮮仁祖二十一年（一六四三），歿於肅宗二十九年（一七○三）。

## 磻溪隨錄二十六卷附傳一卷

朝鮮柳馨遠撰。朝鮮英祖四十六年（清乾隆三十五年；一七七○）嶺營刊本。十二冊。

〔04526；題清乾隆二年朝鮮刊本〕

四周雙欄，半郭23.0×17.4公分，本文十行大二十字，注小文雙行。版心：白口，上下內向二葉花紋魚尾。題：「隨錄卷之幾／（葉）幾」

**序**：書首載歲庚寅（一七七○）李瀰〈磻溪隨錄序〉、聖上十三年丁巳（一七三七）吳光運〈隨錄序〉。

**刊記**：李瀰序云：「近者搢紳諸公，相繼聞于朝，上徵其稿，覽之大加嘉賞，命鋟梓廣布。」

案：是書冊板，見朝鮮正祖二年（一七七八）《鏤板考》〈嶺南觀察營〉。

**印章**：「國立中央圖／書館收藏」朱長

案：同書見臺中圖藏 04527 本。

## 磻溪隨錄二十六卷附傳一卷

朝鮮柳馨遠撰。朝鮮英祖四十六年（清乾隆三十五年；一七七〇）嶺營刊本。卷七凡一卷鈔配，十二冊。〔04527；題清乾隆三十五年朝鮮李瀰刊本〕

同書見臺中圖藏04526本。

**題識**：書末附載歲廣泣紀元二百十三年柔兆閹茂（一八八六）宋樉〈磻溪隨錄後語〉、近體文及「宋樉」白方一印。又旁載歲丙午（？）某人題識。卷二十六末附載逸文及柳馨遠之世系。

案：宋樉之題識年，乃自柳馨遠歿（一六七三）後二百十三年，即為朝鮮高宗二十三年丙戌（一八八六）。

**印章**：「宋樉」白方、「□溪」朱長、「國立中央圖/書館收藏」朱長

案：臺中圖藏本，係數人各藏而後為配齊之書。

## 東國文獻備考一百卷

朝鮮洪鳳漢等受命編、崇政殿校正。朝鮮英祖四十六年（清乾隆三十五年；一七七〇）芸閣印書體字。卷二至卷五凡四卷鈔配，四十五冊。〔04528；題清乾隆三十五年朝鮮內閣活字本〕

四周雙欄，半郭21.2×14.4公分，本文十行大二十字，注小文雙行。版心：白口，上二葉花紋魚尾。題：「文獻備考/卷幾/（葉）幾」

**序跋**：書首載即阼四十六年（一七七〇）徐命膺〈御製東國文獻備考序〉、庚寅（一七七〇）徐命膺〈御製東國文獻備考後序〉及乾隆三十五年（一七七〇）金致仁等〈進文獻備考箋〉。

書末載朝鮮英祖四十六年補鑄芸閣印書體字事實及金致仁跋。

**編輯**：〈進文獻備考箋〉後載是書編輯官銜（洪鳳漢、金相福等二十六人）。

**內賜記**：「乾隆三十五年八月初八日，內賜編輯堂上□□□東國文獻備考一件，命除謝恩。

右副承旨 臣 尹（手決）」

**印章**：「宣賜／之記」朱方（朝鮮內賜印）、「國立中央圖／書館收藏」朱長

## 大典通編五卷首一卷

朝鮮金致仁等受命撰。朝鮮正祖九年（清乾隆五十年；一七八五）刊本。五冊。〔04529；題清乾隆五十年朝鮮內閣刊本〕

四周雙欄，半郭24.6×18.6公分，本文十行大二十字，注小文雙行。版心：白口，上下內向二葉花紋魚尾。題：「大典通編卷之幾／（葉）幾」

**封面**：「當宁御製／乙巳彙輯／大典通編／中外印頒」

**序**：書首載予踐阼九年（一七八五）朝鮮正祖序、〈英廟朝御製御筆〉、李福源〈大典通編序〉、乾隆五十年（一七八五）金致仁等〈進大典通編箋〉、成化五年己丑（一四六九）崔恒等〈經國大典序〉、闕逢困敦（一七四四）朝鮮英祖〈英廟朝御製顯續大典卷首勉勑

後昆〉、是歲（一七四四）朝鮮英祖〈英廟朝御製續大典小識復敕羣工〉、元景夏〈續大典序〉、乾隆九年（一七四四）金在魯等〈進續大典箋〉。

**編印**：金在魯等箋後載是書總裁官銜（金致仁）、纂輯官銜（金魯鎮等四人）、校正官銜（李家煥等二人）、監印官銜（鄭昌聖等七人）。

**印章**：無。

案：同書見臺中研院藏 324 ·321/210 1卷

## 典律通補五卷別編一卷

朝鮮具允明受命編。朝鮮正祖十年（清乾隆五十一年；一七八六）以後鈔本。六冊。（04530；題朝鮮舊鈔本）

28.5×19.7公分，本文十行大二十字，注小文雙行。

**跋**：別編末載歲丙午（一七八六）具允明跋。

**印章**：「國立中央圖書館收藏」朱長

案：冊一（卷一）、冊三（卷三）被火燒焦，後人將此焦尾本修補之。

## 銀臺便考二卷

朝鮮承政院受命編。朝鮮哲宗元年（清道光三十年；一八五〇）以後鈔本。〔04531；題朝鮮舊鈔本〕

四周雙欄，半郭22.1×15.8公分，本文十行大十八字，注小文雙行。版心：白口，上黑魚尾。題：「小目」

**著年**：卷二〈月令〉中〈八月二十五條〉云：「景陵忌辰。」景陵，憲宗之陵。

案：〈月令〉中朝鮮王妃之祭日，寫至景陵爲止。

**印章**：「國立中央圖／書館收藏」朱長

## 銀臺通考不分卷

朝鮮承政院受命編。朝鮮高宗元年（清同治三年；一八六四）以後鈔本。一册。〔04532；題朝鮮舊鈔本〕

左右雙欄，半郭24.2×18.4公分，本文十行大二十字，注小文雙行。版心：白口，上二葉花紋魚尾。題：「大目／小目」

**著年**：〈月令〉中〈十二月令〉云：「叡陵忌辰，初八日。」叡陵，哲宗之陵。

案：〈月令〉中朝鮮王妃之祭日，寫至叡陵爲止。

**褙接紙**：册後書衣裏用木刻《詩傳大全》紙。

**印章**：「國立中央圖／書館收藏」朱長

## 繼述受宴錄一卷

朝鮮黃景源受命編。朝鮮英祖四十二年（清乾隆三十一年；一七六六）戊甲字本。一册。〔04582；題清乾隆三十一年朝鮮芸閣活字本〕

四周雙欄，半郭 23.8×16.5公分，本文八行大十六字，小文雙行。版心：白口，上三葉花紋魚尾。題：「繼述受宴錄／大目／（葉）幾」

**序跋**：書首載歲柔兆閹茂（一七六六）尹得養〈御製繼述受宴錄〉。書末載黃景源〈繼述受宴錄〉。

**內賜記**：「乾隆三十一年九月十三日，內賜工曹參判□□□繼述受宴錄一件，命除謝恩。右承旨臣李（手決）」

案：被割切三字，應爲「李最中」。

**印章**：「宣賜／之記」朱方（朝鮮內賜印）、「國立中央圖／書館收藏」朱長

## 國朝喪禮補編六卷圖說一卷

朝鮮洪啓禧等受命編。朝鮮英祖三十四年（清乾隆二十三年；一七五八）覆刻戊申字本。圖說一卷鈔配，六册。〔04583；題清乾隆間朝鮮刊本配補鈔本〕

四周雙欄，半郭24.6×18.6公分，本文十行大十八字，注小文雙行。版心：白口，上二葉花紋魚尾。題：「喪禮補編／卷幾／大目／（葉）幾」

**序**：書首載戊寅（一七五八）金在魯〈御製國朝喪禮補編前序〉、歲皇朝崇禎紀元後三丁丑（一七五七）申晚〈御製國朝喪禮補編後序〉。

**編輯**：書末載是書編輯官銜（洪啓禧、申晦等八人）。

**缺落**：書首二序俱遭缺，未補。

**印章**：「澤存／書庫」朱方（陳羣印）、「國立中央圖／書館收藏」朱長

## 咸興本宮儀式二卷附錄一卷

朝鮮正祖命編。朝鮮正祖十九年（清乾隆六十年；一七九五）咸營刊本。一冊。〔04584；題清乾隆六十年朝鮮咸營刊本〕

四周單欄，半郭23.5×17.7公分，本文十行大二十字，注小文雙行。版心：白口，無魚尾。

題：「咸興本宮儀式／大目／（葉）幾」

**序**：書首載予小子踐阼之十九年乙卯（一七九五）洪樂性〈御製敬題咸興永興本宮儀式〉。

**木記**：書末載「乙卯孟夏咸營刊印」之雙欄雙行木記。

**印章**：「國立中央圖／書館收藏」朱長

案：臺中圖將是書與《永興本宮儀式》合爲一種，但茲各分爲二種。

## 永興本宮儀式二卷附錄一卷

朝鮮正祖命編。朝鮮正祖十九年（清乾隆六十年；一七九五）咸營刊本。一冊。〔04584；題清乾隆六十年朝鮮咸營刊本〕

四周單欄，半郭24.1×17.7公分，本文十行大二十字，注小文雙行。版心：白口，無魚尾。題：「永興本宮儀式／大目／（葉）幾」

**序**：書首載予小子踐阼之十九年乙卯（一七九五）洪樂性〈御製敬題咸興永興本宮儀式〉。

**木記**：書末載「乙卯孟夏咸營刊印」之雙欄雙行木記。

**印章**：「國立中央圖／書館收藏」朱長

案：臺中圖將是書與《咸興本宮儀式》合爲一種，但茲各分爲二種。

## 俎豆錄一卷

朝鮮李萬運撰。朝鮮哲宗至高宗間（清道光三十年至光緒三十二年；一八五〇至一九〇六）刊本。一冊。〔04585；題朝鮮舊刊本〕

四周單欄，半郭19.7×14.6公分，本文十一行大二十二字，注小文雙行。版心：白口，上黑魚尾。題：「俎豆錄／大目／（葉）幾」

**內容**：朝鮮太祖至憲宗間宗廟、書院妥食之事蹟。

案：葉八〈廟庭〉云：「憲宗室：李相璜、趙寅永二人。」

**印章**：「國立中央圖／書館收藏」朱長

案：同書見臺中研院藏 393／235 本。

## 箋錄不分卷

朝鮮不著編人。朝鮮高宗二十一年（清光緒十年；一八八四）以後鈔本。一冊。〔04586；題嶺營箋錄朝鮮鈔本〕

四周雙欄，半郭 23.6×16.3公分，本文十行大二十字，注小文雙行。版心：白口，上下黑魚尾。無版心題。

**著年**：是書〈箕營箋錄・哲仁王后祔太廟陳賀〉注云：「庚辰七月初六日。」庚辰，指朝鮮高宗十七年（一八八〇）。又〈嶺營箋錄・大殿正朝箋文〉注云：「甲申。」甲申，指高宗二十一年（一八八四）。

**內容**：嶺營箋錄三、箕營箋錄二、畿營箋錄一。朝鮮高宗十三年（一八七六）至二十一年（一八八四）間之各營箋錄。

**書題**：「箋錄」

**印章**：「國立中央圖／書館收藏」朱長

## 字恤典則一卷諺文一卷

朝鮮正祖命撰。朝鮮正祖七年（清乾隆四十八年；一七八三）覆刻丁酉字本。一册。（04619；題清乾隆四十八年朝鮮內閣活字本）

四周單欄，半郭25.3×18.1公分，本文十行大十八字，注小文雙行。版心：白口，上二葉花紋魚尾。題：「字恤典則／大目／（葉）幾」

**木記**：諺文前載「癸卯活印中外藏板」之單欄雙行木記。

案：臺中圖藏本非爲活字所印，而據朝鮮正祖七年（一七八三）丁酉字及其丁酉韓文字本覆刻之木刊本矣。

**內賜記**：「乾隆四十八年十一月十二日，內賜五事將洪宅夏字恤典則一件，命除謝恩。待教臣李（手決）」

**紙背**：是書紙背上寫〈「댱경젼」（張景傳）〉之韓文小說。

**印章**：「奎章／之寶」朱方（朝鮮內賜記）、「國立中央圖／書館收藏」朱長

## 知彀官廳日記不分卷

朝鮮知彀官廳撰。朝鮮正祖十一年（清乾隆五十二年；一七八七）至純祖二年（嘉慶二

年；一八〇二）知彀官廳稿本。八册。（04628；題朝鮮鈔本）

四周單欄，半郭26.3×21.2公分，本文十三行大二十四字。版心：白口，上下內向二葉花紋魚尾。無版心題。

**內容**：朝鮮正祖十一年丁未（一七八七）八月二十八日至純祖二年壬戌（一八〇二）正月二十一日間知彀官日記。

**印章**：「澤存／書庫」朱方（陳群印）、「國立中央圖／書館收藏」朱方

## 皇明詔令二十一卷

明不著編者。朝鮮光武二年（清光緒二十四年；一八九八）內賜整理字本。十册。（04650；題清咸同間朝鮮內閣活字本）

四周單欄，半郭23.4×17.4公分，本文十行大二十字，注小文單行。版心：白口，上黑魚尾。題：「皇明詔令／卷之幾／（葉）幾」

**內賜記**：「光武二年八月日，農商工部大臣李道宰內賜皇明詔令一件，命除謝恩。秘書院卿臣李（手決）」。

**印章**：「欽文／之寶」朱方（朝鮮內賜印）、「澤存／書庫」朱方（陳羣印）、「國立中央圖／書館收藏」朱長

## 諭入庭宗親文武百官綸音一卷

朝鮮正祖撰。朝鮮正祖六年（清乾隆四十七年；一七八二）丁酉字本。一冊。〔04658；題清乾隆四十七年朝鮮刊本〕

四周單欄，半郭25.2×18.4公分，本文十行大十八字。版心：白口，上二葉花紋魚尾。題：「綸音／（葉）幾」

**內容**：朝鮮正祖六年（一七八二）十一月二十七日事。

**印章**：「奎章／之寶」朱方（朝鮮內賜印）、「國立中央圖／書館收藏」朱長

## 加髢申禁事目一卷諺文一卷

朝鮮正祖命撰。朝鮮正祖十二年（清乾隆五十三年；一七八八）覆刻丁酉字本。一冊。〔04659；題清乾隆五十三年朝鮮刊漢韓文合刊本〕

四周單欄，半郭25.5×18.2公分，本文十行大十八字，韓文十二行大二十二字。版心：白口，上二葉花紋魚尾。題：「加髢申禁事目／（葉）幾」

**內容**：朝鮮正祖十二年（一七八八）十月三日傳教加髢申禁事。

案：朝鮮正祖十二年內賜丁酉字本，今藏韓國中央圖書館（古6022-12）等，同年內賜

覆刻丁酉字本，今藏漢城大學奎章閣（伽藍古349.1-G115）等。

**紙背**：是書紙背上寫〈先王德教圖〉、〈孝子事親圖〉及《孝經章句》之黑筆墨跡。

**墨跡**：是書前書衣裏寫「大正十年正月二十四日，主沈相輔册」、「戊申十月日頒賜」等之黑筆墨跡。後書衣裏寫「大正八年十一月十九日初學」等之黑筆墨跡。

**印章**：「國立中央圖／書館收藏」朱長

## 大明律講解三十卷

明劉惟謙等奉敕撰，不著講解者。朝鮮純祖十年（清嘉慶十五年，一八一〇）箕營刊本（？）。三册。〔04678；題朝鮮箕營刊本〕

四周雙欄，半郭20.8×17.0公分，本文十行大十八字，注小文雙行。版心：白口，上下內向二葉花紋魚尾。題：「大明律講解／卷幾／（葉）幾」

**木記**：書末載「庚午初夏箕營新刊」之雙欄雙行木記。

**褙接紙**：是書書衣裏用木活字《全川崔氏派譜》（僉正公派）紙。

**印章**：「國立中央圖／書館收藏」朱長外不明朱方一印。

案：同書見韓國漢城大學藏奎中2128本。《奎章閣韓國本總目錄》題是書印年爲朝鮮純祖十年庚午（一八一〇），待考。

## 決訟類聚一卷

朝鮮金伯幹編、沈希安校。朝鮮後期永川刊本。一册。（04688；題清順治己丑（六年）朝鮮永川刊本）

四周雙欄，半郭24.6×18.8公分，本文十行大十八字，注小文雙行。版心：白口，上下內向二至三葉花紋魚尾。題：「決訟類聚／（葉）幾」

**跋**：書末載萬曆乙酉（一五八五）丁焰跋、萬曆紀元乙酉（一五八五）金泰廷跋。

**原刊記**：丁焰跋云：「金侯某於事，……今監司讀父書，試之一路，而有裕瓜滿將歸，刊板完山，亦可謂能繼其志也。」又金泰廷跋云：「昔我先君手抄大明律大典註解前後續錄、各年受教等書，決訟要語編爲一卷，讎校於沈贊成希安，令公常欲刊行，未就而下世，……玆囑府伯倩工鋟梓。」

**木記**：金泰廷跋後載「己丑永川改刊」之無欄單行木記。

**印章**：「國立中央圖／書館收藏」朱長

## 決訟類聚補

朝鮮不著編者。朝鮮肅宗三十三年（清康熙四十六年；一七〇七）宜寧縣刊本。一册。

〔04689；題清乾隆三十二年朝鮮宜寧縣刊本〕

四周雙欄，半郭22.5×16.7公分，本文十行大二十字，注小文雙行。版心：白口，上下內向二葉花紋魚尾。題：「決訟類聚補／（葉）幾」

**木記**：書末載「丁亥仲春宜寧縣開刊」之無欄單行木記。

**印章**：「國立中央圖／書館收藏」朱長

## 陸奏約選二卷

唐陸贄撰，朝鮮正祖命刪校。朝鮮正祖二十一年（清嘉慶二年；一七九七）丁酉字本。一冊。〔04697；題清嘉慶二年朝鮮內閣活字本〕

四周雙欄，半郭25.9×18.3公分，本文十行大十八字。版心：白口，上黑魚尾。題：「陸奏約選卷上／（葉）幾」

**封面**：「甲寅手選／御定陸奏約選／丁巳活印」

**鑄字事實**：書末載丁酉字鑄字事實。

**印章**：「國立中央圖／書館收藏」朱長

## 閔文忠公奏議十卷

朝鮮閔鎭遠撰。朝鮮英祖三十三年（清乾隆二十二年；一七五七）刊本。五册。〔04824；題清乾隆二十二年朝鮮閔氏家刊本〕

四周雙欄，半郭 20.2×13.8公分，本文十行大二十字，注小文雙行。版心：白口，上三葉花紋魚尾。題：「閔文忠公奏議／卷之幾／大目／（葉）幾」

**序跋**：書首載崇禎百三十年丁丑（一七五七）金元行〈閔文忠公議序〉。書末載崇禎紀元後三丁丑（一七五七）閔百順後跋。

**刊記**：閔百順後跋云：「於是不肖等謀所以壽其傳，既爲之編次如右，適從弟百祥按節關西，得有拮据，以授剞劂。」

**印章**：「國立中央圖／書館收藏」朱長

## 東賢奏議二十四卷

朝鮮李喜朝編。朝鮮英祖十年（清雍正十二年；一七三四）完營刊本。八册。〔04873；題朝鮮舊刊本〕

四周雙欄，半郭 24.1×18.1公分，本文十行大二十字。版心：白口，上下內向一至三葉花紋魚尾。題：「東賢奏議卷之幾／（葉）幾」

案：《英祖實錄》十年六月乙丑條、九月甲戌條，俱載朝鮮英祖命完營刊此書及《續經筵故事》事。

**印章**：「麗輿人／閔百發／季久章」朱方（閔百發印）、「閔印／丙承」白方（以下二鈐閔丙承印）、「賜號／善齋」朱方、「國立中央圖／書館收藏」朱長

## 公車文不分卷

朝鮮不著編者。朝鮮哲宗六年（清咸豐五年；一八五五）以後鈔本。六册。（04874；題朝鮮鈔本）

32.7×19.1公分，本文十行大三十四字左右，注小文雙行。

**內容**：朝鮮憲宗十五年己酉（一八四九）至哲宗六年乙卯（一八五五）間之諸臣疏劄文。

**印章**：「金印／昇奎」白方、「國立中央圖／書館收藏」朱長

## 公車類抄不分卷

朝鮮不著編者。朝鮮高宗元年（清同治三年；一八六四）以後鈔本。一册。（04875；題朝鮮舊鈔本）

36.5×23.4公分，本文十二行大二十六字。

**內容**：朝鮮正祖至哲宗間爲主之名臣疏文輯。

**印章**：「國立中央圖／書館收藏」朱長

## 奏議要覽不分卷

朝鮮不著編者。朝鮮憲宗元年（清道光十五年；一八三五）以後鈔本。一册。〔04876；題朝鮮鈔本〕

30.8×18.8公分，本文十四行大五十字左右。

**內容**：朝鮮純祖朝頃諸臣之奏議、祭文。

**印章**：「國立中央圖／書館收藏」朱長

## 章疏類攷九卷

朝鮮不著編者。朝鮮高宗十五年（清光緒四年；一八七八）後不久鈔本。九册。〔04877；題朝鮮鈔本〕

四周單欄，半郭19.1×14.3公分，本文十行大二十一字，注小文雙行。版心題：「大目」

**著年**：卷七〈附奏〉中金炳國奏前云：「傳曰判府事金炳國拜左相戊寅八月十八日。」戊寅，指朝鮮高宗十五年（一八七八）。

**貼紙**：册七首書衣裏上貼有「光武二年十月廿一日尹容善拜相，七年一月廿三日李根相拜相」之黑筆貼紙。

案：此貼紙上所寫之筆法，與本文有所不同，故其貼紙當爲後人所補矣。

**印章**：「國立中央圖／書館收藏」朱長

## 通文館志八卷

朝鮮金指南等編。朝鮮肅宗四十六年（清康熙五十九年；一七二〇）戊申字本。三冊。〔04938；題清乾隆三十三年朝鮮活字本〕

左右雙欄，半郭25.3×17.9公分，本文十行大十八字，注小文雙行。版心：白口，上下內向黑魚尾。題：「通文館志／卷幾／大目／（葉）幾」

**序**：書首載戊子（一七二〇）金慶文〈通文館志序〉。

**刊記**：卷七末「通文館志」大字下載「三本。康熙庚子，漢學官李先芳、卞延老、清學官南德昌捐財，以鑄字印納」之無欄小字雙行刊記。

**印章**：「權印／尚喜」藍底白方、「國立中央圖／書館收藏」朱長

## 通文館志十卷

朝鮮金指南等編、李湛等續編。朝鮮正祖二年（清乾隆四十三年；一七七八）刊配正祖十九年（乾隆六十年；一七九五）補刊本。四冊。〔04939；題清乾隆六十年朝鮮內閣

刊本）

四周雙欄，半郭24.8×18.4公分，本文十行大十八字，注小文雙行。版心：白口，上下內向二葉花紋魚尾。題：「通文館志／卷幾／大目／（葉）幾」

**序**：書首載庚子（一七二〇）金慶門〈通文館志序〉、戊戌（一七七八）李湛〈重刊通文館志序〉。

**刊記**：李湛序云：「此《通文館志》之所以作也，志成六十餘年，……且活字須印書之，有者今無幾。栢谷金相國提學院之五年，修學廢墜首及志之續纂，惟不佞亦賞贊其入梓，以廣其傳，……工既訖付諸錄，志舊九篇，而今續紀年一篇，條舊有百十有六，而今續五十三條。」

案：是書目錄到十卷爲止，又其卷十「紀年續編」注云：「自辛丑至戊戌，凡五十八年。」戊戌，朝鮮正祖二年（一七七八）。然本文卷十葉六十八B面末行「今上二年戊戌」後，將原有之卷十末題刪出，而補鈔「今上三年己亥」六字。葉六十九至九十一（正祖三年至十九年），爲後人配補刊本。是書十一卷本，亦見數次隨時配補刊之現象。其十二卷本中前十一卷，爲木刊本；後一卷，爲丁酉字本。

**書題**：「通文館志」。冊三、四之原書題爲「八大家文抄」。臺中圖藏本，後人改裝。

**褙接紙**：冊四書衣裏用木刻《百源類纂》紙。

**印章**：「國立中央圖／書館收藏」朱長

## 弘文館志一卷

朝鮮李春魯受命編。朝鮮正祖八年（清乾隆四十九年；一七八四）丁酉字本。一册。（04940；題清乾隆四十九年朝鮮芸閣活字本）

四周單欄，半郭25.1×18.1公分，本文十行大十八字，注小文雙行。版心：白口，上二葉花紋魚尾。題：「弘文館志／（葉）幾」

**封面**：「甲辰新印／弘文館志／芸閣活印」

**序跋**：書首載予踐阼之八年甲辰（一七八四）朝鮮正祖〈御製弘文館志序〉。書末載金鍾秀跋。

**內賜記**：「乾隆四十九年六月十二日，內賜曾經經筵趙時俊弘文館志一件，命除謝恩。直提學臣吳（手決）」

**印章**：「奎章／之寶」朱方（朝鮮內賜印）、「國立中央圖／書館收藏」朱長

## 奎章閣志二卷

朝鮮奎章閣受命編。朝鮮正祖八年（清康熙四十九年；一七八四）丁酉字本。一册。（04941；題清乾隆四十九年朝鮮內閣活字本）

四周單欄，半郭25.2×18.0公分，本文十行大十八字，注小文雙行。版心：白口，上二葉花紋魚尾。題：「奎章閣志／卷幾／（葉）幾」

**封面**：「甲辰新編／奎章閣志／內閣活字」

**序跋**：書首載践阼之八年甲辰（一七八四）朝鮮正祖〈御製奎章閣志序〉。書末載李福源跋、李徽之跋、黃景源跋、徐命膺跋及金鍾秀跋。

**印章**：「奎章／之寶」方朱（朝鮮內賜印）、「國立中央圖／書館收藏」長朱

## 朝鮮古活字版拾葉不分卷

韓國群書堂書店編。一九四四年（民國三十三年）京城群書堂彙輯朝鮮活字本。一冊。（05023；題彙輯朝鮮歷代鑄刊活字本）

34.8×25.9公分。

**內容**：朝鮮活字本之彙輯：庚子字本五種、甲寅字本（包括兼丙辰字）七種、乙亥字本六種、乙酉字本一種、甲辰字本四種、己卯字本二種、木活字本一種，共二十六種。

**印章**：「國立中央圖／書館收藏」長朱

案：臺中圖藏本遺缺書首封面及書後該局新式書牌。同書見臺中研院藏普P2（登135745）本。

## 歷代史鑒斧鉞六卷

明晏壁撰。朝鮮後期行書體木活字本。三冊。（05230；題朝鮮舊活字本）

四周單欄，半郭20.0×15.0公分，本文十行大二十字。版心：白口，上下內向二葉花紋魚尾。題：「史鑑卷一／（葉）幾」

**序**：書首載洪武三十一年歲次戊寅（一三九八）董倫伯〈歷代史鑒斧鉞序〉及永樂八年歲次戊寅（一四一〇）晏壁序。

**印章**：「閔印／丙承」白方（以下二鈐閔丙承印）、「賜號／善／寶齋」白方、「國立中央圖／書館收藏」朱長

## 歷代史論四十一卷

朝鮮宋徵殷撰。朝鮮英祖十二年（清乾隆元年；一七三六）咸營刊本。十冊。（05297；題清乾隆元年朝鮮咸興營刊本）

四周單欄，半郭20.4×14.6公分，本文十行大二十二字，注小文雙行。版心：白口，上黑魚尾。題：「史論卷之幾／（葉）幾」

**序跋**：書首載宋徵殷〈歷代史論序〉。書末載崇禎紀元後再丙辰（一七三六）宋成明跋。

**刊記**：宋成明跋云：「右《歷代史論》，寔吾先君子所編輯也。……屬不肖蒙被國恩，出按北藩，遂以是書剞劂于咸興營中，留其板，以廣其傳。」

**印章**：「李錫孝」朱橢、「國立中央圖／書館收藏」朱長

案：臺中圖藏本，係曾二人各藏而後爲配齊之書。同書見臺中圖 05298 本。

## 歷代史論四十一卷

朝鮮宋徵殷撰。朝鮮英祖十二年（清乾隆元年；一七三六）咸營刊本。十冊。（05298；題清乾隆元年朝鮮咸興營刊本）

同書見臺中圖藏 05297 本。

**印章**：「豐山洪／氏象漢／雲章印」朱方（洪象漢印）、「國立中央圖／書館收藏」朱長

案：洪象漢，字雲章，謚號靖惠，本貫豐山，生於朝鮮肅宗二十七年（一七〇一），歿於英祖四十五年（一七六九）。

## 句解孔子家語三卷附錄一卷

元王廣謀撰。朝鮮純祖四年（清嘉慶九年；一八〇四）田以采朴致維刊本。三冊。（05323；題清嘉慶九年朝鮮朴致維等刊本）

四周單欄，半郭 20.6×16.2公分，本文十行大十七字，上欄有注，行小二字。版心：白口，上下內向二葉花紋魚尾。題：「家語幾／（葉）幾」

**跋**：附錄首載〈後序〉。

**木記**：附錄末載「崇禎後三甲子三月日泰仁田以采朴致維梓」之無欄單行木記。
**印章**：「李章／元應」朱圓、「松雪」朱圓、「□叟／山」朱方、「國立中央圖／書館收藏」朱長外不明二印。

## 延平李先生師弟子答問一卷後錄壹卷補錄一卷

宋李侗撰、朱熹編，明周木校正。朝鮮顯宗七年（清康熙五年；一六六六）刊本。二冊。
〔05464；題清康熙五年朝鮮刊本〕

四周雙欄，半郭20.1×16.5公分，本文九行大十六字，注小文雙行。天頭有校字，行小四字。版心：白口，上下內向黑或二葉花紋魚尾。題：「延平答問／（葉）幾」

**序跋**：書首載弘治乙卯（一四九五）周木〈新校延平答問序〉。書末載正德癸酉（一五一三）李習〈延平答問後跋〉、嘉靖三十三年歲次甲寅（一五五四）李滉跋、李滉再跋、時龍集柔兆敦牂（一六六六）宋浚吉跋。

**刊記**：宋浚吉跋云：「於兵燹之餘，板本無存，窮鄉學子得見者鮮矣。今燕岐知縣趙矦持綱，承訓于庭，知有此事，捐俸入梓，俾廣其傳，具惠後學大矣。」

**印章**：「李萬／□印」白方、「景／範」朱方、「後／齋山／人」朱方、「國立中央圖／書館收藏」朱長

## 近思錄　十四卷

宋朱熹、呂祖謙撰，葉采集解。朝鮮後期文川郡刊本。三册。〔05474；題朝鮮文川郡刊本〕

四周單欄，半郭19.5×15.4公分，本文十行大二十字，注小文雙行。版心：粗黑口，間或白口，上下內向白、黑或一至二葉花紋魚尾。題：「近思錄幾／（葉）幾」

**序**：書首載淳祐戊申（一二四八）葉采〈近思錄集解序〉、淳祐十二年（一二五一）葉采〈進近思錄表〉。

**木記**：葉采表末載「文川郡新刊」之雙欄單行木記。

**缺補**：卷一葉十一至十二俱遭缺，後人以另紙補鈔之。

**墨跡**：册一中有「鳶飛魚躍」之大字墨跡，册二中有「學求聖賢」之大字墨跡。

**印章**：「國立中央圖／書館收藏」朱長

## 朱子言論同異攷六卷

朝鮮韓元震撰。朝鮮英祖十七年（清乾隆六年；一七四一）序刊本。三册。〔05500；題朝鮮舊刊本〕

四周雙欄，半郭21.4×15.8公分，本文十行大二十字，注小文雙行。版心：白口，上白魚尾。題：「同異攷卷幾／大目／（葉）幾」

**序**：書首載辛酉（一七四一）韓元雲〈朱子言論同異攷序〉。

**印章**：「沈印／宜恒」白方、「國立中央圖／書館收藏」朱長

## 心經附註四卷

宋眞德秀撰，明程敏政附註。朝鮮肅宗十一年（清康熙二十四年；一六八五）寧邊府刊本。二冊。〔05531；題明嘉靖間朝鮮寧邊府刊本〕

四周雙欄，半郭21.4×16.5公分，本文十行大十七字，注小文雙行。版心：白口，上下內向一至三葉花紋魚尾。題：「心經卷幾／（葉）幾」

**序跋**：書首載〈尊德性齋銘〉、端平改元（一二三四）顏若愚序。〈心學圖〉後載弘治五年壬子（一四九二）程敏政〈心經附註序〉、皇明嘉靖四十五年歲丙寅（一五六六）李滉〈心經後論〉、弘治五年壬子（一四九二）程敏政跋、弘治壬子（一四九二）汪祚跋。

**木記**：李滉後論末載「乙丑五月日寧邊府開刊」之無欄單行木記。

**印章**：「國立中央圖／書館收藏」朱長

**參考**：安論P124。

## 心經附註四卷

宋眞德秀撰、明程敏政附註。朝鮮後期刊本。四册。〔05532；題明嘉靖四十五年朝鮮刊本〕

四周雙欄，半郭21.9×18.2公分，本文十行大十七字，注小文雙行。版心：白口，上下內向一至三葉花紋魚尾。題：「心經卷幾／（葉）幾」

**序跋**：書首〈尊德性齋銘〉後載端平改元（一二三四）顏若愚序。〈心學圖〉後載弘治五年壬子（一四九二）程敏政〈心經附註序〉。書末載弘治五壬子（一四九二）程敏政跋、弘治壬子（一四九二）王祚跋、皇明嘉靖四十五年歲丙寅（一五六六）李滉〈心經後論〉。

**印章**：「朴信／鍾福」白方、「少靈」白方、「金印／□曄」白方、「國立中央圖／書館收藏」朱長

案：臺中圖藏本，原爲二册，後改裝爲四册。

**參考**：安論P124。

## 薛文清公讀書錄要語三卷續選一卷

明薛瑄撰、吳廷擧要、朝鮮鄭述續選。朝鮮宣祖四十年（明萬曆三十五年；一六〇七）安東大都護府刊本。二册。〔05586；題明萬曆丁未（三十五年）朝鮮安東大都護府刊

本〕

左右雙欄，半郭 19.6×16.0 公分，本文九行大十七字。版心：粗黑口，上下黑或二至三葉花紋魚尾。題：「薛子錄幾／（葉）幾」。

**序跋**：本集首載弘治辛酉（一五〇一）吳廷舉〈薛氏讀書錄要語序〉、胡纘宗〈薛氏讀書錄要語序〉、正德十有六年（一五二一）胡纘宗〈薛氏讀書錄要語序〉及蕭世賢〈薛氏讀書錄要語後序〉。續選末載嘉靖甲申（一五二四）蕭世賢〈刻讀書錄跋〉及萬曆丁未（一六〇七）鄭逑跋。

**木記**：蕭世賢跋末載「萬曆丁未中夏下澣安東大都護府開刊」之單欄雙行木記。

**刊記**：鄭逑跋云：「余舊刻之川谷書院，既火於壬辰之變，新學者得見殆寡矣。今復刻于永嘉，又以僭率〈續選〉若干條增入焉。」

**印章**：「國立中央圖／書館收藏」朱長

## 求仁錄四卷

朝鮮李彥迪編。朝鮮後期刊本。二冊。〔05684；題朝鮮舊刊本〕

**四周雙欄**，半郭 22.2×17.9 公分，本文十行大十七字，注小文雙行。版心：白口，上下內向一至三葉花紋魚尾。題：「求仁錄卷幾／（葉）幾」

**序**：書首載嘉靖庚戌（一五五〇）李彥迪〈求仁錄序〉。

案：是書册板，疑爲韓國慶北玉山書院藏版。
印章：「國立中央圖／書館收藏」朱長

## 聖學輯要七卷

朝鮮李珥撰。朝鮮後期刊本。四册。〔05685；題明萬曆三年朝鮮刊本〕
四周單欄，半郭 22.4×18.6 公分，本文十一行大二十字，注小文雙行。版心：白口，上下內向黑或一至三葉花紋魚尾。題：「聖學輯要卷之幾／（葉）幾」
序：書首載萬曆三年歲次乙亥（一五七五）李珥〈聖學輯要序〉。
印章：「崔氏／鍾謙」朱方、「國立中央圖／書館收藏」朱長
案：臺中圖藏本，係曾二人各藏而後爲配齊之書。
參考：安論 p124

## 李子性理說一卷

朝鮮李珥撰、李度中編。朝鮮高宗十三年（清光緒二年；一八七六）龍城刊本（？）。一册。〔05686；題朝鮮舊刊本〕
四周單欄，半郭 21.7×16.4 公分，本文十行大二十字，注小文雙行。版心：白口，上下內

向二葉花紋魚尾。題：「李子性理書／（葉）幾」

**序跋**：書首載李度中〈李子性理書序〉。書末載丙子（？）朴基稷跋。

**編書**：朴基稷跋云：「右《李子性理書》，即李子門人默齋李公後孫新齋公之所編也。」

**木記**：書末載「丙子夏龍城開刊」之無欄單行木記。

**缺印**：書末木記一行未印。

**印章**：「牛峰／金氏」朱方、「國立中央圖／書館收藏」朱長外不明朱方一印。

案：同書見臺中圖藏普20877本。

## 朱書講錄刊補六卷

朝鮮李栽編。朝鮮正祖九年（清乾隆五十年；一七八五）安東虎溪書院刊本。三冊。〈05687；題清乾隆五十年朝鮮安東虎溪書院刊本〉

四周雙欄，半郭23.0×17.4公分，本文十行大二十二字，注小文雙行。版心：白口，上下內向二葉花紋魚尾。題：「朱書講錄刊補卷幾／（葉）幾」

**序跋**：書首載昭陽大荒落（一七〇一）李栽〈朱書講錄刊補序〉。書末載上之元年辛丑（一七二一）權斗經跋、乙酉（一七六五）李象靖〈附南淵會校錄後識〉。

**木記**：書末載「乙巳七月日安東虎溪書院開刊」之無欄單行木記。

**印章**：「權印／基志」朱方、「國立中央圖／書館收藏」朱長

## 御制自省編二卷

朝鮮文政殿編輯。朝鮮英祖二十二年（清乾隆十一年；一七四六）刊本。二冊（05688；題乾隆十一年朝鮮內閣刊本）

四周雙欄，半郭 23.7×16.3 公分，本文九行大十七字。版心：白口，上二葉花紋魚尾。題：「御制自省編／大目／（葉）幾」

**序跋**：書首載歲在柔兆攝提格（一七四六）李喆輔〈御製自省編首序〉。書末載柔兆攝提格（一七四六）李喆甫〈御製自省編後跋〉及〈小識〉。

**校正**：書末載是書校正官銜（元景夏、金尙魯等十三人）。

**內賜記**：「乾隆十一年閏三月初一日，內賜世子侍講院司書林錫憲御製自省編一件，命除謝恩。同副承旨臣洪（手決）」

**印章**：「宣賜／之記」朱方（朝鮮內賜印）、「林錫／憲汝／式印」朱方（以下三鈐林錫憲印）、「臣林／錫憲／祇受」朱方、「會津／世家／養拙／居士」朱方、「國立中央圖／書館收藏」朱長

## 御製政訓一卷

朝鮮英祖撰。朝鮮英祖二十五年（清乾隆十四年；一七四九）戊申字本。一册。（05689；題清乾隆十四年朝鮮內閣活字本）

左右雙欄，半郭23.5×16.2公分，本文八行大十五字。版心：白口，上下內向二葉花紋尾。題：「御製政訓／（葉）幾」

撰年：卷末載「歲己巳孟春下澣日自題垂勉元良」朝鮮英祖撰年之記錄。

印年：「李奎／鎭印」白方（李奎鎭印）、「國立中央圖／書館收藏」朱長

## 御製警世編 一卷

朝鮮洪鳳漢等受命編。朝鮮英祖四十年（清乾隆二十九年；一七六四）刊本。一册。（05690；題清乾隆二十九年朝鮮芸閣刊本）

四周雙欄，半郭25.1×16.8公分，本文六行大十四字。版心：白口，上白魚尾。題：「御製警世編／（葉）幾」

封面：「御筆／芸閣藏板／御製警世編／許令廣印」

序：書首載朝鮮英祖御筆＜御製警世編＞。

刊記：＜御製警世編＞云：「今成此書，一以警世，一予警予。歲甲申季春識。」

編次：書末載是書編次官銜（洪鳳漢、具允明以下五人）。

印章：「國立中央圖／書館收藏」朱長

## 御定大學類義二十一卷

朝鮮徐瀅修等受命編。朝鮮純祖五年（清嘉慶十年；一八〇五）整理字本。十册。〔05691；題清嘉慶十年朝鮮活字本〕

四周雙欄，半郭 23.2×16.8 公分，本文十行大二十字。版心：白口，上黑魚尾。題：「御定大學類義／卷幾／（葉）幾」

封面：「正廟己未重校／御定大學類義／當宁乙丑活印」

序：書首載上之五年乙丑（一八〇五）金祖淳〈正廟御製題大學類義〉。

編校：目錄末載是書編次官銜（徐瀅修、尹光顏）、參閱官銜（李晚秀、金近淳等五人）及監印官銜（徐榮輔、朴宗慶等五人）。

印章：「朴氏／齊聞」朱方（以下四鈐朴齊聞印），「潘／南」白方、「敬／韶」朱方、「雋／金／齋」白方、「國立中央圖／書館收藏」朱長

## 性理管窺四卷

朝鮮蔡之洪撰。朝鮮英祖十四年（清乾隆三年；一七三八）木活字本。二册。〔05692；題清嘉慶間朝鮮活字本〕

四周單欄，半郭 22 5×15.7 公分，本文十行大二十一字，注小文雙行。版心：白口，上下內向二葉花紋魚尾。題：「性理管窺卷之幾／（葉）幾」

序：書首載崇禎再戊午（一七三八）蔡之洪〈性理管窺序〉

刊記：蔡之洪序云：「余於閑中，裒稡古聖賢性理諸說，鋅爲一冊。」

印章：「安東／世家」朱方、「國立中央圖／書館收藏」朱長

## 夙興夜寐箴集說 一卷

朝鮮張福樞集說。朝鮮高宗三年（清同治五年；一八六六）序刊本。一冊。（05693；題朝鮮舊刊本）

四周單欄，半郭 19.4×16.3 公分，本文十行大二十字，注小文雙行。版心：白口，上下內向黑魚尾。題：「夙興夜寐箴集說／（葉）幾」

序：書首載丙寅（一八六六）張福樞〈夙興夜寐箴集說序〉。

案：張福樞，字景遐，號四未軒，本貫仁同，生於朝鮮純祖十五年（一八一五），歿於光武四年（一九〇〇）

印章：「國立中央圖／書館收藏」朱長

## 睿學輯要二卷

朝鮮徐相鍾編。朝鮮憲宗元年（清道光十五年；一八三五）以後鈔本。一冊。〔05694；題朝鮮鈔本〕

左右雙欄，半郭 19.5×15.4 公分，本文十行大十八字，注小文雙行。版心：細黑口，無魚尾。無版心題。

**序**：書首載〈睿學輯要序〉。

**內容**：〈睿學輯要序〉云：「凡屬東宮之嘉言善行，可爲萬世龜鑑者，……合而名之曰《睿學輯要》。竊取李文成（即李珥）《聖學輯要》之義也。」朝鮮初至純祖、翼宗大王問東宮諸事。

**印章**：「國立中央圖／書館收藏」朱長

## 孫武子直解三卷

周孫武撰，明劉寅直解。朝鮮肅宗四十三年（清康熙五十六年；一七一七）顯宗實錄字本。三冊。〔05705；題清乾隆四十二年朝鮮武庫活字本〕

四周單欄，半郭 22.4×15.7 公分，本文十行大十八字。版心：白口，上下內向二葉花紋魚尾。題：「孫武子幾／（葉）幾」

**木記**：書末載「丁酉夏武庫印」之無欄單行木記。

**印章**：「國立中央圖／書館收藏」朱長

## 新刊增註三略直解三卷

舊題秦黃石公撰、明劉寅直解。朝鮮後期刊本。一冊。〔05712；題朝鮮舊刊本〕

四周單欄，半郭22.3×17.4公分，本文十行大十八字，注小文雙行。版心：白口，上下內向黑或一至三葉花紋魚尾。題：「三略幾／（葉）幾」

**印章**：「國立中央圖／書館收藏」朱長

## 兵學通二卷

朝鮮張志恒等受命編。朝鮮正祖九年（清乾隆五十年；一七八五）刊本。一冊。〔05773；題清乾隆五十年朝鮮內閣刊本〕

四周單欄，半郭24.5×17.9公分，本文十行大十八字，注小文雙行。版心：白口，上二葉花紋魚尾。題：「大目（卷一無）／兵學通卷之幾／（葉）幾」

**封面**：「丙申彙輯／御定兵學通／乙巳重訂」

**序跋**：書首載時予即阼之九年（一七八五）朝鮮正祖〈御製兵學通序〉。書末載上之九年乙巳（一七八五）徐命善跋。
**木記**：卷二末載「芸閣新印武庫藏板」之單欄雙行木記。
**編印**：朝鮮正祖御序後載是書彙輯官銜（張志恒）、校閱官銜（徐命善等八人）、監印官銜（尹行任等五人）。
**題識**：書末載琹谷金之親筆題識，云：「兵學。兵學一件賜給，丙戌仲秋八月初一日琹谷金。」
**印章**：「奎章／之寶」朱方（朝鮮內賜印）、「觀／□」白方、「國立中央圖／書館收藏」朱長

## 十一家註孫子三卷附孫子本傳一卷孫子遺說

周孫武撰、宋吉天保集說、明劉寅直解；遺說：宋鄭友賢補註。朝鮮宣祖十年（明萬曆五年；一五七七）內賜乙亥字本。六册。〔05781；題明萬曆初年朝鮮內閣活字本〕
四周雙欄，半郭 22.9×15.8 公分，本文九行大十七字。版心：粗黑口，上下內向三葉花紋魚尾。題：「孫子幾／（葉）幾」
**內賜記**：「萬曆五年十月日，內賜兵曹參知權德輿孫子一件，命除謝恩。都承旨臣尹（手決）」
**印章**：「宣賜／之記」朱方（朝鮮內賜印）、「靜勝文庫」朱長（太田家印）、「王氏二十八宿研／齋秘笈之印」朱長（王蔭嘉印）、「殷泉」朱方、「國立中／央圖書／館攷藏」朱方
案：是書爲《武經直解七書》之一。臺中圖藏本，將《武經直解七書》合爲一種，而茲

各分之。《武經直解七書》中《三略直解》，爲日本江戶初據朝鮮宣祖十年乙亥字本鈔本，其他六書則爲朝鮮宣祖十年乙亥字本。

**參考**：安論 p115。

## 吳子直解 二卷

周吳起撰、明劉寅直解。朝鮮宣祖十年（明萬曆五年；一五七七）內賜乙亥字本。一册。

〔05781；題明萬曆初年朝鮮內閣活字本〕

四周雙欄，半郭 22.9×15.8 公分，本文九行大十七字。版心：粗黑口，上下內向三葉花紋魚尾。題：「吳子幾／（葉）幾」

**內賜記**：「萬曆五年十月日，內賜兵曹參知權德輿吳子一件，命除謝恩。都承旨臣尹（手決）」

**印章**：「宣賜／之記」朱方（朝鮮內賜印）、「靜勝文庫」朱長（太田家印）、「王氏二十八宿研／齋秘笈之印」朱長（王蔭嘉印）、「殷泉」朱方、「國立中／央圖書／館攷藏」朱方

案：是書爲《武經直解七書》之一。

**參考**：安論 p115。

## 六韜直解六卷

舊題周呂望撰、明劉寅直解。朝鮮宣祖十年（明萬曆五年；一五七七）內賜乙亥字本。二冊。〔05781；題明萬曆初年朝鮮內閣活字本〕

四周雙欄，半郭 22.9×15.8 公分，本文九行大十七字。版心：白口，上下內向三葉花紋魚尾。題：「六韜幾／（葉）幾」

**內賜記**：「萬曆五年十月日，內賜兵曹參知權德輿孫子一件，命除謝恩。都承旨 臣 尹(手決)」

**印章**：「宣賜／之記」朱方（朝鮮內賜印）、「靜勝文庫」朱長（太田家印）、「王氏二十八宿研／齋秘笈之印」朱長（王蔭嘉印）、「殷泉」朱方、「國立中／央圖書／館攷藏」朱方

案：是書爲《武經直解七書》之一。

**參考**：安論 p115。

## 司馬法直解三卷

舊題周司馬穰苴撰、明閏禹錫校集、劉寅直解。朝鮮宣祖十年（明萬曆五年；一五七七）內賜乙亥字本。二冊。〔05781；題明萬曆初年朝鮮內閣活字本〕

四周雙欄，半郭 22.9×15.8 公分，本文九行大十七字。版心：白口，上下內向三葉花紋魚尾。題：「司馬幾／（葉）幾」

**內賜記**：「萬曆五年十月日，內賜兵曹參知權德輿司馬法一件，命除謝恩。都承旨 臣 尹(手決)」

**印章**：「宣賜／之記」朱方（朝鮮內賜印）、「靜勝文庫」朱長（太田家印）、「王氏二十八宿

研／齋秘笈之印」朱長（以下二鈐王蔭嘉印）、「蔭／嘉」白方、「殷泉」朱方、「國立中／央圖書／館攷藏」朱方

案：是書爲《武經直解七書》之一。

**參考**：安論 p115。

## 唐太宗李衞公問對直解三卷

唐李靖撰，明劉寅直解。朝鮮宣祖十年（明萬曆五年；一五七七）內賜乙亥字本。二册。

〔05781；題明萬曆初年朝鮮內閣活字本〕

四周雙欄，半郭 22.9×15.8 公分，本文九行大十七字。版心：白口，上下內向三葉花紋魚尾。題：「李衞公幾／（葉）幾」

**內賜記**：「萬曆五年十月日，內賜兵曹參知權德輿李衞公一件，命除謝恩。都承旨臣尹(手決)」

**印章**：「宣賜／之記」朱方（朝鮮內賜印）、「靜勝文庫」朱長（太田家印）、「王氏二十八宿研／齋秘笈之印」朱長（王蔭嘉印）、「殷泉」朱方、「國立中／央圖書／館攷藏」朱方

案：是書爲《武經直解七書》之一。

**參考**：安論 p115。

## 尉繚子直解二卷

周尉繚撰、明劉寅直解。朝鮮宣祖十年（明萬曆五年；一五七七）內賜乙亥字本。二册。〔05781；題明萬曆初年朝鮮內閣活字本〕

四周雙欄，半郭 22.9×15.8 公分，本文九行大十七字。版心：白口，上下內向三葉花紋魚尾。題：「尉繚子幾／（葉）幾」

**內賜記**：「萬曆五年十月日，內賜兵曹參知權德輿尉繚子一件，命除謝恩。都承旨臣尹(手決)」

**印章**：「宣賜／之記」朱方（朝鮮內賜印）、「靜勝文庫」朱長（太田家印）、「王氏二十八宿研／齋秘笈之印」朱長（王蔭嘉印）、「殷泉」朱方、「國立中／央圖書／館攷藏」朱方

案：是書爲《武經直解七書》之一。

**參考**：安論 p115。

## 增修無冤錄諺解三卷

朝鮮具宅奎增修、具允明重訂、徐有隣諺解。朝鮮正祖二十年（清嘉慶元年；一七九六）芸閣印書體字本。二册。〔05835；題朝鮮舊刊本〕

四周雙欄，半郭 22.1×14.9 公分，本文十行二十字，注小文雙行或三行。韓漢文混用。版

心：白口，上白魚尾。題：「增修無冤錄諺解幾／（葉）幾」
印章：「積學齋徐乃昌藏書」朱長（徐乃昌印）、「國立中央圖／書館收藏」朱長外不明朱圓一印。

## 增修無冤錄諺解三卷

朝鮮具宅奎增修、具允明重訂、徐有隣諺解。朝鮮正祖二十一年（清嘉慶二年；一七九七）嶺營覆刻正祖二十年（嘉慶元年；一七九六）芸閣印書體字本。二册。〔05836；題朝鮮嶺營刊本〕

四周雙欄，半郭 22.5×14.5 公分，本文十行大二十字，注小文雙行或三行。韓漢文混用。版心：白口，上白魚尾。題：「增修無冤錄諺解幾／（葉）幾」
木記：卷三末載「丁巳七月嶺營新刊」之單欄雙行木記。
印章：「佳山／□□」黑長、「澤存／書庫」朱方（陳羣印）、「國立中央圖／書館收藏」朱長

## 欽欽新書三十卷

朝鮮丁若鏞撰。朝鮮純祖二十二年（清道光二年；一八二二）以後鈔本。十册。〔05837；題朝鮮鈔本〕

29.5×17.9公分，本文十行大二十四字，注小文雙行。册七有版欄，他册則無。

序：書首載道光二年（一八二二）丁若鏞〈序〉。是書只寫「丁鏞」二字。

內容：〈經史要義〉三卷、〈批詳雋鈔〉五卷、〈擬律差例〉四卷、〈祥刑追議〉十五卷、〈剪拔蕪詞〉三卷，共三十卷。

印章：「黃兢／淵章」朱方、「木／岩」白方、「國立中／央圖書／館保管」朱方

## 欽欽新書三十卷

朝鮮丁若鏞撰。朝鮮純祖二十二年（清道光二年；一八二二）以後二雅堂鈔本。十册。

〔05838；題朝鮮二雅堂鈔本〕

四周雙欄，半郭19.6×15.0公分，本文十行大二十二字，注小文雙行。版心：白口，上二葉花紋魚尾。題：「二雅堂」

序：書首載道光二年（一八二二）丁若鏞〈序〉。是書只寫「丁鏞」二字。

印章：「澤存／書庫」朱方（陳羣印）、「國立中央圖／書館收藏」朱長

## 編註醫學入門七卷首一卷

明李梴撰、朝鮮內醫院校。朝鮮純祖十八年（清嘉慶二十三年；一八二〇）內局刊配純

祖二十年（嘉慶二十五年；一八二〇）補刊本。十九册。〔06061；題清嘉慶戊寅（二十三年）朝鮮內局重刊本〕

四周雙欄，半郭23.5×18.2公分，本文十行大十九字，注小文雙行。卷首版欄左外有「醫學入門卷幾」耳題。版心：白口，上二葉花紋魚尾。題：「入門幾／大目／（葉）幾」

**序跋**：書首載萬曆乙亥（一五七五）李梴〈醫學入門引〉。書末載上之二十年庚辰（一八二〇）金履喬〈題重刊醫學入門後〉。

**木記**：書末載「內局重校戊寅改刊」之單欄雙行木記。

**刊記**：金履喬跋云：「右《醫學入門》，皇明李梴所輯，……書成於萬曆庚辰。其傳刻於我國，要在壬辰兵火以後，與陽平君許浚所撰《東醫寶鑑》相後先。醫書板刻之在國中，僅此數書耳。戊寅春，不佞提擧內醫院諸醫云：昨年冬本院取旨命兩南道臣印進《入門》及《寶鑑》，《寶鑑》則嶺湖南皆印進，唯《入門》湖南舊有板，已刓弊不得印。……遂更奏取旨，取關東蔘貢剩錢，自內院募工而刻之。」

**原刻者**：卷七末題下載是書原刻者，云：「門入：盧大藹、劉學堯、姜瑚、鄒梅贈、李春魁、鄧孔泗、楊文輝刻。」

**校印**：金履喬跋後載是書校正官銜（吳千根、玄在德等三人）及監印官銜（玄在德、慶輯）。

**印章**：「仁龢朱／復盧校／藏書籍」朱方、「劉承幹／字貞一／號翰怡」白方（以下二鈐劉承幹印）、「吳興劉氏／嘉業堂／藏書印」朱方、「國立中／央圖書／館攷藏」朱方

## 東醫寶鑑二十三卷目錄二卷

朝鮮許浚撰。朝鮮肅宗四十四年（清康熙五十七年；一七一八）頃刊本。二十五冊。（06121；題明萬曆間朝鮮刊本）

四周雙欄，半郭 23.4×17.5 公分，本文十行大二十一字，注小文雙行。版心：白口，上下內向一至三葉花紋魚尾。題：「東醫寶鑑大目幾／（葉）幾」

案：是書未載萬曆三十九年辛亥（一六一一）李廷龜〈東醫寶鑑序〉。同書見臺中圖藏06122本。06122本書衣裏用康熙五十七年（一七一八）之公文書。

**印章**：「國立中央圖／書館收藏」朱長

## 東醫寶鑑二十三卷目錄二卷

朝鮮許浚撰。朝鮮肅宗四十四年（清康熙五十七年；一七一八）頃刊本。二十五冊。（06122；題明萬曆間朝鮮刊本）

同書見臺中圖藏 06121本。

**缺補**：〈內景篇〉卷一葉二至六俱遭缺，後人以另紙補鈔之。

**褙接紙**：是書書衣裏用木刻《朱子大全》紙及光州牧之公文書。又冊十一末書衣裏用「康熙五十七年二月十二日行縣監金（手決）」之公文書。
印章：「國立中央圖／書館收藏」朱長

## 東醫寶鑑二十三卷目錄二卷

朝鮮許浚撰。朝鮮純祖十四年（清嘉慶十九年；一八一四）完營刊本（？）。二十五冊。〔06123；題朝鮮完營舊刊本〕

四周雙欄，半郭 26.0×18.0 公分，本文十行大二十一字，注小文雙行。版心：白口，上下內向一至三葉花紋魚尾。題：「東醫寶鑑大目幾／（葉）幾」

**序**：書首載萬曆三十九年辛亥（一六一一）李廷龜〈東醫寶鑑序〉。

**木記**：目錄末載「歲甲戌仲冬內醫院校正完營重刊」之雙欄三行木記。

**印章**：「積學齋徐乃昌藏書」朱長（徐乃昌印）、「國立中央圖／書館收藏」朱長

## 東醫寶鑑二十三卷目錄二卷

朝鮮許浚撰。朝鮮後期配刊本。二十五冊。〔06124；題朝鮮舊刊本〕

四周雙欄，半郭 23.9×17.8 公分，本文十行大二十一字，注小文雙行。版心：白口，上下內向黑或一至三葉花紋魚尾。題：「東醫寶鑑大目幾／（葉）幾」

案：〈內景篇〉卷一之版心，爲上下內向黑魚尾；〈內景篇〉卷三則爲上下內向二葉花紋魚尾。其他卷爲上下內向一至三葉亂花紋魚尾，亦與前二者有別。此三者之間，字體、刻法等版面特徵亦有差異。

印章：「文秀／珍藏」朱長、「嵩山／文秀／珍藏」白方、「三山珍藏」朱長、「國立中央圖／書館收藏」朱長

## 時種通編二卷

朝鮮李鍾仁撰、李鍾元議定、李復延參考。朝鮮純祖十七年（清嘉慶二十二年；一八一七）以後鈔本。一冊。〔06126；題朝鮮舊鈔本〕

四周單欄，半郭 21.3×14.9 公分，本文十行大二十二字，注小文雙行。天頭有紅筆註釋。無版心。

序跋：書首載上之十七年丁丑（一八一七）李鍾仁序及李鍾元跋。

印章：「國立中央圖／書館收藏」朱長

## 焦氏易林二卷

漢崔篆撰。朝鮮後期鈔本。三冊。〔06548；題朝鮮舊鈔本〕

35.0×22.1 公分，本文十行大二十四字，注小文雙行。

序：書首載時康會昌景虞歲（？）王俞〈周易變卦序〉及〈校正焦貢易林序〉。

改裝：是書原有二冊，歷臺中圖裱裝後，改裝爲三冊。

印章：「國立中央圖／書館收藏」朱長

案：是書作者，按舊題作漢焦延壽撰。

## 芝峰類說二十卷

朝鮮李晬光撰。朝鮮光海君六年（明萬曆四十二年；一六一四）序刊本。十冊。〔07537；題明萬曆間朝鮮刊本〕

四周雙欄，半郭 16.8×15.8 公分，本文十行大二十字。版心：白口，上下內向一至二葉花紋魚尾。題：「芝峯類說卷幾／（葉）幾」

序：書首載萬曆四十二年（一六一四）李晬光序。

補接紙：是書書衣裏用「丙子十二月初九日金承業（手決）」等之公文書。

印章：「國立中央圖／書館收藏」朱長

參考：安論 p124。

## 新修自警編二十卷

宋趙善璙撰、朝鮮朴世采重編。朝鮮肅宗十年（清康熙二十三年；一六八四）跋顯宗實錄字本。十册。〔07574；題清乾隆間朝鮮活字本〕

四周單欄，半郭22.8×16.4公分，本文十行大十八字，注小文雙行。版心：白口，上下內向二葉花紋魚尾。題：「大目／自警編幾／（葉）幾」

**序跋**：書首載嘉定甲申（一二二四）趙善璙〈自警編本序〉。書末載端平改元三年（一二三六）趙善璙跋、歲閼逢困敦（一六八四）朴世采〈跋〉。

**印章**：「申靖／金氏」黑方、「牛水／居士」黑底白方、「問經／堂藏」白方、「閔印／丙承」白方（以下二鈐閔丙承印）、「賜號／善齋」朱方、「國立中央圖／書館收藏」朱長

案：同書見臺中圖藏07575本。

## 新修自警編二十卷

宋趙善璙撰、朝鮮朴世采重編。朝鮮肅宗十年（清康熙二十三年；一六八四）跋顯宗實錄字本。八册。〔07575；題清乾隆間朝鮮活字本〕

同書見臺中圖藏07574本。

移裝：趙善璙跋一葉移裝於趙善璙序之後。

印章：無

## 百家類纂四十卷

明沈津編。朝鮮肅宗十八年（清康熙三十一年；一六九二）閔昌道刊本。三十八冊。（07632；題清康熙三十一年朝鮮閔昌道刊本）

四周雙欄，半郭 22.4×16.3 公分，本文十行大二十二字。版心：白口，上下內向二葉花紋魚尾。題：「百家類纂卷之幾／（葉）幾」

序：書首載崇禎紀元後四十九年壬申（一六九二）閔昌道〈新刊百家類纂序〉、皇明萬曆柒年歲舍己卯（一五七九）張時徹〈原序〉、皇明隆慶元年歲在丁卯（一五六七）沈津〈百家類纂凡例總敍〉

褙接紙：冊三十三等書衣裏用丙寅（一九二六）之《時代日報》紙。

墨跡：卷十八、三十八末書衣裏書「遷窩」之韓人黑筆墨跡。

印章：「嘉林後／人白光／橉文叔」朱方（以下五鈐白光橉印）、「白氏／光橉」朱方、「白氏／家藏」朱方、「文／叔」朱方、「嘉林／後人」朱方、「完山／□□」白方、「□山宋／啓緷熙／重之印」朱方、「詩山／□叟」朱方、「陽川／後人」朱文鍾形、「□／從」朱方、「許／□」朱圓、「□／卿／氏」朱方、「國立中央圖／書館收藏」朱長案：同書見臺中圖藏善本07633本、無求01038本。臺中圖藏本（07632），係曾數人各藏而後爲配齊之本。

## 百家類纂四十卷

明沈津編。朝鮮肅宗十八年（清康熙三十一年；一六九二）閔昌道刊本。卷三十八凡一卷鈔配，三十八册。〔07633；題清康熙三十一年朝鮮閔昌道刊本〕

同書見臺中圖善本07632本、無求01038本。

**印章**：「李印／昌中」白方、「士／文」白方、「完／山」白方、「國立中央圖／書館收藏」朱長

## 御定四部手圈二十五卷

朝鮮正祖命撰。朝鮮純祖元年（清嘉慶六年；一八〇一）刊本。十二册。〔07754；題清嘉慶六年朝鮮內閣刊本〕

四周雙欄，半郭21.4×15.8公分，本文十行大二十字，注小文雙行。版心：白口，上黑魚尾。題：「御定四部手圈／卷幾／大目／小目／（葉）幾」

**封面**：「辛酉開印／御定四部手圈／內閣藏板」

**序**：〈戊午課程日表〉後載朝鮮正祖〈御定四部手圈正宗大王御製詩〉。四部各首載朝鮮正

祖〈手圈義例〉。

印章：「朴印／齊元」白方（以下二鈐朴齊元印）、「潘／南」朱文鼎形、「洪印／戣杓」朱方、「國立中央圖／書館收藏」朱長

案：臺中圖藏本，係曾二人各藏而後爲配齊之書。

## 增續會通韻府群玉三十八卷

元陰時夫編輯、陰中夫編註，明包瑜續編。朝鮮肅宗四十三年（清康熙五十六年；一七一七）戊申字本。二十五册。〔07940；題清康熙五十六年朝鮮校書館活字本〕

四周單欄，半郭25.1×17.7公分，本文十行大十八字，注小文雙行。版心：白口，上下內向二葉花紋魚尾。題：「羣玉幾／（葉）幾」

跋：書末載南秀文〈韻府羣玉跋〉。

褙接紙：書衣裏用木刻《讀中庸法》、《讀大學法》等紙。

印章：「□興李／觀喆國／士甫印」朱方、「豐山洪／氏象漢／雲章印」朱方（洪象漢印）、「國立中央圖／書館收藏」朱長

案：臺中圖藏本，係曾二人各藏而後爲配齊之書。

## 古今名喻十二卷

明吳仕期編。朝鮮後期木活字本。六册。〔08073；題朝鮮舊活字本〕

四周雙欄，半郭21.5×14.2公分，本文十行大二十字。版心：白口，上下內向黑魚尾。題：「古今名喻／卷幾／（葉）幾」

序：書首載萬曆五年（一五七七）蔡逢時〈古今名喻序〉及萬曆元年（一五七三）吳仕期〈自序〉。

印章：「嵩山人／金東翼／子明印」朱方、「國立中／央圖書／館保管」朱方

## 邵翰林評選擧業捷學宇宙文芒十二卷

明邵景堯評選、盧效祖彙輯。朝鮮末期本活字本。四册。〔08123；題朝鮮古活字本〕

四周單欄，半郭21.9×15.8公分，本文十八行大二十字。版心：白口，上下內向二葉花紋魚尾。題：「宇宙文芒幾／（葉）幾」

褙接紙：各册書衣用版心題「洞山先生集／韶武山房藏本」之木刻空白紙。

案：是書一時傳爲陶活字本，但實爲木活字所印。

印章：「國立中央圖／書館收藏」朱長

## 新編彙語五十九卷

朝鮮金搢撰。朝鮮孝宗朝（清順治七年至十六年；一六五〇至五九）刊本。二十四冊。

（08221；題明末朝鮮刊本）

四周單欄，半郭 20.2×15.8 公分，本文九行大十五字，注小文雙行。版心：白口，上下內向一至二葉花紋魚尾。題：「彙語卷之幾／（葉）幾」

**補鈔**：書首附載後人補鈔之金搢〈彙語序〉，每冊首亦附載補鈔目錄。

案：金搢序云：「遂擧秩遺之湖南沈布政澤、嶺南權布政堣，繼而勸之於板。」沈澤，字施甫，號翠竹，朝鮮孝宗元年（一六五〇）就全羅道觀察使，孝宗三年（一六五二）改任全州府尹，孝宗五年（一六五四）又改任承旨，孝宗七年（一六五六）歿。

**印章**：「積學齋徐乃昌藏書」朱長、（徐乃昌印）、「國立中央圖／書館收藏」朱長

## 類苑叢寶四十七卷

朝鮮金堉撰。朝鮮仁祖二十一年（明崇禎十六年；一六四三）刊本。三十冊。（08222；題朝鮮舊刊本）

**四周雙欄**，半郭 20.1×15.4 公分，本文十行大二十四字，注小文雙行。版心：白口，上下

內向二葉花紋魚尾。題：「類苑叢寶卷之幾／（葉）幾」

**序**：書首載李植〈新刻類苑叢寶序〉、時昭陽浹洽（一六四三）金堉序。

**刊記**：李植序云：「題識以導剞劂之役。」又金堉序云：「去年夏，余在閒局，始抄此書，……名之曰《類苑叢寶》。凡四十六篇，迄今秋而書成，湖南伯南公銑同志之士也，爲余刊而行之。」

**褙接紙**：是書改裝書衣裏用木刻《論語》、朝鮮英祖二十年（一七四四）刊《御製小學諺解》以及同年刊《小學集註》紙。其中有歲在甲子（一七四四）洪鳳祚御製後序之《小學集註》紙。

**印章**：「密陽／朴氏／家藏」朱方、「國立中央圖／書館收藏」朱長

## 經史集說十五卷

朝鮮不著撰者。朝鮮後期刊本。**七册**。〔08223；題朝鮮舊刊本〕

四周單欄，半郭 22.1×15.4 公分，本文十六行大二十三字爲主。版心：白口，上下內向二葉花紋魚尾。題：「經史集說卷之幾／（葉）幾」

案：是書一時傳爲陶活字本，而實爲木刊本矣。於上字與下字或字與行界、版欄之間，其撇鈎竪捺時有過綫交叉之現象。是書另有十六行二十一字爲主之木活字本、十九行二十三字爲主之木活字本。

印章：「李華平景準／系出完山芝／湖五世迂齋／六世廣平拾／弍代號萊軒」朱方（李華平印）、「虎」朱橢內有欄郭、「御風樓」朱長無欄、「國立中央圖／書館收藏」朱長

案：同書見臺中圖藏08224本。

## 經史集說十五卷

朝鮮不著撰者。朝鮮後期刊本。七冊。〔08224；題朝鮮舊刊本〕

同書見臺中圖藏08223本。

印章：「伴鶴／碁翁」朱方、「雲松／臥客」朱文壺形、「國立中央圖／書館收藏」朱長

## 萬家叢玉十二卷

朝鮮不著撰者。朝鮮後期木活字本。五冊。〔08225；題朝鮮舊刊本〕

四周單欄，半郭20.0×14.0公分，本文九行大十八字，注小文雙行。版心：白口，上下內向二葉花紋魚尾。題：「叢玉卷之幾／（葉）幾」

褙接紙：書衣用日文報紙。

印章：「國立中央圖／書館收藏」朱長

## 寒暄劄錄五卷

朝鮮不著撰者。朝鮮後期刊本。三册。〔08226；題朝鮮舊刊本〕

四周單欄，半郭 21.5×15.7 公分，本文十行大二十字，注小文雙行。版心：白口，上二葉花紋魚尾。題：「寒暄箚錄／卷幾／（葉）幾」

**褙接紙**：書衣裏用木刻《通鑑》紙。

**印章**：「國立中央圖／書館收藏」朱長

## 兒戲原覽一卷

朝鮮張混編。朝鮮純祖三年（清嘉慶八年；一八〇三）而已广刊本。二册。〔08227；題朝鮮舊刊本〕

四周單欄，半郭 22.5×15.4 公分，本文十行大二十一字。版心：白口，上黑或一至二葉花紋魚尾。題：「兒戲原覽／大目／（葉）幾」

**木記**：葉一等版心下載「而已广」三字，書末載「癸亥新刊」之單欄雙行木記。

案：而已广，張混號。

**印章**：「管理中英庚／款董事會保／存文獻之章」朱長、「國立中／央圖書／館攷藏」朱方

## 世說新語補二十卷

宋劉義慶撰、梁劉孝標注。朝鮮後期鈔本。三冊。（08248；題朝鮮舊鈔本）

四周雙欄，半郭 24.1×16.8 公分，本文十四行大二十四字，注小文雙行。無版心。

案：此書次序與其他《世說新語》稍異，其注文亦有繁簡。

**印章**：「宋康／晳印」白方、「恩津／後人」朱方、「汝士」朱橢、「風／浴窩」朱方、「國立中央圖／書館收藏」朱長

## 世說新語補三卷

宋劉義慶撰、梁劉孝標注、明王世貞編。朝鮮肅宗朝（清康熙十四至五十九年；一六七五至一七二〇）顯字實錄字本。五冊。（08414；題朝鮮舊活字本）

四周單欄爲主，間或左右雙欄，半郭 23.2×16.3 公分，本文十行大十八字，注小文雙行。

**版心**：白口，上下內向黑魚尾。題：「大目／世說補幾／（葉）幾」

**序**：書首載嘉靖丙辰（一五五六）王世貞〈世說新語補序〉、萬曆庚辰（一五八〇）王世懋〈世說新語序〉、歲乙酉（一五八五）王世懋序、萬曆丙戌（一五八六）陳文燭〈刻世說新語補序〉、劉應登與嘉靖乙未（一五三五）袁褧〈世說新語補舊序二首〉、紹興八年（

一一三八）董弅與淳熙戊申（一一八八）陸游＜世說舊題一首舊跋二首＞、辛亥（一五五一）文徵明與陸師道＜何氏語林舊序二首＞。

褙接紙：册三書衣裏用木刻＜傳義＞及一九二八年東京書局石印＜庚戌辨誣錄＞紙。

印章：「友／明朝／鮮」黑方、「□□／復□」黑底白方、「鄭□／良氏」黑底白方、「字／德與／印」黑方、「讀」白方：「國立中央圖／書館收藏」朱長等不明數印。

## 皇明世說新語八卷

明李紹文撰。朝鮮高宗九年（清同治十一年；一八七二）頃刊本。四册。（08439；題朝鮮舊刊本）

四周雙欄，半郭 19.5×16.2 公分，本文十行大二十字。版心：白口，上二葉花紋魚尾。題：「皇明世說卷之幾／（葉）幾」

封面：「皇明小說」。

序：書首載萬曆庚戌（一六一〇）陸從平＜皇明世說新語序＞。

褙接紙：册一末書衣裏用「同治十一年正月日參奉尹（手決）」之公文紙。册四首書衣裏用「同治十一年四月初八日」之公文紙，末書衣裏用「同治十一年正月參奉洪（手決）」之公文紙。是書書衣爲原裝。

印章：「李印／源進」白方（以下三鈐李源進印）、「龍仁／世家」白方、「景輿／讀本」朱方、「

國立中央圖／書館收藏」長朱

## 剪燈新話句解二卷

明瞿佑撰、滄洲訂正、垂胡子集釋。朝鮮後期刊本。二冊。〔08535；題朝鮮舊刊本〕

四周單欄，半郭23.3×17.0公分，本文十一行大二十字，注小文雙行。版心：白口，上下內向二葉花紋魚尾。題：「剪燈幾／（葉）幾」

印章：「百祿幷臻／萬事大昌／안두신／晦雲」楕朱、「國立中央圖／書館收藏」長朱

案：同書見臺灣大藏善本p25本。

## 剪燈新話句解二卷

明瞿佑撰、滄洲訂正、垂胡子集釋。朝鮮後期刊本。二冊。〔08536；題朝鮮舊刊本〕

四周單欄，半郭21.8×19.0公分，本文十二行大十八字，注小文雙行。版心：白口，間或粗黑口，上下內向黑魚尾。題：「幾／（葉）幾」

圖：卷下題後載蓮花圖。

墨跡：卷二末載「壬戌二月二十一日終」之黑筆墨跡。

印章：「國立中央圖／書館收藏」長朱

## 貫華堂第一才子書十九卷首一卷

明羅貫中撰、清金人瑞評、毛宗崗批點。朝鮮末期刊本。二十册。（08609；題朝鮮刊本）

四周單欄，半郭 20.7×15.5 公分，序、目錄、凡例有界，本文無界，本文十二行大二十六字。有圖。版心：白口，上黑或二葉花紋魚尾。題：「第一才子書／卷之幾／（葉）幾」

封面：「聖歎原評／毛聲山先生批點／貫華堂第一才子書」

序：書首載順治歲次甲申（一六四四）金人瑞〈序〉。

卷一首題：「四大奇書第一種卷之一」。

印章：「國立中央圖／書館收藏」朱長

## 廣寒樓記不分卷

朝鮮水山先生撰、雲林樵客、小庄主人評。朝鮮後期鈔本。一册。（08654；題朝鮮舊鈔本）

21.3×20.4 公分，本文十二行大二十五字左右。

序：書首載歲乙巳（？）雲林樵客〈廣寒樓記序〉、小庄主人序及水山先生等〈讀廣寒樓記四法∨。

印章：「韓東履」朱圓、「國立中央圖／書館收藏」朱長

參考：安論p116。

## 禪家龜鑑二卷

朝鮮釋休靜編、釋義天諺解、釋善修校正。朝鮮光海君二年（明萬曆三十八年；一六一○）全羅道刊本。二册。〔08929；題朝鮮舊刊本〕

四周單欄，半郭17.7×12.5公分，本文九行大十七字，注小文雙行。版欄右下載施主耳題。韓漢文混用，韓文字旁有聲點。版心：白口，上下內向黑魚尾。題：「禪家龜鑑卷幾／（葉）幾」

施主：卷上末載施主名（朴云希、金希等人）。

校正：卷下末載「校正大禪善修」，其下載「內ㄱ代禮陽」。

木記：書末載「萬曆三十八年庚辰三月日全羅道□□□□□□開刊」之木記

缺落：葉六十八木記一葉遭缺，未補。

案：是書册板，今藏韓國全羅道松廣寺。

印章：「國立中央圖／書館收藏」朱長

參考：安論p117。

## 賢首諸乘法數十一卷附錄一卷

明釋行深編。朝鮮燕山君六年（明弘治十三年；一五〇〇）陝川鳳栖寺刊本。一册。〔08999；題明弘治十三年朝鮮慶尚道鳳栖寺刊本〕

四周單欄，半郭 18.3×13.4 公分，無界，本文行字數不同。版心：白口，上下內向黑魚尾。

**題**：「法／（葉）幾」

**序跋**：書首載宣德丁未（一四二七）〈賢首諸乘法數序〉、洪武丁卯（一三八七）沙門天台梵翱〈重編賢首法數序〉。書末載弘治十三年庚申（一五〇〇）燈谷跋。

**木記**：燈谷跋末載「慶尚道陝川地伽耶山鳳栖寺開板」之無欄單行木記。

**祝願**：木記旁載祝願者及施主名，如仁粹大王大妃（昭惠王后）、王大妃（貞顯王后）、主上（燕山君）、王妃（夫人愼氏）、元子（世子䪲）等數十人。

**印章**：「國立中央圖／書館收藏」朱長外不明黑文鼎形一印。

案：是書册板，今藏韓國慶南海印寺東板殿。

## 僧家禮儀文一卷

朝鮮釋明熙撰。朝鮮顯宗十一年（清康熙九年；一六七〇）刊本。一册。〔09031；清

康熙九年朝鮮梁山通度寺刊本〕

四周單欄，半郭 19.6×15.1 公分，本文八行大十六字。版心：白口，間或粗黑口，上外向下外向白魚尾，間或上下內向黑，上下外向白或一至二葉花紋魚尾。題：「僧家禮／（葉）幾」

**跋**：書末載康熙九年上章茂仲（一六七〇）沙門絢跋。

**刊記**：沙門沖絢跋云：「余曰：一隻之輪，尚不寸行，折足之駿，終難千里，添刊流布，於意何乎？余雖闕席，泒見似宜，叉手即諾，以誠至勸，豈意刊後，始終之事。」

**印章**：「國立中央圖／書館收藏」朱長

## 陶靖節集二卷

晉陶潛撰，明何孟春注，何湛之校刊。朝鮮後期刊本。四冊。〔09397；題朝鮮舊刊本〕

四周單欄，半郭 19.1×14.4 公分，本文九行大十八字。版心：白口，上下內向一至三葉花紋魚尾。題：「陶集卷幾／（葉）幾」

**序跋**：書首載正德庚辰（一五二〇）張志淳〈何燕泉註陶靖節集序〉，陳察原〈何燕泉註陶靖節集序〉。目錄末載正德戊寅（一五一八）何孟春序。書末載正德戊寅（一五一八）何孟春跋。

**圖**：陳察原序後載〈靖節先生像〉及〈歸去來圖〉。

**印章**：「德／仲」白方、「桂／樵」朱方、「風／月／之／人」朱文鼎形、「□／秋／藏」白方、「國

立中央圖／書館收藏」朱長

案：同書見臺中圖藏09398本。

## 陶靖節集二卷

晉陶潛撰、明何孟春注、何湛之校刊。朝鮮後期刊本。二冊。〔09398；題朝鮮舊刊本〕

同書見臺中圖藏09397本。

印章：「李印／種元」朱方（以下四鈐本種元印）、「李種／元章」朱方、「遂／堂」朱方、「癡／居士」朱白兼方、「國立中央圖／書館收藏」朱長

## 分類補註李太白詩二十五卷

唐李白撰、宋楊齊賢集註、蕭士贇補註。朝鮮光海君八年（明萬曆四十四年；一六一六）頃覆刻甲寅字體訓鍊都監字本。十三冊。〔09513；題朝鮮舊木活字本〕

四周雙欄，半郭24.8×17.5公分，本文九行大十七字，注小文雙行。版心：白口，上下內向三葉花紋魚尾。題：「李白詩幾／（葉）幾」

印章：「國立中央圖／書館收藏」朱長

## 虞註杜律二卷

唐杜甫撰、元虞某集註。朝鮮後期刊本。二册。〔09551；題明成化七年朝鮮刊本〕

四周雙欄，半郭18.6×14.0公分，本文十行大二十字。版心：白口，上二葉花紋魚尾。題：「杜律幾／（葉）幾」

序跋：書首載陽士奇〈杜律虞註序〉、楊榮〈杜律虞註序〉、正統八年歲在癸亥（一四四三）林靖〈書杜律虞註序後〉。書末載時成化紀元之七年辛卯（一四七一）金紐〈杜律虞註跋〉。

扉題：「孝經解」。此乃後人所補鈔矣。

印章：「國立中央圖／書館收藏」朱長

## 虞註杜律二卷

唐杜甫撰、元虞某集註。朝鮮後期鈔本。一册。〔09552；題朝鮮鈔本〕

四周雙欄，半郭21.5×14.9公分，本文十行大十九字，注小文雙行。版心：白口，上下內向一葉花紋魚尾。無版心題。

序：書首載楊榮〈杜律虞註序〉。

案：書末載鈔者題識，其題識云：「此下別有跋文，而竊爲闕文。」

**鈔記**：書末載「壬寅八月初二日畢書」之紅、黑筆墨跡。
**印章**：「趙印／鼎植」白方、「父／求」朱方、「國立中央圖／書館收藏」朱長

## 纂註杜詩澤風堂批解二十六卷目錄二卷

唐杜甫撰、朝鮮李植批解。朝鮮英祖十五年（清乾隆四年；一七三九）刊本。十四冊。〔09574；題清康熙十八年朝鮮李氏家刊本〕

四周雙欄，半郭 24.0×18.9 公分，本文十行大二十字，注小文雙行，有批點。版心：白口，上下內向二葉花紋魚尾。題：「杜詩批解幾／（葉）幾」

**跋**：書末載晦庵先生〈章國華杜詩集註跋〉、李植題識、戊午（一六七八）宋時烈〈杜詩點註跋〉、庚辰（一六四〇）李植〈杜詩批解跋〉及庚辰後百年己未（一七三九）李箕鎭跋。
**刊記**：李箕鎭跋云：「從祖畏齋公，嘗欲鋟梓，以廣其傳，而不果焉。今小子忝按嶺臬，始營斯役，遂取兩本而合之。」
**褙接紙**：冊九末改裝書衣裏用乾隆三十六年（一七七一）八月二十九日之公文書。
**印章**：「李根／之印」白方、「國立中央圖／書館收藏」朱長

案：同書見臺中圖藏 09575本。

## 纂註杜詩澤風堂批解二十六卷目錄二卷

唐杜甫撰、朝鮮李植批解。朝鮮英祖十五年（清乾隆四年；一七三九）刊本。卷二十五凡一卷鈔配，十四册。〔09575；題清康熙十八年朝鮮李氏家刊本〕

同書見臺中圖藏 09574本。

**缺補**：卷一葉三、四，卷二十葉二十九上半俱遭缺，後人以另紙補鈔之。

**印章**：「朴氏／齊聞」白方（以下三鈐朴齊聞印）、「潘／南」朱方、「雋／金／齋」白方、「觴／詠」朱方、「小書／樓／清玩」白方、「尊／洒細／論文」白方、「國立中央圖／書館收藏」朱長

## 杜律分韻五卷

朝鮮考文館受命編。朝鮮正祖二十二年（清嘉慶三年；一七九八）整理字本。二册。〔09576；題清嘉慶三年朝鮮內閣活字本〕

四周雙欄，半郭 22.0×15.0 公分，本文十行大十八字，注小文雙行。版心：白口，上黑魚尾。題：「大目／杜律分韻卷幾／（葉）幾」

**封面**：「內閣新編／杜律分韻／戊午活印」

跋：書末載是書編輯及鑄字事實。

案：是書鑄字事實云：「內閣所藏活字，皆本於世宗甲寅字，上之甲寅重印《三經四書大全》。乙卯又範銅三十萬字，名曰『生生字』。用是字印是編。」此云「生生字」，實指「整理字」。乙卯，指朝鮮正祖十九年（一七九五），始鑄整理字之年。又此云「範銅」者，指金屬活字，與木活字生生字有異。

印章：「權／錫香」朱方、「醉／翁」白方鼎形、「國立中央圖／書館收藏」朱長

案：同書臺中圖藏 09577本、臺師大藏善本 p22 本。

## 杜律分韻五卷

朝鮮考文館受命編。朝鮮正祖二十二年（清嘉慶三年；一七九八）整理字本。二冊。（09577：題清嘉慶三年朝鮮內閣活字本）

同書見臺中圖藏 09576本、臺師大藏善本 p22本。

印章：「李印／源哲」白方、「國立中央圖／書館收藏」朱長

## 杜律分韻五卷

朝鮮考文館受命編。朝鮮憲宗元年（清道光十五年；一八三五）嶺營刊本。二冊。（

09578；題清朝鮮嶺營重印本」

四周雙欄，半郭 15.0×10.5 公分，本文十行大十八字，注小文雙行。版心：白口，上黑魚尾。題：「大目／杜律分韻卷幾／（葉）幾」

**封面**：「內閣新編／杜律分韻／乙未孟穐嶺營重印」

**印章**：「尹氏／善／命印」朱方、「士／執」朱方、「旭／雲」朱長、「與造物同□」白長、「國立中央圖／書館收藏」朱長

## 唐陸宣公集二十二卷

唐陸贄撰。朝鮮後期刊本。六册。〔09676；題朝鮮翻刻明宣德本〕

四周雙欄，半郭 20.8×17.1 公分，本文十行大十七字，注小文雙行。版心：粗黑口，上下內向黑或二至四葉花紋魚尾。題：「陸宣公集第幾／（葉）幾／刻工人名（或無）」

**序**：書首〈唐陸宣公像〉後載權德輿〈唐陸宣公翰苑集序〉、元祐八年（一〇九三）蘇軾等〈宋朝名臣進奏劄子〉、大明宣德三年龍集戊申（一四二八）金寔〈重刊陸宣公奏議序〉、大明永樂十四年龍集丙申（一四一六）齊政序。

**印章**：「國立中央圖／書館收藏」朱長

## 唐陸宣公集二十四卷

唐陸贄撰。朝鮮後期鈔本。六册。〔09677；題朝鮮精鈔本〕

四周雙欄，光郭25.7×18.6公分，本文十行大二十三字。無魚尾。版心題：「（葉）幾」

序：書首載天順元年龍集丁丑（一四五七）項忠蓋〈重刊陸宣公奏議序〉、權德輿〈唐陸宣公翰苑集敍〉。元祐八年（一〇九三）蘇軾等〈進讀奏議箚子〉。

內容：制誥十卷、奏草七卷、奏議七卷，共二十四卷。

印章：「李印／範世」朱方、「國立中央圖／書館收藏」朱長

## 朱文公校昌黎先生集四十卷外集十卷

唐韓愈撰、李漢編、宋朱熹考異、王伯大音釋。朝鮮光海君二年（明萬曆三十八年；一六一〇）頃覆刻庚午字體訓鍊都監字本。二十一册。〔09707；朝鮮翻刻明萬曆三十八年李恒福等活字本〕

四周單欄，半郭24.1×17.0公分，本文九行大十六字，注小文雙行。版心：白口，上下內向黑或二至三葉花紋魚尾。題：「韓文卷幾／（葉）幾」

序跋：書首載慶元丁巳（一一九七）朱熹〈朱文公校昌黎先生考異序〉、李漢〈朱文公校昌

黎先生集序〉。書末載李恒福跋。

**原木記**：書末載「萬曆三十八年八月日」之無欄單行原木記。

**原校印**：李恒福跋後載是書校印官銜（金睟、李廷龜等五人）。

**褙接紙**：每册書衣裏用大正十五年（一九二六）韓國忠北清州郡惟一印刷所鉛印《清州韓氏大同族譜》紙。

**印章**：「南斗華／文遠印」朱白兼長、「南氏／書籍」朱長、「宜春／世家」朱白兼方、「誠／敬」朱長、「懔／齋」白方、「完山李再和」朱長、「國立中央圖／書館收藏」朱長

案：臺中圖藏本，係曾二人各藏而後爲配齊之本。

## 韓文正宗二卷附錄一卷

唐韓愈撰、朝鮮不著編者。朝鮮明宗元年至宣祖壬辰亂間（明嘉靖二十五年至萬曆二十年；一五四六至九二）甲辰字本。二册。（09727；題朝鮮舊活字本）

左右雙欄，半郭 21.0×15.2 公分，本文有批點十一行，無批點十二行，各行大十九字，注小文雙行。版心：白口爲主，間或細黑口，上下內向三葉花紋魚尾。題：「韓文正宗幾／(葉)幾」

誤植：書首載〈諱文正宗綱目〉，「諱」字爲「韓」字之誤。

印章：「不□傳曰／人先心古人」白方、「敬／復／齋」黑印屋形（足利元信印）、「國立中央圖／書館收藏」朱長

參考：安論 p119。

## 伊川擊壤集二十卷外集一卷

宋邵雍撰。朝鮮正祖十年（清乾隆五十一；一七八六）內賜刊本。五册。〔10092；題朝鮮舊刊本〕

四周雙欄，半郭 19.0×15.1 公分，本文九行大十八字。版心：白口，上下內向二葉花紋魚尾。題：「擊壤集卷之幾／（葉）幾」

序：書首載成化乙未（一四七五）〈擊壤集引〉、時有宋治平丙午（一〇六六）〈伊川擊壤集序〉、元祐六年（一〇九一）邢恕〈康節先生伊川擊壤集後序〉及庚子（？）畢序。

印章：「澤存／書庫」朱方（陳羣印）、「國立中央圖／書館收藏」朱長

## 山谷詩集註二十卷

宋黃庭堅撰、任淵註。朝鮮成宗十三年（明成化十八年；一四八二）星州刊本。十册。〔10268；題明朝鮮覆刻宋紹定壬辰（五年）延平本〕

四周單欄，半郭 22.5×17.3 公分，本文九行大十六字，注小文雙行。版心：粗黑口，上下下向黑魚尾。題：「山谷幾／（葉）幾」

**序跋**：書首載紹興乙亥（一一五五）許尹〈黃陳詩集注序〉。書末載紹定壬辰（一二三二）黃垺跋。

案：是書缺載成宗十三年（一四八二）俞好仁序。

**肖像**：書首附載楊守敬七十歲影肖像一葉，其上捺有「星吾七／十歲小像」朱長、「楊印／守敬」白方二印。又其旁載「國立中央圖／書館收藏」朱長一印。

**題識**：書首附載張珩手書題識一葉，其題識云：「此高麗覆宋蜀本，今繙氏所藏《后山詩註》，是眞宋刊。希逸記。」又影肖像後載癸丑（一九一三）楊守敬手書題識一葉及「楊印／守敬」白方一印。又册十末載「吳興張氏韞輝齋藏」之黑筆題識及「張／□」白文鼎形

**印章**：「張氏／圖書」朱方（以下二鈐張珩印）、「韞輝／齋」朱方、「宜都／楊氏藏／書記」白方（楊守敬印）、「國立中央圖／書館收藏」朱長

**參考**：森志卷六、安論 p119。

## 山谷內集詩註二十卷外集詩註十七卷別集詩註二卷

宋黃庭堅撰；內集：任淵註；外集：史容註；別集：史季溫註。朝鮮光海君十五年（明天啓三年；一六二三）頃覆刻甲寅字體訓鍊都監字本。十五册。〔10269；題朝鮮舊刊本〕

**四周雙欄**，半郭 23.5 × 18.2公分，本文十行大十七字，注小文雙行。版心：白口，間或粗

黑口，上下內向黑或一至三葉花紋魚尾。題：「山谷內集幾／（葉）幾」
序：內集首載紹興乙亥（一一五五）許尹〈黃陳詩集註序〉。外集首載嘉定元年（一二〇八）錢文子〈薌室史註山谷外集詩序〉。
印章：「青松／沈宜／東印」朱方、「國立中央圖／書館收藏」朱長
參考：阿部志 p188。

## 節酌通編三十六卷補遺七卷

宋朱熹撰、朝鮮宋時烈編。朝鮮肅宗十二年至英祖三十五年間（清康熙二十五年至乾隆二十四年；一六八六至一七五九）嶺營刊本。二十三册。（10507；題朝鮮舊刊本）
四周雙欄，半郭 20.7×17.3 公分，本文十行大十八字，注小文雙行。天頭有小文注。版心：白口，上下內向黑或二至三葉花紋魚尾。題：「節酌通編幾／（葉）幾」
缺補：通編卷十五葉二十六，卷二十二葉二十上半郭，補遺卷一葉二至三、二十二至二十三，卷五葉二十三至二十四等俱遭缺，後人以另烏絲欄紙補加之，而未鈔原文。通編卷十三目錄等亦遭缺，後人以另紙補鈔之。
印章：「國立中央圖／書館收藏」朱長

# 朱書百選六卷

宋朱熹撰、朝鮮正祖命編。朝鮮正祖十八年（清乾隆五十九年；一七九四）頃覆刻丁酉字本。三册。〔10508；題清乾隆五十九年朝鮮內閣活字本〕

四周單欄，半郭 24.6×18.2 公分，本文十行大十八字。版心：白口，上二葉花紋魚尾。題：「朱書百選／卷幾／（葉）幾」

**封面**：「御定朱書百選／甲寅內閣活印」

案：《羣書標記》卷二〈朱書百選六卷〉云：「付鑄字所用，丁酉字印頒，復命湖南、嶺南、關西營飜刻藏板。」是書未覆刻丁酉字本之天頭小文註。

**墨跡**：册一（卷一至二）之天欄或版中，載後人補鈔丁酉字本注，而他册則無鈔之。

**印章**：「國立中央圖／書館收藏」朱長

# 朱書百選六卷

宋朱熹撰、朝鮮正祖命編。朝鮮正祖十八年（清乾隆五十九年；一七九四）丁酉字本。二册。〔10509；題清乾隆五十九年朝鮮內閣活字本〕

四周單欄，半郭 25.0×18.0 公分，本文十行大十八字，天頭有小文注。版心：白口，上二葉花紋魚尾。題：「朱書百選／卷幾／（葉）幾」
封面：「御定朱書百選／甲寅內閣活印」
印章：「李章／集魯」白方、「禮／在」朱方、「一區煙／霞藏／書萬架」白方、「國立中央圖／書館收藏」朱長

## 朱書百選六卷

宋朱熹撰、朝鮮正祖命編。朝鮮正祖十九年（清乾隆六十年；一七九五）完營覆刻正祖十八年（乾隆五十九年；一七九四）丁酉字本。三册。（10510；題清乾隆六十年朝鮮完營覆刻內府活字本）
四周單欄，半郭 24.5×18.2 公分，本文十行大十八字，天頭有小文注，行小五字。版心：白口，上二葉花紋魚尾。題：「朱書百選／卷幾／（葉）幾」
封面：「御定朱書百選／乙卯完營刊印」
印章：「洪世／哲信」朱方、「桃花亭／藏書印」朱方、「國立中央圖／書館收藏」朱長

## 雅誦八卷

宋朱熹撰、朝鮮正祖命編。朝鮮正祖二十三年（清嘉慶四年；一七九九）覆刻壬辰字本。

二册。〔10511；題清嘉慶間朝鮮內閣覆刊丁酉活字本〕
四周單欄，半郭 28.2×18.1 公分，本文十行大十八字，注小文雙行。版心：白口，上二葉
花紋魚尾。題：「雅誦／卷幾／大目／（葉）幾」
**序**：書首載時己未（一七九九）朝鮮正祖〈御製雅誦序〉。
**內賜記**：「咸豐七年四月日，三日製賦次上進士崔璘九內賜雅誦一件，命除謝恩。檢校直閣
臣申（手決）」
案：臺中圖藏本，爲先印刷而後頒賜之書。
**印章**：「奎章／之寶」朱方（朝鮮內賜印）、「崔炳／善章」朱圓、「澤存／書庫」朱方（陳羣印）、
「國立中央圖／書館收藏」朱長
案：同書見臺中研院藏 845.2／103本。

## 西涯擬古樂府三卷

明李東陽撰，謝鐸、潘辰評點，何孟春音註。朝鮮後期刊本。三册。〔11436；題朝鮮
舊刊本〕
四周單欄，半郭 22.8×18.0 公分，本文十行大十七字，注小文雙行。版心：白口，間或粗
黑口，上下內向一至三葉花紋魚尾。題：「樂府幾／（葉）幾」
**印章**：「公理／氏」白方、「國立中央圖／書館收藏」朱長

## 慕庵先生文集四卷

朝鮮李忠民撰。朝鮮後期地方木活字本。二冊。〔12655；題朝鮮刊本〕

四周雙欄，半郭 20.4×16.3 公分，本文十行大二十字。版心：白口，上下內向二葉花紋魚尾。題：「慕庵先生文集卷之幾／（葉）幾」

**褙接紙**：書衣裏用木刻《穌齋先生文集》紙。穌齋，盧守愼號。

**印章**：「國立中央圖／書館收藏」朱長

## 桂苑筆耕集二十卷

新羅崔致遠撰。朝鮮純祖三十四年（清道光十四年；一八三四）頃整理字覆印完營印書體木活字本。四冊。〔13494；題清道光十四年朝鮮湖南布政使徐有榘活字本〕

四周雙欄，半郭 23.0×16.8 公分，本文十行大二十字。版心：白口，上黑魚尾。題：「桂苑筆耕卷幾／（葉）幾」

**序**：書首載甲午年（一八三四）洪奭周〈校印桂苑筆耕序〉、閼逢敦牂（一八三四）徐有榘〈校印桂苑筆耕集序〉、中和六年（八八六）崔致遠〈桂苑筆耕序〉。

**原印記**：徐有榘序云：「《桂苑筆耕集》二十卷，新羅孤雲崔公在唐淮南幕府時公私應酬之作，而東還之後，手編表進于朝者也。……屢經鋟印板刻，舊佚搨本亦絕罕。癸巳秋，余按察滿南，……亟加証校，用聚珍字擺印，分藏諸泰仁縣之武城書院、陝川郡之伽倻寺。」

**印章**：「國立中央圖／書館收藏」朱長

案：朝鮮純祖三十四年（一八三四）完營印書體字本，今藏韓國漢城大學奎 7007-1 本。

## 止浦先生文集三卷附年譜一卷

高麗金坵撰；年譜：金弘哲編。朝鮮純祖元年（清嘉慶六年；一八〇一）刊本。二册。

〔13496；題清嘉慶六年朝鮮刊本〕

四周單欄，半郭 22.8×19.0 公分，本文十行大十九字，注小文雙行。版心：白口，上二葉花紋魚尾。題：「止浦集卷幾／（葉）幾」

**序跋**：書首載崇禎後三乙卯（一七九五）宋煥箕〈止浦集序〉。書末載上之元年辛酉（一八〇一）金麟淳跋。

**刊記**：金麟淳跋云：「蓋世久而歷兵燹，存者無幾，僅有詩文若干篇，及公十六世孫弘哲所編年譜一卷，諸生方謀付梓而未就焉。越二年冬役始成。」

**印章**：「國立中央圖／書館收藏」朱長

## 石灘先生集二卷

高麗李存吾撰。朝鮮英祖二年（清雍正四年；一七二六）蔚珍刊本。一册。〔13497；題清雍正四年朝鮮李行敏刊本〕

四周單欄，半郭25.4×20.0公分，本文十行大十六字，注小文雙行。版心：白口，上下內向二葉花紋魚尾。題：「石灘先生集幾／（葉）幾」

**序跋：**書首載朝鮮肅宗〈肅宗大王御製〉。書末載崇禎紀元後再丙午（一七二六）李裕慶〈石灘先生集後記〉及崇禎紀元後丙午（一七二六）李行敏〈石灘先生集跋〉。

**木記：**李行敏跋後載「丙午之冬蔚珍開刊」之雙欄雙行木記。

**印章：**「國立中央圖／書館收藏」朱長

## 敬齋先生遺稿二卷

朝鮮南秀文撰。朝鮮純祖四年（清嘉慶九年；一八〇四）丁酉字本。一册。〔13498；題清嘉慶九年朝鮮活字本〕

四周單欄，半郭25.2×18.0公分，本文十行大十八字。版心：白口，上二葉花紋魚尾。題：「敬齋遺稿／卷幾／（葉）幾」

序跋：書首載崇禎後三壬戌（一八〇二）宋煥箕〈敬齋先生遺稿序〉。書末載上之四年甲子（一八〇四）金麟淳跋。

印記：金麟淳跋云：「今於公遺稿之役，樂爲之相，是稿也，刊而行于世，則其於聖代右文之治，一郡興學之方，庶幾有補。」

印章：「宋守／淵藏」朱方、「積學齋徐乃昌藏書」朱長（徐乃昌印）、「國立中央圖／書館收藏」朱長

## 挹翠軒遺稿四卷

朝鮮朴誾撰。朝鮮正祖十九年（清乾隆六十年；一七九五）順天刊本。二册。〔13499；題清乾隆六十年朝鮮順天刊本〕

四周雙欄，半郭 22.1×15.6 公分，本文十行大二十字，注小文雙行。版心：白口，上二葉花紋魚尾。題：「挹翠軒遺稿／卷幾／大目／（葉）幾」

封面：「乙卯孟冬／挹翠軒遺稿／順天增刊」

序：書首載上之十九年乙卯（一七九五）沈煥之〈御製增訂挹翠軒集卷首〉。

刊記：沈煥之序云：「是集之增訂，在予春邸時，尚留銅龍講筵，聞其後孫作宰嶺縣，用五山集印頒之。近例命道臣刊行，亦可謂有時存焉。」

印章：「沈印／憲之」朱方、「青松／世家」白方、「穉章／氏」白方、「懶／菴」朱方、「剛盦／

審定」白方、「剛父金石／文字之記」朱長、「蟄」朱方、「國立中央圖／書館收藏」朱長

## 蘭溪先生遺藁一卷

朝鮮朴堧撰。朝鮮純祖二十二年（清道光二年；一八二二）芸閣印書體字本。一册。（13500；題清道光二年朝鮮芸閣活字本）

四周雙欄，半郭22.0×15.3公分，本文十行大二十字，注小文雙行。版心：白口，上二葉花紋魚尾。題：「蘭溪遺稿／大目／（葉）幾」

**序跋**：書首載上之二十二年（一八二二）金祖淳〈蘭溪先生遺藁序〉。書末載金魯敬跋。

**木記**：本文末載「壬午孟夏芸閣活印」之無欄單行木記。

**印章**：「焦錫齋」無欄朱長、「國立中央圖／書館收藏」朱長

## 獨庵遺稿一卷附錄一卷

朝鮮趙宗敬撰、趙曮增補。朝鮮英祖三十六年（清乾隆二十五年；一七六〇）刊本。一册。（13501；題清乾隆二十五年朝鮮趙曮刊本）

四周雙欄，半郭20.8×16.0公分，本文十行大二十字，注小文雙行。版心：白口，上下內向二葉花紋魚尾。題：「獨庵遺稿／（葉）幾」

**序跋**：書首載癸未（一六四三）朴瀰〈獨庵遺稿舊刊序〉、崇禎紀元後三庚辰（一七六〇）鄭存謙〈獨庵遺稿重刊序〉。書末載皇明萬曆十五年（一五八七）趙廷樞跋、崇禎紀元後三庚辰（一七六〇）趙曮〈獨庵遺稿重刊跋〉。

**刊記**：趙曮跋云：「惟我獨庵先祖遺稿，粤在萬曆丁亥，初印於傍祖司藝公之任所。其後癸未重刊高祖豐安君實經紀之，歲月既遠，餘本散落，幾乎不傳。曮適按嶺臬取舊本，附以墓文及遺蹟之見在家乘者，并爲入梓。」

**印章**：「積學齋徐乃昌藏書」朱長（徐乃昌印）、「國立中央圖／書館收藏」朱長

## 栗谷先生文集九卷詩集一卷行狀一卷

朝鮮李珥撰；行狀：李延龜撰。朝鮮後期刊本。十一册。〔13502；題明萬曆間朝鮮刊本〕

**四周單欄**，半郭 21.3×17.6 公分，本文十行大二十二字。版心：白口爲主，間或粗黑口，上下內向黑或一至三葉花紋魚尾。題：「栗谷集卷幾／（葉）幾」

案：李珥行狀，著於朝鮮光海君四年（一六一二）。

**印章**：「國立中央圖／書館收藏」朱長

案：臺中圖藏本，係曾二人各藏而後爲配齊之本。

## 近始齋先生文集四集

朝鮮金埅撰。朝鮮正祖七年（清乾隆四十八年；一七八三）跋刊本。一册。〔13503；題清初葉朝鮮刊本〕

四周雙欄，半郭 20.3×16.9 公分，本文十行大十九字。版心：白口，上下內向二葉花紋魚尾。題：「近始齋先生集卷幾／（葉）幾」

**序跋**：書首載上之三十四年戊子（一七〇八）趙德鄰〈近始齋先生文集序〉。書末載李簠〈書近始齋金先生遺稿序〉、上之七年（一七八三）丁範祖跋。

**印章**：「積學齋徐乃昌藏書」朱長（徐乃昌印）、「國立中央圖／書館收藏」朱長

## 喚醒堂逸稿三卷

朝鮮朴寅撰。朝鮮後期刊本。一册。〔13504；題朝鮮舊刊本〕

四周雙欄，半郭 19.3×15.7 公分，本文十行大十八字。版心：白口，上下內向二葉花紋魚尾。題：「喚醒堂逸稿卷之幾／（葉）幾」

**印章**：「國立中央圖／書館收藏」朱長

## 病隱先生文集二卷

朝鮮都敬孝撰。一九一二年（民國元年）龜隱亭木活字本。一册。〔13505；題清中葉朝鮮都氏刊本〕

四周雙欄，半郭 20.5×17.4 公分，本文十行大十八字。版心：白口，上下內向二葉花紋魚尾。題：「病隱文集卷幾／（葉）幾」

**序跋**：書首載屠維作噩（一九〇九）郭鍾錫〈病隱先生文集序〉。書末載都永元跋、彊圉大荒落（？）李源龜跋、甲申（一八四四）柳弼榮跋、甲申（一八八八）都碩均跋。

**刊記**：書末載「歲壬子仲春龜隱亭活印」之刊記。

**缺落**：跋葉四以下遭缺，未補。

**印章**：「楊元植／珍藏記」朱長、「善根／龕印」朱方、「國立中央圖／書館收藏」朱長

## 孤靑先生遺藁一卷

朝鮮徐起撰。朝鮮英祖二十六年（清乾隆十五年；一七五〇）錦營印書體字本。一册。〔13506；題清乾隆十五年朝鮮刊本〕

四周雙欄，半郭 22.6×16.5 公分，本文十一行大二十字。版心：白口，上二葉花紋魚尾。

題：「孤青稾／（葉）幾」
跋：書末載崇禎三庚午（一七五〇）洪啓禧〈跋〉。
刋記：洪啓禧云：「臨行印百餘本，仍念公州文學之盛。」
印章：「洪／光／弍」朱長（以下三鈐洪光一印）、「伯／承」朱長、「南／陽」白方、「國立中央圖／書館收藏」朱長

## 楊浦遺藁二卷

朝鮮崔澱撰。朝鮮光海君十三年（明天啓元年；一六二一）序刊本。二册。（13507；題明天啓元年朝鮮刊本）

四周雙欄，半郭 21.6×18.7 公分，本文七行大十二字，注小文雙行。版心：白口，上下內向黑或三葉花紋魚尾。題：「（葉）幾」

序跋：書首載萬曆癸丑（一六一三）李廷龜〈楊浦遺稿序〉、天啓辛酉（一六二一）申欽〈楊浦崔子詩敍〉。書末載萬曆己未（一六一九）鄭經世跋。
刋記：申欽序云：「此楊浦崔子之詩，嗣胤戶部員外郎有海，將剞劂而行之世。」
印章：「國立中央圖／書館收藏」朱長

## 健齋逸稿二卷

朝鮮朴遂一撰。朝鮮後期刊本。一册。（13508；題朝鮮舊刊本）

四周雙欄，半郭19.8×15.9公分，本文十行大十八字，小文雙行。版心：白口，上下內向二葉花紋魚尾。題：「健齋逸稿幾／（葉）幾」

**印章**：「國立中央圖／書館收藏」朱長

## 簡易文集九卷

朝鮮崔岦撰　朝鮮後期刊本。缺卷九，八册。（13509；題明崇禎辛未（四年）朝鮮刊本。）

四周雙欄，半郭23.3×17.4公分，本文十行大十七字。版心：白口，上下內向二葉花紋魚尾。題：「簡易集幾／（葉）幾」

**序**：書首載崇禎辛未（一六三一）張維〈簡易堂集序〉。

**原刊記**：張維序云：「公嘗手定詩文爲若干卷，公沒而子孫零替，不能傳其業，在朝諸公慨然謀曰：使斯文湮沒，足爲千古恨矣。遂鳩財鋟梓，以永其傳。」

**印章**：「吳偉／業印」白方、「皇十／一子」朱方、「國立中／央圖書／館保管」朱方

## 竹陰先生集十六卷遺稿一卷附錄一卷

朝鮮趙希逸撰。朝鮮肅宗三十年（清康熙四十三年；一七〇四）刊本。八册。〔13510；題清康熙四十三年朝鮮刊本〕

四周雙欄，半郭 20.0×16.4 公分，本文十行大二十字。版心：白口，上下內向二葉花紋魚尾。題：「竹陰集卷之幾／（葉）幾」

**序跋**：書首載崇禎閼逢困敦（一六八四）宋時烈〈竹陰集序〉、崇禎紀元乙丑（一六八五）金壽恒〈竹陰集序〉、壬戌（一六八二）李敏敍序。書末載崇禎後七十七年甲申（一七〇四）趙正萬跋。

**刊記**：趙正萬跋云：「布不廣捐捧鳩功，重刊于江西縣任。」

**印章**：「趙印／縉鎬」白方、「國立中央圖／書館收藏」朱長

## 滄洲遺稿二卷雜著一卷

朝鮮李烱胤撰、李屋等編、鄭斗卿重編。朝鮮肅宗九年（清康熙二十二年；一六八三）刊本。一册。〔13511；題清康熙二十二年朝鮮刊本〕

四周雙欄，半郭 19.3×15.8 公分，本文十行大十九字。版心：白口，上下內向黑或一至三

葉花紋魚尾。題：「滄洲遺稿／（葉）幾」

**序跋**：書首載崇禎著雍涒灘（一六六八）宋時烈序。書末載崇禎癸亥（一六八三）朴世采〈跋滄洲遺稿〉及李壄跋。

**刋記**：宋時烈序云：「既歿，與諸子裒爲二冊，與鄭東溟斗卿以詩壇之上，將略加選擇，惚若干卷。」李懋跋云：「吾先君所著詩文，……亡兄司諫公袖遺藁，屬鄭東溟斗卿甫選次之，……不肖孤適宰清風府，捐俸鳩材，圖所以壽其傳者。」

案：李垕，字子重，號南谷，本貫全州，烱胤之子，懋之兄。垕生於朝鮮光海君三年（一六一一），歿於顯宗九年（一六六八）。彼於顯宗八年（一六六七）拜爲司諫，故此書稱之爲司諫公。李懋，字子三，號駱溪。

**印章**：「國立中央圖／書館收藏」朱長

## 東岡先生文集十六卷附錄三卷

朝鮮金字顒撰。朝鮮後期刊本。十冊。（13512；清康熙四十二年朝鮮刊本）

四周雙欄，半郭 20.1×17.5 公分，本文十行大十八字。版心：白口，上下內向二葉花紋魚尾。題：「東岡先生文集之幾」

**序跋**：書首載上之八年（一六八二）許穆〈東岡先生文集序〉。書末載上之二十九年（一七〇三）李玄逸跋。

案：《東岡先生文集》，除是版以外，又有十行二十一字「乙亥仲春晴川書院刊補」本、高宗二十年（一八八三）頃附錄年譜四卷本等數版。

**印章**：「國立中央圖／書館收藏」朱長

## 炭翁先生集十二卷附錄一卷

朝鮮權諰撰。朝鮮後期公州道山書院刊本。殘存卷一至二，一册。（13513；題清初葉朝鮮刊本）

四周雙欄，半郭21.8×18 1公分，本文十行大二十字。版心：白口，上下內向一至二葉花紋魚尾。題：「炭翁集卷幾／（葉）幾」

**木記**：書末載「戊午春刊板在公州道山書院」之木記。

案：臺中圖藏本缺木記處。

**墨跡**：書衣裏上寫「甲午暮春在」之後人黑筆墨跡。

**印章**：「亮／弼」白方、「德／信」黑圓、「長／康／□」朱方、「畫／□／山」朱文鼎形、「積學齋徐乃昌藏書」朱長（徐乃昌印）、「國立中央圖／書館收藏」朱長

## 明齋先生遺稿別四卷

朝鮮尹拯撰。朝鮮英祖八年（清雍正十年；一七三二）芸閣印書體字本。八冊。（13514；題清康熙間朝鮮活字本）

左右雙欄，半郭21.8×15.6公分，本文十一行大二十字，注小文雙行。版心：白口，上下內向白魚尾。題：「明齋遺稿別卷之幾／（葉）幾」

案：是書原爲《明齋先生遺稿》之別集。本集末載崇禎紀元後再壬子（一七三二）尹東洙跋。《明齋先生遺稿》三十卷《別》四卷之芸閣印書體字本，今藏韓國漢城大學奎章閣藏（一蓑古819.53-Y97m ）、國立中央圖書館藏（一山古3648-文61-10；一山古3648-A-61-14 ）等多處。

**印章**：「權弘／衡印」朱方、「安東／世家」朱方、「國／平」朱方、「國立中央圖／書館收藏」朱長

## 南忠壯公詩稿 一卷

朝鮮南延年撰。朝鮮英祖二十四年（清乾隆十三年；一七四八）洪氏家刊本。一冊。（13515；題清乾隆十三年朝鮮洪聖源寫刊本）

四周雙欄，半郭23.5×15.9公分，本文九行大十八字。版心：白口，上二葉花紋魚尾。題：「南忠壯公詩稿／（葉）幾」

**封面**：「本家藏板／南忠壯公詩稿／序四板、原稿二十五板、附錄十八板、跋四板，共標題

爲五十二板」

**序跋**：書首載戊辰（一七四八）閔遇洙序。書末載戊辰（一七四八）洪啓禧題識及歲丁卯（一七四七）洪啓禧〈跋〉。

**印章**：「李氏／□□」白方、「積學齋徐乃昌藏書」朱長（徐乃昌印）、「國立中央圖／書館收藏」朱長

## 尤菴經禮問答二十四卷

朝鮮宋時烈撰，朝鮮肅宗四十三年（清康熙五十六年；一七一七）芸閣印書體字本。十册。〔13516；題朝鮮活字本〕

左右雙欄，半郭 21.6×15.6 公分，本文十一行大二十字。版心：白口，上下內向二葉花紋魚尾。題：「尤菴先生集卷幾／大目／（葉）幾」

**書題**：「尤菴經禮問答」

案：《尤菴先生文集》一八二卷《別集》九卷中《文集》卷一五九至一八二凡二十四卷，或稱爲《尤菴經禮問答》。

**印章**：「閔印／匡植」白方、「烏川／世家」白方、「正／校」朱方、「回□／軒記」朱方、「國立中央圖／書館收藏」朱長

## 二十一都懷古詩 一卷

朝鮮柳得恭撰、李德懋訂。朝鮮正祖十六年（乾隆五十七年；一七九二）以後鈔本。一冊。〔13517；題朝鮮鈔本〕

四周單欄，半郭25.3×19.7公分，本文十行大二十四字。版心：白口，上下內向二葉花紋魚尾。無題。

**序**：書首載乙巳（一七八五）古芸居士（柳得恭）序、壬子（一七九二）柳得恭序。

**內容**：二十一都爲檀君朝鮮、箕子朝鮮、衞滿朝鮮、韓、濊、貊、高句麗、報德、沸流、百濟、彌雛忽、新羅、溟州、金官、大伽倻、甘文、于山、耽羅、後百濟、泰封、高麗。

**印章**：「吉祥／如意」白方、「國立中央圖／書館收藏」朱長

## 竹西詩抄 一卷

朝鮮朴□□（號竹西）撰。朝鮮哲宗二年（清咸豐元年；一八五一）以後鈔本。一冊。〔13518；題朝鮮烏絲欄鈔本〕

四周單本，半郭22.3×15.9公分，本文十行大十六字，注小文雙行。版心：白口，上黑魚尾，下三葉花紋魚尾，或上下無魚尾。題：「竹西詩集／（葉）幾」

序：書首載咸豐辛亥（一八五一）徐惇輔〈竹西詩集序〉。
墨跡：卷首題下載「楊弁」之紅筆墨跡。
印章：「荃孫」朱長（以下二鈐繆荃孫印）、「雲輔閣」朱長、「國立中／央圖書／館保管」朱方

## 文選六十卷

梁蕭統編、唐李善、呂延濟、劉良、張銑、呂向、李周翰注。朝鮮宣祖三十六年至孝宗五年間（明萬曆三十一年至清順治十一年；一六〇三至五四）甲寅字體訓鍊都監字本。五十册。〔13571；題朝鮮活字本〕

四周雙欄，半郭 23.5×17.0 公分，本文十行大十七字，注小文雙行。版心：白口，上下內向二葉花紋魚尾。題：「文選幾／（葉）幾」

序跋：書首載蕭統〈文選序〉、顯慶三年（六五八）李善〈上文選注表〉、開元六年（七一八）呂延祚〈進集注文選表〉及唐玄宗敕言。書末載天聖四年（一〇二六）沈嚴〈五臣本後序〉、天聖間雕刻李善本事實、元祐九年（一〇九四）校勘李善並五臣注本事實及宣德三年（一四二八）卞季良鑄字事實。

墨跡：目錄末載「遡公惠存，栮謹贈」之黑筆墨跡，其旁載「江陰／張氏」白方、「栮」朱方二印。

印章：「宣賜／之記」朱方（朝鮮內賜印）、「尹章／謙圭」白方、「伯／溫」朱方、「山／及／

人」朱方、「無錫鄦／氏藏書」朱長、「莚圃／收藏」朱長（張乃熊印）、「國立中央圖／書館收藏」朱長

## 詳說古文眞寶大全前集十二卷後集十卷附疊山先生批點文章軌範一卷

眞寶：宋黃堅編、明宋伯貞音釋；軌範：宋謝枋得編次。朝鮮正祖元年至哲宗八年間（清乾隆四十二年至咸豐七年；一七七七至一八五七）丁酉字本。七册。（13685；題朝鮮舊刊本）

四周單欄，半郭 25.0×18.0 公分，本文十行大十七字，注小文雙行。版心：白口，上下內向二葉花紋魚尾。題：「眞寶前集幾／（葉）幾」

**合刊**：〈附文章軌範〉後載《古文眞寶》與《文章軌範》二書合刊事實，云：「《眞寶》、《軌範》世間竝行之書也。……今附刊於《眞寶》之末。」

**校正刷**：册一（《眞寶》前集卷一至四）及册三至六（後集卷一至九），皆爲正式印刷前朱墨校正之校正紙。

案：校正紙之成册，除此本之外，另有朝鮮宣祖三十六年至三十九年（一六〇三至〇六）宣祖實錄字本《成宗實錄》卷五十一至一百七，《中宗實錄》卷十九至二十、卷四十九至九十七、卷一百至一百二等。

印章：「洪印／仁楨」白方、「一號／景元」白方、「游／觀」朱方、「游觀／普仁」朱白兼方、「國立中央圖／書館收藏」朱長

案：臺中圖藏本，係曾二人各藏而後爲配齊之本。

參考：安論 p121。

## 善鳴集不分卷

朝鮮不著編者。朝鮮後期鈔本。四册。（13980；題朝鮮舊刊本）

四周雙欄，半郭 17.9×13.1 公分，本文十行大十九字，注小文雙行。無版心。

內容：宋、元、明朝之五、七言詩選。

印章：「尹秉／求印」朱方、「海／平」朱方、「德／卿」朱方、「國立中央圖／書館收藏」朱長

## 儷文集成前編六卷原編十八卷

朝鮮金鎭圭編。朝鮮肅宗三十八年（清康熙五十一年；一七一二）韓構字本。六册。（13981；題清康熙五十一年朝鮮刊本）

左右雙欄，半郭 24.1×15.2 公分，本文十二行大二十三字，隔二行有界。版心：白口，上下內向二葉花紋魚尾。題：「儷文集成前編卷幾／（葉）幾」

序：書首載崇禎甲申後六十八年（一七一二）金鎭圭＜儷文集成序＞。
印年：金鎭圭序云：「始余此書爲家塾所肄習，……遂付芸館印布之。」
印章：「桐亭」朱白兼長、「國立中央圖／書館收藏」朱長

## 儷文註釋十卷 十卷

朝鮮柳近思編註。朝鮮肅宗三十七年（清康熙五十年；一七一一）序木活字本。四册。
〔13982；題朝鮮舊活字本〕

左右雙欄，半郭 23.0×13.4 公分，本文十行大二十字，注小文雙行。版心：白口，上下內向二葉花紋魚尾。題：「儷文卷之幾／（葉）幾」
序：書首載上之三十七年辛卯（一七一一）柳近思＜儷文註釋序＞。
缺落：序一葉遭缺，未補。
印章：「雲／浴窩」朱方、「國立中央圖／書館收藏」朱長

## 古文百選不分卷

朝鮮不著編者。朝鮮後期鈔本。二册。〔13983；題朝鮮烏絲欄舊鈔本〕

四周單欄，本文 21.6×13.7 公分，本文十行大二十字。

**鈔者：** 册一首書衣裏載「思誠齋公親筆謄抄」之黑筆墨跡。

**印章：** 「國立中／央圖書／館保管」朱方

## 御定杜陸千選八卷

朝鮮正祖選。朝鮮正祖二十三年（清嘉慶四年；一七九九）丁酉字本。四册。（13984；題清嘉慶四年朝鮮內閣活字本）

四周單欄，半郭25.5×18.0公分，本文十行大十八字。版心：白口，上二葉花紋魚尾。題：「御定杜陸千選／卷幾／大目／（葉）幾」

**編印：** 書末載是書編印事實，云：「英陵朝甲寅字當宁丁酉字，印頒于世，時聖上光御之二十有三年臘旬也。」

案：《羣書標記》卷四〈杜陸千選八卷〉云：「杜律五七言五百首、陸律五七言五百首，皆手選也。命內閣以丁酉字印頒。」

**墨跡：** 册四末載「庚申正月厨院分兒所得」之黑筆墨跡。

**印章：** 「國立中央圖／書館收藏」朱長

## 增删濂洛風雅七卷

元金履祥、唐良瑞編、朝鮮朴世采重編。朝鮮肅宗四年（清康熙十七年；一六七八）序芸閣印書體字本。四册。〔14224；清康熙間朝鮮活字印本〕

左右雙欄，半郭 21.5×14.0 公分，本文十行大二十字，注小文雙行。版心：白口，上下內向二葉花紋魚尾。題：「濂洛風雅卷幾／（葉）幾」

**序**：書首載歲丙申元貞二年（一二九六）唐良瑞〈濂洛風雅序〉、弘治庚申（一五〇〇）潘府〈濂洛風雅重刊序〉及崇禎紀元之後五十一年（一六七八）朴世采〈濂洛風雅增删序〉。

**印章**：「國立中央圖／書館收藏」朱長

## 平壤志選三卷

朝鮮尹斗壽編。朝鮮憲宗三年（清道光十七年；一八三七）箕營刊本。一册。〔14403；題朝鮮舊刊本〕

四周單欄，半郭 25.5×18.2 公分，本文十行大二十一字，上空一格。版心：白口，上黑魚尾。題：「平壤志選幾／（葉）幾」

**題簽**：「平壤志選」。

案：尹斗壽編朝鮮憲宗三年（一八三七）箕營刊《平壤志》中卷六至卷八詩類，爲《平壤志選》三卷本；又於是三卷詩類上，多載卷九文類者，爲《平壤志選》四卷本。是二種之版式，與憲宗三年箕營刊《平壤志》本相同，唯卷首末題中「平壤志幾」改刻爲「平壤志選」。

**印章：**「積學齋徐乃昌藏書」朱長（徐乃昌印）、「國立中央圖／書館收藏」朱長

## 風謠三選七卷

朝鮮劉在建、崔景欽編。朝鮮哲宗八年（清咸豐七年；一八五七）芸閣印書體字本。三冊。〔14404；題清咸豐七年朝鮮活字本〕

四周單欄，半郭 22.2×15.0 公分，本文十行大二十字，注小文雙行。版心：白口，單白魚尾。題：「風謠三選／卷幾／（葉）幾」

**序跋：**書首載上之八年丁巳（一八五七）鄭元容〈風謠三選序〉、丁巳（一八五七）趙斗淳〈風謠三選序〉及尹定鉉〈風謠三選序〉。書末載上八年（一八五七）張之琬〈風謠三選跋〉。

**印章：**張之琬跋云：「英廟丁巳，省齋高時，彥求民間，佚詩一百六十二家，作《昭代風謠》。後六十年正廟丁巳松石園千壽慶，而已广張混續三百三十家，俱行于世。今上八年，又值丁巳，於是劉君在建、崔君景欽，思繼前人之躅，得三百五家，名曰《三選》，庸付剞劂。」

**印章：**「漱石／山房」朱白兼方、「宇丹／藏」朱文半月、「國立中央圖／書館收藏」朱長

# 嘉林四稿九卷拾遺六卷附錄一卷

朝鮮李德胄等撰。朝鮮正祖十三年至十七年間（清乾隆五十四年至五十八年；一七八九至九三）木活字本。九册。〔14538；題朝鮮舊活字本〕

四周單欄，半郭 22.6×15.3 公分，本文十行大二十字，注小文雙行。版心：白口，上下內向三葉花紋魚尾。題：「嘉林四稿卷之幾／（葉）幾」

**序跋**：書首〈四先生世系圖〉後載崇禎甲申後九十一年甲寅（一七三四）李德胄〈嘉林四稿序〉（原文移至卷四）及李德胄〈嘉林四稿占序〉。拾遺卷六末（葉五十三）載戊申（一七八八）李𤦶後識。

**編輯**：李𤦶後識云：「右癸甲遺事，先府君所編，……而未克卒，不可爲別編，遂附之拾遺之本。」

案：是書爲正文九卷拾遺六卷附錄一卷。朝鮮正祖十八年（一七九四），又出現拾遺七卷本，其書拾遺卷七末載甲寅（一七九四）李湖序及戊申（一七八八）李𤦶後識。

**內容**：芐亭李德胄、杞園李惠胄、芐圃李憲胄、義湖李瑞胄等四人之詩文集。

**印章**：「國立中央圖／書館收藏」朱長

## 皇華集一卷

朝鮮宣祖命編。朝鮮宣祖三十五年（明萬曆三十年；一六〇二）甲寅字體訓鍊都監字本。

一册。（14572；題明萬曆三十朝鮮刊本）

四周雙欄，半郭 26.7×18.5 公分，本文十行大十八字。版心：白口，上下內向三葉花紋魚尾。題：「皇華集／（葉）幾」

序：書首載萬曆三十年蒼龍壬寅（一六〇二）沈嘉善〈皇華集序〉。

內容：朝鮮宣祖三十四年（一六〇一）冬建立儲嗣詔使。明朝敕使：顧天埈；朝鮮遠接使：李好閔。

內賜記：「萬曆三十年十月日，內賜達城尉徐景霌皇華集一件，命除謝恩。左副承旨臣宋（手決）」

印章：「宣賜／之記」朱方（朝鮮內賜印）、「萬／順」白方（以下三鈐徐景霌印）、「松／岡」朱方、「達城／世家」朱方、「國立中央圖／書館收藏」朱長

## 皇華集六卷　六

朝鮮宣祖命編。朝鮮宣祖三十九年（明萬曆三十四年；一六〇六）甲寅字體訓鍊都監字

本。六冊。〔14573；題明萬曆三十四年朝鮮刊本〕。

四周雙欄，半郭26.4×18.0公分，本文十行大十八字。版心：白口，上下內向三葉花紋魚尾。題：「皇華集幾／（葉）幾」

序：書首載萬曆三十四年丙午（一六〇六）申欽〈皇華集序〉。

內容：朝鮮宣祖三十八年（一六〇五）十一月明皇孫誕生詔使。明朝敕使：朱之蕃；朝鮮遠接使：柳根。

內賜記：「萬曆三十四年十月日，內賜達城尉徐景霱皇華集一件，命除謝恩。左承旨臣李（手決）」

印章：「宣賜／之記」朱方（朝鮮內賜印）、「國立中央圖／書館收藏」朱長

## 皇華集四卷

朝鮮仁祖命編。朝鮮仁祖四年（明天啓六年；一六二六）甲寅字體小字訓鍊都監字本。三冊。〔14574；題明天啓六年朝鮮刊本〕

四周雙欄，半郭22.4×15.5公分，本文十行大十八字。版心：白口，上下內向三葉花紋魚尾。題：「皇華集幾／（葉）幾」

序：書首載天啓六年丙寅（一六二六）李廷龜〈皇華集序〉。

內容：朝鮮仁祖三年（一六二五）冬明皇太子誕生詔使。明朝敕使：姜曰廣；朝鮮遠接使：

金鎏。

內賜記：「天啓六年八月日，內賜達城尉徐景霌皇華集一件，命除謝恩。左承旨臣鄭(手決)」

印章：「宣賜／之記」朱方（朝鮮內賜印）、「萬／順」白方（以下三鈐徐景霌印）、「松／岡」朱方、「達城／世家」朱方、「國立中央圖／書館收藏」朱長

## 光國志慶錢　一卷

朝鮮李正憓等受命編。朝鮮正祖朝（清乾隆四十二年至嘉慶五年；一七七七至一八〇〇）刊本。一册。（14575；題朝鮮舊刊本）

四周單欄，半郭22.5×17.6公分，本文七行大十六字，小文雙行。版心：上下內向二葉花紋魚尾。題：「光國志慶錄／（葉）幾」

序：書首載〈宣祖御製〉、歲辛巳（一七〇一）〈肅廟御製御筆〉、歲甲子（一七四四）〈英廟御製御筆〉。

印章：「俞印／致瑀」朱方、「芚／兮」朱方、「國立中央圖／書館收藏」朱長

## 受爵賡韻錄　一卷

朝鮮英祖命編。朝鮮英祖四十一年（清乾隆三十年；一七六五）戊申字本。一册。（

14576；題清乾隆三十年朝鮮芸閣活字本〉

四周雙欄，半郭 23.7×16.5 公分，本文八行大十六字，小文雙行。版心：白口，上三葉花紋魚尾。題：「受爵賡韻錄／（葉）幾」

**序**：書首載即阼四十一年乙酉（一七六五）金應淳〈御製受爵賡韻錄序〉。

案：序爲木刊本，本文爲戊申字本。

**內賜記**：「乾隆三十年十月十五日，內賜奉朝賀俞拓基御製受爵賡韻錄一件，命除謝恩。右承旨 臣 金（手決）」

**印章**：「宣賜／之記」朱方（朝鮮內賜印）、「臣俞／拓基／祇受」朱方（俞拓基印）、「國立中央圖／書館收藏」朱長

## 夏享應製 一卷

朝鮮洪啓禧受命編。朝鮮英祖四十年（清乾隆二十九年；一七六四）刊本。一冊。〈14577；題清乾隆二十九年朝鮮內閣刊本〉

四周雙欄，半郭 24.1×18.4 公分，本文六行大十五字。版心：白口，上三葉花紋魚尾。題：「夏享應製／（葉）幾」

**跋**：書末載即阼之四十年甲申（一七六四）洪啓禧跋。

**印章**：「國立中央圖／書館收藏」朱長

## 遺山樂府三卷

金元好問撰。朝鮮初刊本。三册。〔14866；題高麗刊本〕

四周單欄，半郭16.3×11.1公分，本文十行大十八字。版心：細黑口，上下下向黑魚尾。題：「遺山（或遺山樂府）／（葉）幾」

序：卷首載〈遺山自題樂府引〉。

缺補：卷首引葉二、目錄葉二、卷下葉二十八後半俱缺，後人以另紙補鈔之。

題識：卷首附載辛巳（一九四一）吳庠題識及「眉／孫」朱方一印。

印章：「養安院藏書」朱長（曲直瀨家印）、「枕／山生」朱方、「枕山／書房」朱長、「國立中／央圖書／館攷藏」朱方外不明數印。

參考：長澤編P 271、安論 p121。

# 附、國立中央圖書館善本書目中誤題韓國古書籍

## 海東金石錄十卷

不著編者。民國初杭州鈔本。十册。〔05176；題朝鮮鈔本〕

26.4×17.9公分，本文十行大二十字。

**內容**：朝鮮咸陽（六篇）、安陰（三）、楊州（十）、南原（一）、潭陽（二）、茂朱（一）、龍仁（八）、江都（二）、松都（二）、楊根（五）、豐德（一）、鎭川（一）、洪州（一）、沔川（一）、牙山（一）、忠州（一）、清州（一）、公州（一）、報恩（一）、玄風（一）、聞慶（一）、陝川（六）、山陰（一）、高靈（一）、抱川（七）、漣川（二）、加平（一），共六十九篇。此所錄金石之地，俱爲韓國京畿道以南地域。

案：此書用灑金紙，並以耿絹包角，故頗類朱遂翔所云杭州舊書。其〈杭州舊書業國憶錄〉云：「杭州舊書之有襯紙及用灑金紙書面與耿絹包角，以求其形色之裔皇典麗，亦肇始於此時。」此書未避清廟諱，且書衣上所貼杭州宋經樓書店之標織爲中國本（如朝鮮本之標織，題「高麗本」），所以此鈔本疑爲民國初杭州鈔本。

**印章**：「國立中央圖／書館收藏」朱長外不明朱方一印。

## 三略直解三卷

舊題秦黃石公撰，明劉寅直解。日本江戶初期據朝鮮宣祖十年（明萬曆五年；一五七七）內賜乙亥字本鈔本。一册。（05781；題明萬曆初年朝鮮內閣活字本影抄配）

四周單欄，半郭22.5×15.8公分，本文九行大十七字。無版心。

**印章**：「靜勝文庫」朱長（太田家印）、「王氏二十八宿研／齋秘笈之印」朱長（王蔭嘉印）、

「國立中央圖／書館收藏」朱長

參考：安論 p115。

## 壽親養老新書四卷

宋陳直撰、元鄒鉉續補、黃應紫點校。明嘉、萬間刊本。八册。〔05924；題朝鮮舊刊本〕

四周雙欄，半郭 22.0×15.3 公分，序七行大十五字；本文十行大十七字，注小文雙行。版心：白口，上下內向黑魚尾。題：「書幾／（葉）幾／刻工人名（或無）」

序：書首載大德丁未（一三〇七）麓危徹孫序。

木記：書末載「西夏揆文書院重刊」之雙欄雙行碑形木記。

刻工者：角、烔、墶。

印章：「太史／氏」白方、「任璿／之印」白方、「國立中／央圖書／館攷藏」朱方

## 北磵詩集九卷

宋釋居簡撰。元刊本。殘存卷一至四，二册。〔10693；題朝鮮舊刊本〕

左右雙欄，半郭 22.0×15.8 公分，本文十四行大二十四字。版心：白口，上黑魚尾。題：

「版刻字數（或無）／詩幾／（葉）幾／刻工人名（或無）」

序：書首載葉適〈水心先生𤍠北澗詩帖〉。

刻工人名：婁、壽、史、仲、孟才。

印章：「佐伯／文庫」朱長、「吟風／弄月」朱方、「宋木」朱橢、「莚圃／收藏」朱長（張乃熊印）、「國立中央圖／書館收藏」朱長

# 四、國立中央圖書館普通本線裝書目中韓國古書籍

## 易經今文考二卷通論一卷

朝鮮李炳憲撰、李在爲、李在龜校。一九二六（民國十四年）東光印刷所石印本。二冊。

〔20009：題朝鮮刊本〕

四周雙欄，半郭23.8×17.1公分，無界，本文十二行大二十六字。版心：白口，上黑魚尾。

題：「易經幾／（葉）幾」

**編校**：每卷首題下載「朝鮮陝川李炳憲輯男在爲在龜仝校」

**木記**：書末附載孔子二千四百七十七年（西元一九二六）二月慶南晉州府榮町東光印刷所印刷之新式書牌。發行人爲李在教。

**印章**：「國立中／央圖書／館藏書」

## 鶴坡先生實記三卷

朝鮮李璋燦編。朝鮮高宗九年（清同治十一年；一八七二）刊本。一册。〔20333；題朝鮮刊本〕

四周雙欄，半郭20.7×17.2公分，本文十行六十八字。版心：白口，上一葉花紋魚尾。題：「鶴坡先生／實紀幾／（葉）幾」

**序跋**：書首載上之十四年庚戌（一七九〇）丁範祖〈鶴坡先生實紀序〉、金炳學序。書末載上之三十二年（一七九八）李家煥〈識〉、辛未（一八七一）李瑀祥〈跋〉、鄭顯德〈跋〉及歲壬申（一八七二）李璋燦〈後識〉。

**刊記**：李璋燦跋云：「然則今於《實記》剞劂之日，攷國乘，採野史，參以諸家文字爲拾補闕之圖者，其烏可已乎。」

**內容**：鶴坡李藝事跡。

**修裱**：是書書衣裏有「一九七六年四月川人李志高修裱」紙。

**印章**：「朴印／海昌」白方（以下六鈐朴海昌印）「竹山／朴海／昌印」朱方、「竹山／朴氏／世寶」朱方、「子／克」朱圓、「亮／丙」朱方、「延昌／家藏」白方、「國立中央圖書館藏」朱長

## 文正公言行錄二卷

朝鮮宋近洙撰。朝鮮光武元年（清光緒二十三年；一八九七）玉川農隱齋木活字本。一册。〔20334；題明崇禎後五丁酉（清光緒二十三年）玉川農隱齋刊本〕

四周單欄，半郭26.6×18.2公分，本文十行大二十二字，注小文雙行。版心：白口，上下內向二葉花紋魚尾。題：「尤菴先生言行錄／（葉）幾」

**編輯**：卷一首題下載「八世孫近洙編輯」

**木記**：書末載「有明崇禎後五丁酉季夏玉川農隱齋開刊」之無欄雙行木記。

**內容**：文正公宋時烈事跡。

**印章**：「竹山／朴海／昌印」朱方（以下五鈐朴海昌印）、「竹山／朴氏／世寶」朱方、「子／克」白圓、「亮／西」朱方、「延昌／家藏」白方、「圓光大／學藏書」朱方、「圓光大學附屬圖書館／登錄番號／170」青橢、「國立中央圖書館藏」朱長

## 宋子年譜十一卷

朝鮮尹子度編。一九一九年（民國八年）誠文社鉛印本。四冊。〔20347；題民國八年朝鮮排印本〕

四周雙欄，半郭20.0×14.9公分，本文十四行大二十六字，注小文雙行。版心：白口，上黑魚尾。題：「宋子年譜／卷幾／（葉）幾」

**跋**：書末載時己未（一九一九）李商永〈宋子年譜重刊跋〉。

**木記**：書末載大正八年（一九一九）九月京城府誠文社印刷之新式書牌。發行者爲尹子度，發行所爲隱屏書齋。

**勘誤**：書末載〈誤落正訂表〉。
**內容**：宋時烈年譜。
**褙接紙**：是書書衣裏用新式活字《小學集註》紙。
**印章**：「竹山／朴海／昌印」朱方（以下四鈐朴海昌印）、「竹山／朴氏／世寶」朱方、「子／克」白圓、「亮／西」朱方、「國立中央圖書館收藏」朱長

## 烏山世稿三卷補遺一卷

朝鮮崔錫模撰。一九二三（民國十二年）全南求禮郡和順崔氏世譜出版社完營印書體木活字本。三册。〔20350；題明崇禎五壬戌（民國十一年）朝鮮刊本〕

四周單欄，半郭 26.0 × 17.6公分，本文十行大字十三字，注小文雙行。版心：白口，上下內向二葉花紋魚尾。題：「烏山世稿卷之幾／（葉）幾」

**序跋**：書首載崇禎五癸亥（一九二三）張錫英〈烏山世稿序〉、歲戊子（？）尹冑夏〈舊序〉。書末載崇禎五壬戌（一九二二）崔錫模〈跋〉及崔在璣跋。
**木記**：卷三末載「歲在壬戌臘月日玄川齋舍重刊」之無欄單行木記。又書末載大正十二年二月全羅南道求禮郡和順崔氏世譜出版社印刷之新式書牌。發行者爲崔錫模。
**內容**：和順崔氏之世稿及其三綱錄、文科篇、婿及外孫錄。
**褙接紙**：是書書衣裏用完營印書體木活字《和順崔氏世譜》紙。

印章：「朴印／海昌」白方（以下六鈐朴海昌印）、「竹山／朴海／昌印」白方、「竹山／朴氏世寶」朱方、「子／克」白圓、「靖／窩」朱方、「延昌／家藏」白方、「圓光大／家藏書」朱方、「圓光大學附屬圖書館／登錄番號／4221」青橢、「國立中央圖書館」朱長

## 大東歷史五卷

朝鮮崔景煥撰、鄭喬評閱。朝鮮光武九年（清光緒三十一年；一九〇五）以後鈔本。四州。〔20352；題鈔本〕

25.8×15.0公分，本文十行二十字，注小文雙行。版心題：「大東歷史／卷之幾／大目／（葉）幾」

**序跋**：書首載光武九年（一九〇五）李懋榮＜大東歷史序＞、光武九年（一九〇五）鄭喬＜大東歷史敍＞。書末載光武九年乙巳（一九〇五）崔炳憲＜大東歷史跋＞、光武九年（一九〇五）權丙勳＜大東歷史跋＞、光武九年旃蒙大荒落（一九〇五）金鼎鉉＜大東歷史跋＞、光武九年（一九〇五）韓百源＜大東歷史跋＞及光武九年（一九〇五）金永鎭＜大東歷史跋＞。

**校正**：卷五末題下載「清州劉鎬植、上黨韓百源校正」之原校正者。

**印章**：「國立中／央圖書／館藏書」朱方

案：是書另有朝鮮光武九年（一九〇五）全史字本。

## 湖南丙子倡義錄四卷

朝鮮湖南儒林編。一九三二（民國二十一年）全北南原郡明誠齋木活字本。三冊。〔20353；題日本昭和七年朝鮮全羅北道明誠齋活字本〕

四周雙欄，半郭23.0×17.3公分，本文十行二十一字。版心：白口，上下內向二至四葉花紋魚尾。題：「湖南丙子昌義錄卷之幾／（葉）幾」

**序跋**：書首載崇禎後三戊午（一七九八）宋煥箕〈湖南丙子倡義錄序〉、崇禎紀元百三十七年（一七七二）金元行〈序〉。書末載玄黓涒灘（一九三二）李升儀跋。

**木記**：書末載「壬申仲春龍城栗里明誠齋重刊」之無欄單行木記。又書末載昭和七年三月全羅北道南原郡明誠齋之新式書牌。發行者爲李秉岷。

**印章**：「圓光大／學藏書」朱方、「圓光大學附屬圖書館／登錄番號／471」青橢、「國立中央圖書館藏」朱長

## 增補文獻備考二百五十卷正誤一卷

朝鮮弘文館編。朝鮮隆熙二年（清光緒三十四年；一九〇八）鉛印本。五十一冊。〔20581；題清光緒三十四年朝鮮排印本〕

四周雙欄，半郭20.7×14.2公分，本文十行大二十七字，注小文雙行。版心：白口，上黑魚尾。題：「增補文獻備考／卷幾／大目／（葉）幾」

**序**：書首載光武十一年丙午（一七〇七）朴濟純〈御製增補文獻備考序〉、隆熙二年（一九〇八）李完用〈御製增補文獻備考後序〉及李完用等〈進增補文獻備考表〉。

**編印**：李完用等進表後載是書之纂輯官銜（朴容大等三十三人）、校正官銜（朴濟純等十七人）、監印官銜（韓昌洙等十人）及印刷官銜（金榮漢等三人）。

**印章**：「國立中央圖書館藏」朱長

案：同書見臺中圖藏20582本、臺中圖台北藏P57本。

## 增補文獻備考二百五十卷正誤一卷

朝鮮弘文館編。朝鮮隆熙二年（清光緒三十四年；一九〇八）鉛印本。五十一冊。〈20582；題清光緒三十四年朝鮮排印本〉

同書見臺中圖藏20581本。

**印章**：「國立中央圖書館藏」朱長

## 李子性理說一卷

朝鮮李珥撰、李度中編。朝鮮高宗十三年（清光緒二年；一八七六）龍城刊本（？）。一冊。〔20877；題清光緒二年凝川朴基稷龍城刊本〕

同書見臺中圖藏05686本。

**印章**：「竹山／朴海／昌印」朱方（以下五鈐朴海昌印）、「竹山／朴氏／世寶」朱方、「子／克」白圓、「亮／丙」朱方、「延昌／家藏」白方、「國立中央圖書館蘊」朱長

案：是書書末載「丙子夏龍城開刊」之木記。

## 疹科精義錄一卷

朝鮮楊起巖撰。一九二四（民國十二年）全南求禮郡和順崔氏世譜出版所完營印書體木活字本。一冊。〔20881；題日本大正十二年朝鮮刊本〕

四周單欄，半郭21.7×18.0公分，本文十行大二十字，注小文雙行。版心：白口，上下內向二葉花紋魚尾。題：「增補疹科精義錄／大目／（葉）幾」

**木記**：書末載大正十二年全南求禮郡印刷之新式青牌。發行者爲崔錫模。

**褙接紙**：書衣裏用倣營印書體木活字本《和順崔氏世譜》紙。

**印章**：「朴印／海昌」白方（以下六鈐朴海昌印）、「竹山／朴海／昌印」、「竹山／朴氏／世寶」朱方、「子／克」白圓、「靖／窩」朱方、「延昌／家藏」白方、「國立中央圖書館藏」朱長

## 倚松軒遺稿二卷附錄一卷

朝鮮崔崐撰。一九一九（民國八年）木活字本。一册。〔21179；題朝鮮刊本〕

四周單欄，半郭 21.8×17.5 公分，本文十行大二十字。版心：白口，上二葉花紋魚尾。題：「倚松軒遺稿卷之幾／（葉）幾」

**跋**：書末載己未（一九一九）崔重鑾〈跋〉。

**刊記**：崔重鑾跋云：「先生所著文章，想爲浩汗，而未即刊行，散佚頗多，今茲采輯若干篇，付諸剞劂。」

案：此書所用木活字，又印同館藏《松窩遺稿》（21182）。

**褙接紙**：書衣裏用完營印書體木活字本《月巖集》紙。

**印章**：「朴印／海昌」白方（以下五鈐朴海昌印）、「竹山／朴海／昌印」朱方、「竹山／朴氏／世寶」朱方、「子／克」白圓、「靖／窩」朱方、「國立中央圖書館藏」朱長

## 沙溪先生全書續五卷

朝鮮全長生撰。一九二三（民國十二年）忠南遯巖書院刊本。二册。〔21180；題日本大正十年朝鮮遯巖書院刊本〕

四周雙欄，半郭21.4×16.9公分，本文十行大二十字，注小文單行。版心：白口，上黑魚尾。題：「沙溪全書續／卷幾／大目／（葉）幾」

**跋**：書末載戊辰（一八六八）金敏洙〈跋〉。

**木記**：書末載大正十二年遯巖書院印刷之新式書牌。發行者爲金永甲、金星鉉。

**褙接紙**：書衣裏用木刻《愼獨齋全書》紙。

**印章**：「竹山／朴海／昌印」朱方（以下二鈐朴海昌印）、「竹山／朴氏／世寶」朱方、「圓光大／學藏書」朱方、「圓光大學附屬圖書館／登錄番號／1313」青橢、「國立中央圖書館藏」朱長

## 省菴集十四集

朝鮮趙愚植撰、趙祥吾編。一九四〇年（民國二十九年）石印本。缺卷三至四，四册。〔21181，題光緒六年朝鮮趙東麟刊本〕

四周雙欄，半郭23.0×16.9公分，本文十一行大二十四字。版心：白口，上二葉花紋魚尾。

**題**：「省菴集／卷之幾／大目／（葉）幾」

**序跋**：書首載己卯（一九三九）金密漢〈省菴集序〉。書末載上章執徐（一九四〇）崔元植〈題省菴集後〉、歲庚辰（一九四〇）洪鈺〈書省菴先生趙公文集後〉。

**編輯**：洪鈺跋云：「趙君祥吾東麟甫編次其先君遺稿五册。」

印章：「圓光大／學藏書」朱方、「圓光大學附屬圖書館／登錄番號／1304-7」青橢、「國立中央圖書館藏」朱長

## 松窩遺稿二卷

朝鮮崔纘撰。一九一九年（民國八年）木活字本。一册。〔21182；題朝鮮刊本〕

四周單欄，半郭21.8×17.6公分，本文十行大二十字，注小文雙行。版心：白口，上下內向二葉花紋魚尾。題：「松窩遺稿卷之幾／大目／（葉）幾」

**跋**：書末載歲己未（一九一九）崔坪〈跋〉。

**刊記**：崔坪跋云：「世有文稿，上五世往年丙午已爲刊行，而獨三世之文尚未脫藁。又於今春坪與從叔鼎燮、鏞燮、重燮、禧燮，協力謀梓，將至訖工。卷首當謂三世合稿，而月巖公未得爲長房，故各異其題焉。」

**褙接紙**：書衣裏用完營印書體木活字《月巖集》紙。

**印章**：「朴印／海昌」白方（以下五鈐朴海昌印）、「竹山／朴海／昌印」朱方、「竹山／朴氏／世寶」朱方、「子／克」白圓、「靖／窩」朱方、「國立中央圖書館藏」朱長

案：此書所用木活字，又印同館藏《倚松軒遺稿》（21179）。

## 霧隱朴公遺稿二卷

朝鮮朴桂鳳撰。一九二二年（民國十一年）木活字本。一册。〔21183；題朝鮮刊本〕

四周雙欄，半郭24.3×17.0公分，本文十行大二十二字，注小文單行。版心：白口，上下內向二葉花紋魚尾。題：「霧隱遺稿卷幾／（葉）幾」

**序跋**：書首載崇禎後四戊子（一八八八）李心傳〈霧隱朴公遺稿序〉、龍集戊子（一八八八）丁錫龜〈霧隱朴公遺稿序〉、崇禎後四戊子（一八八八）盧圭〈霧隱朴公遺稿小敍〉。書末載玄黓閹茂（一九二二）金澤柱〈霧隱居士遺稿跋〉、崇禎後五壬戌（一九二二）朴大鎭〈刊霧隱公遺稿小識〉。

**木記**：書末載「校正金馨培刊行八世孫大鎭」之無欄雙行木記。

**印章**：「朴印／海昌」白方（以上六鈐朴海昌印）、「竹山／朴海／昌印」朱方、「竹山／朴氏／世寶」朱方、「子／克」白圓、「靖／窩」白方、「延昌／家藏」白方、「國立中央圖書館藏」朱長

## 感慕齋集二卷

朝鮮盧光斗撰。一九二二年（民國十一年）木活字本。一册。〔21184；題民國十一年朝鮮刊本〕

四周雙欄，半郭22.5×17.5公分，本文十行大二十一字，注小文雙行。版心：白口，上下內向二葉花紋魚尾。題：「感慕齋集／卷幾／（葉）幾」

**跋**：書末載歲壬戌（一九二二）盧普鉉〈書感慕集後〉及壬戌（一九二二）盧近泳跋。

**刊記**：盧近泳跋云：「曾王考參政府君之歿六十有四年，遺稿始入梓晚矣哉。」

**印章**：「竹山／朴海／昌印」朱方（以下五鈐朴海昌印）、「竹山／朴氏／世寶」朱方、「子／克」白圓、「靖／窩」朱方、「延昌／家藏」白方、「晦／汕」朱圓、「國立中央圖書館藏」朱長

## 大谷遺稿六卷

朝鮮金錫龜撰。朝鮮光武六年（清光緒二十八年；一九〇二）木活字本。三冊。〈21185；題清光緒二十八年朝鮮刊本〉

四周雙欄，半郭22.7×15.5公分，本文十行大二十二字。版心：白口，上下內向二葉花文魚尾。題：「大谷遺稿／卷之幾／（葉）幾」

**序跋**：書首載上之三十八年歲次辛丑（一九〇一）崔益鉉〈大谷遺稿序〉。書末載玄黓攝提格（一九〇二）崔琡民〈大谷遺稿跋〉、歲壬寅（一九〇二）金昌宇跋。

**刊記**：崔益鉉序云：「山石子金君顯玉於公同姓，又同門，蓋嘗編輯遺文，而公之族人昌宇、昌玟，與其門人奇東老、李學淳，將刊行于世。」

**印章**：「朴印／海昌」白方（以下六鈐朴海昌印）、「竹山／朴海／昌印」朱方、「竹山／朴氏

／世寶」朱方、「子／克」白圓、「靖／窩」朱方、「延昌／家藏」白方、「圓光大／學藏書」朱方、「圓光大學附屬圖書館／登錄番號／4222-4」青楕、「國立中央圖書館」朱長

## 月巖集三卷

朝鮮崔一河撰。一九一九（民國八年）完營印書體木活字本。一冊。〔21186；題朝鮮刊本〕

四周單欄，半郭21.9×17.6公分，本文十行大二十字，注小文單行。版心：白口，上下內向二葉花紋魚尾。題：「月巖集卷之幾／大目／（葉）幾」

**印章**：「朴印／海昌」白方（以下五鈐朴海昌印）、「竹山／朴海／昌印」朱方、「竹山／朴氏／世寶」朱方、「子／克」白圓、「靖／窩」朱方、「國立中央圖書館藏」朱長

## 燕巖集十七卷

朝鮮朴趾源撰。一九三二年（民國二十一年）大東印刷所鉛印本。六冊。〔21187；題日本昭和七年潘南朴氏排印本〕

四周雙欄，半郭17.1×11.4公分，本文十二行大二十七字。版心：白口，上黑魚尾。題：「燕巖集／大目／（葉）幾」

**封面**：「燕巖集／宗之憲簽」，其下撩「宗印／之憲」白方一印。
**題識**：目錄末載編印者之題識。
**木記**：書末載昭和七年（一九三二）五月京城大東印刷所印刷之新式木記。發行者爲朴榮喆。
**印章**：「國立中／央圖書／寶藏書」朱方

## 二谷聯集四卷

朝鮮趙昌驥、趙昌駿撰。一九二四年（民國十三年）谷城印刷所鉛印本。二册。〔21298；題日本大正十三年朝鮮梅雲書屋排印本〕

四周雙欄，半郭23.3×16.0公分，本文十行大二十五字，注小文雙行。版心：白口，上黑魚尾。題：「明（或紫）幾／二谷聯集／大目／（葉）幾」

**序跋**：書首載閟逢困敦（一九二四）崔永祚〈二谷聯集序〉。書末載歲甲子（一九二四）崔寅錫〈跋〉。
**木記**：書末載大正十三年十一月全南谷城郡谷城印刷所印刷之新式書牌。發行者爲趙明植，發行所爲梅雲書室。
**內容**：明谷趙昌驥二卷、紫谷趙昌駿二卷。
**印章**：「朴印／海昌」白方（以下五鈐朴海昌印）、「竹山／朴海／昌印」朱方、「竹山／朴氏／世寶」朱方、「子／克」白圓、「亮／西」朱方、「圓光大／學藏書」朱方、「圓光大學附屬圖

書館／登錄番號／4217-8」青楷、「國立中央圖書館藏」朱長

## 琴石壽瑞詩四卷附壽母詩一卷

朝鮮閔致亮等編。朝鮮高宗二十六年（清光緒十七年；一八九一）刊本。二冊。〔213 10；題韓國刊本〕

四周雙欄：半郭23.4×16.9公分，本文十行大二十二字，注小文雙行。版心：白口，上下內向二葉花紋魚尾。題：「琴石壽瑞詩卷幾／（葉）幾」

**序跋**：書首載己卯（一八七九）李是應〈琴石壽瑞詩序〉、重光單閼（一八九一）趙性家序。卷四末載屠維單閼（一八七九）穎樵〈跋〉、鄭載圭跋。又壽母詩末載閔致亮跋。

**刊記**：鄭載圭跋云：「稽樵兄弟糊帖而珍藏之，又繕寫成編謀繡梓，以壽其傳。」又趙性家序云：「周賢編次其十帙，謀印布，而壽後並大夫人乙亥甲燕賀詩若干首附焉。」

**內容**：己卯年（一八七九）閔枉圭大壽、乙亥年（一八七五）婦人大壽。

**印章**：「圓光大／學藏書」朱方、「圓光大學附屬圖書館／登錄番號／4225-6」青楷、「國立中央圖書館藏」朱長

# 五、無求備齋文庫諸子書目中韓國古書籍

## 新註道德經二卷

朝鮮朴世堂註。朝鮮後期刊本。一册。〔無求 01036；題朝鮮李朝活字排印本〕四周雙欄，半郭 22.5×16.6 公分，本文十行大二十字。版心：白口，上下內向二葉花紋魚尾。題：「新註道德經幾／（葉）幾」

**序**：書首載西溪樵叟（朴世堂）〈新註道德經序〉。

案：朴世堂，字季肯，號西溪，生於朝鮮仁祖七年（一六二九），歿於肅宗二十九年（一七〇三）。

**印章**：「李定／鎭印」朱方、「德水／之人」朱方、「靜／窩」白方、「庸齋藏」朱長、「崇蘭／館藏」朱長、「連江／嚴氏」朱方、「靈峯／珍藏」朱圓、「靈峯／藏書」朱方、「無求／備齋／主人」朱方、「無求備齋／藏周秦漢／魏諸子書」朱方

## 新註道德經二卷

朝鮮朴世堂註。朝鮮後期據木刊本鈔本。一冊。〔無求01037；題朴世堂鈔本〕

四周雙欄，半郭20.1×14.5公分，本文十行二十字。版心：白口，上黑魚尾。題：「新註道德經／幾經／（葉）幾」

**序：** 書首載西溪樵叟（朴世堂）〈新註道德經序〉。

## 百家類纂四十卷

明沈津編。朝鮮肅宗十八年（清康熙三十一年；一六九二）閔昌道刊本。殘存卷十三、十七，一冊。〔無求01038；題朝鮮肅宗十八年閔昌道刊「百家類纂」本〕

同書見臺中圖藏07632至33本。

**印章：** 「連江／嚴氏」朱方、「靈峯／藏書」朱長、「無求／備齋／主人」朱方、「無求備齋／藏周秦漢／魏諸子書」朱方

案：此書爲後刷本。

# 世說新語姓彙韻分十二卷

不著編者。朝鮮後期木活字。六册。〔無求04359；題朝鮮李朝木活字排印本〕

四周單欄，半郭22.2×15.4公分，本文十行大十八字，注小文雙行。版心：白口，上下內向二葉花紋魚尾。題：「大目／世說卷之幾／（葉）幾」

**序**：書首載嘉靖丙辰（一五五六）王世貞〈世說新語補序〉、嘉靖乙未（一五三五）袁褧〈舊序〉。

**印章**：「書／禹夏去卭／籍」朱方、「靈峯／藏書」朱長、「連／江氏」朱方、「無求／備齋／主人」朱方、「無求備齋／藏周秦漢／魏諸子書」朱方

# 六、臺灣省立臺北圖書館普通本線裝書目中韓國古書籍

## 增補文獻備考二百五十卷正誤一卷

朝鮮弘文館編。朝鮮隆熙二年（清光緒三十四年；一九〇八）鉛印本。缺卷七、三十七，四十九册。〔P57（A574.3211／4037）；題韓隆熙二年排印本〕

同書見臺中圖藏 20581 本。

**印章：**「臺灣總／督府圖／書館藏」朱長、「昭和四年二月七日／朝鮮總督府學務局ヨリ寄贈」朱長、「臺灣省立／臺北圖書／館藏書章」朱方、「臺灣省立臺北圖書館藏書」朱橢

# 朝鮮史十七卷

朝鮮金暻中編。一九三六（民國二十五年）仁光印刷所排印本。缺卷七，十六册。〔P85（A732.11/8065　登39038—53）；日昭和十一年京城排印本〕

四周雙欄，半郭17.8×12.4公分，本文十四行大三十字，注小字雙行，無界。版心：白口，上黑魚尾。題：「大目／朝鮮史卷之幾／（葉）幾」

序：書首載甲戌（一九三四）金暻中〈朝鮮史序〉及〈朝鮮史引用善類目錄〉。

木記：書末載昭和十一年二月京城仁光印刷所印刷之新式書牌。發行者爲金暻中，發行所爲芝山書室。

內容：朝鮮太祖至哲宗間之史錄。

印章：「金暻中寄贈」青楕、「昭和十二年四月二十三日金暻中氏ヨリ寄贈」朱長、「臺灣總督府圖／書館藏」朱方、「臺灣省立／臺北圖書／館藏書章」朱方、「臺灣省臺北／圖書館藏書」朱楕

案：同書見臺師大藏普P49（B060/1/17）本、臺臺大藏普P140總圖9（529）K62；登33623—39）本。

# 改訂小學總論一卷

朝鮮朴世采撰。一九四四年（民國三十三年）朝鮮印刷株式會社石印本。一册。〔卡片A192.11／4342（登25166）〕；題曰昭和十九年朝鮮排印本〕

四周單欄，半郭19.7×14.4公分，本文九行大十二字。版心：上下內向黑魚尾。無題。

**封面**：「朝鮮良善叢書第1編／改訂小學總論／朝鮮總督府圖書館藏板」

**序跋**：書首載昭和十四年（一九三九）荻山秀雄〈朝鮮良善叢書發刊之辭〉。書末載青木修三〈改訂小學總論解題〉及昭和十八年（一九四三）荻山秀雄〈附記〉。序跋處，用新式活字所排印。

**木記**：書末載昭和十九年五月朝鮮印刷株式會社印刷之新式書牌。發行者爲朝鮮總督府圖書館。

**印章**：「臺灣省／圖書館／藏書印」朱方、「臺灣省立／臺北圖書／館藏書章」朱方、「臺灣省立臺北／圖書館藏書」朱橢

案：此書未見於臺中圖臺北善本書目及普通本線裝書目。

# 七、中央研究院歷史語言研究所善本書目中韓國古書籍

## 樂學規範九卷

朝鮮成俔等受命編。朝鮮後期鈔本。一册。〔書目 P11；（登 129604）；題朝鮮鈔本。〕

30.8×21.5公分，本文十一行大二十四字，注小文雙行。版心題：「軌範幾／（葉）幾」

**跋：** 書末載李廷龜跋。

**編纂：** 李廷龜跋後載是書編纂者之官銜（樂書廳韓應寅以下六人）。

**印章：** 「國立中央研／究院歷史／語言研究所／圖書之記」朱方

## 論語集註大全二十卷

明胡廣奉敕撰。朝鮮後期刊本。七册。〔書目 P12（登 108652–58）；題朝鮮刊本〕

四周雙欄，半郭24.1×19.3公分，本文十行二十二字，注小文雙行。白口，上下內向二葉

花紋魚尾。題：「論語集註大全卷幾／（葉）幾」

**序說**：書首載司馬遷、何晏、程頤等〈論語集註序說〉。

**印章**：「崧／岱」方白、「入／明」方朱、「國立中央研／究院歷史／語言研究所／圖書之記」方朱、「史語所收藏／珍本圖書記」長朱

## 全韻玉篇二卷

朝鮮不著撰者。朝鮮純祖十九年（清嘉慶二十四年；一八一九）春坊刊本。二册。〈書目 P19(170704—5)　題朝鮮刊本〉

四周雙欄，半郭21.1×16.2公分，本文十行大十五字，注小文雙行。版心：白口，上黑魚尾。題：「全韻玉篇／卷幾／幾畫／（葉）幾」

**封面**：「己卯新刊／全韻玉篇／春坊藏板」

**印章**：「東方文化／事業總委／員會收藏／圖書印」方朱、「東方文化事／業總委員會／收藏圖書印」方白、「史語所收藏／珍本圖書記」長朱、「史語所收藏／珍本圖書記」長朱

案：北人科所經55。北人科所，指《北京人文科學研究所藏書目錄》。

## 闕里誌十三卷附東國闕里誌二卷

闕里誌：門陳鎬撰，東國闕里誌：朝鮮孔明烈撰。朝鮮憲宗五年（清道光十九年；一八三九）芸閣筆書體鐵字本；闕里誌卷一：朝鮮憲宗五年刊本。八冊〔書目 p52（登 173022—29）；題朝鮮刊本〕

四周雙欄。半郭 24.9×18.0 公分；闕里志卷一：24.1×18.5 公分。本文十行大二十四字，注小文雙行；闕里志卷一：十行大十八字。版心：白口，上下內向二葉花紋魚尾。題：「闕里誌卷幾／（葉）幾」；闕里誌卷一：「（葉）幾」

**序跋：**闕里誌書首載弘治乙丑（一五〇五）李東陽〈闕里誌序〉及弘治乙丑（一五〇五）徐源〈闕里誌後序〉。書末載孔明烈跋。東國闕里誌書首載趙寅永〈東國闕里誌序〉，為宋祥來代書。書末載崇禎紀元後四己亥（一八三九）洪直弼〈後序〉及春秋獲麟後二千三百二十年己亥（一八三九）孔明烈〈後識文〉。

**編輯：**闕里誌孔明烈跋云：「右《東國闕里新誌》二卷、《曲阜里舊誌》十三卷，合秩為八編者，即新刊之總例，而全部之集成也。」

**書衣：**每冊書衣上有「駐箚朝鮮釜山理事府」無欄朱長之一印。

**印章：**「東方文化／事業總委／員會所藏／圖書印」朱方、「東方文化事／業總委員會／所藏圖書印」白方、「史語所收藏／珍本圖書記」朱長、「傅斯年／圖書館」朱長

案：北人科所史 34。

# 松雲大師奮忠紓難錄一卷

朝鮮釋南鵬撰。朝鮮英祖十五年（清乾隆四年；一七三九）密陽表忠祠刊本。一册。〈書目 p62（登 17 3859）；題朝鮮刊本〉

四周雙欄，半郭 19.8×16.1公分，本文十行大二十字。版心：白口，上下內向二葉花紋魚尾。

題：「奮忠紓難錄／（葉）幾」

序跋：書首載金仲禮序及己未（一七三九）魚有龜〈題奮忠紓難錄小序〉。卷末載十四年戊午（一七三八）申維翰〈新刻松雲大師奮忠紓難錄跋〉及己未（一七三九）沙門明學〈附密州誌跋〉。又書末附載〈密陽表忠祠松雲大師影堂碑銘〉及〈表忠祠記文付錄〉。

木記：卷末題前載「上之十五年己未七月日密州靈鷲山表忠祠開刊」無欄單行之木記。

刊印者：卷末題後載是書校刊者（釋南鵬）及刻手（釋儀清以下十六人）

書衣：書衣上有「駐箚朝鮮釜山理事府」朱長無欄一印

內容：松雲大師惟政事跡。釋惟政，號泗溟堂、鍾峰，俗姓任。

印章：「東方文化／事業總委／員會收藏／圖書印」朱方、「東方文化事／業總委員會／收藏圖書印」白方、「史語所收藏／珍本圖書記」朱長、「史語所收藏／珍本圖書記」朱長

案：北人科所史 53。

# 宣和奉使高麗圖經四十卷附雞林遺事一卷朝鮮賦一卷

宋徐兢撰；附錄雞林遺事：宋孫穆撰；朝鮮賦：明董越撰。朝鮮後期鈔本。三冊（書目p84（登174472—74）；題朝鮮烏絲欄鈔本）

烏絲欄。左右雙欄，半郭19.2×14.2公分，本文十行大二十一字。版心：白口，上黑魚尾。題：「（葉）幾」。

**序跋**：圖經首載宣和六年（一一二四）徐兢〈宣和奉使高麗圖經序〉，乾道三年（一一六七）徐藏序。卷四十末載乾隆癸丑（一七九三）鮑廷博跋。

**書衣**：書衣上有「駐箚朝鮮釜山理事府」朱長無欄一印。

**印章**：「太誠／學印」白方、「和／言」朱文爐形、「東方文化／事業總委／員會收藏／圖書印」朱方、「東方文化事／業總委員會／收藏圖書印」白方、「史語所收藏／珍本圖書記」朱長、「傅斯年／圖書館」朱長

案：北人科所史75。

# 海東諸國記不分卷

朝鮮申叔舟撰。一九三三年（民國二十二年）朝鮮總督府朝鮮史編修會影印本。四册。〔書目p85（登174556—59）；題朝鮮刊本〕

四周單欄，半郭26.2×17.2公分，本文十行大十八字，注小文雙行。版心：白口，無魚尾。

題：「海東記／（葉）幾」

**序**：原本書首載成化七年辛卯（一四七一）申叔舟序。

**原鈔記**：原本末載「弘治十四年四月二十二日啓下承文院」之上疏記年。

**印章**：「東方文化／事業總委／員會所藏／圖書印」方朱、「東方文化事／業總委員會／所藏圖書印」方白、「史語所收藏／珍本圖書記」長朱、「傅斯年／圖書館」長朱

案：北人科所史79

## 東史會綱十二卷附論辯一卷年譜一卷

朝鮮林象德撰。朝鮮肅宗三十一年（清康熙四十四年；一七〇五）以後芸閣印書體字本。九册。〔書目p85（登172936—44）；題朝鮮刊本〕

同書見臺中圖藏03135本。

**印章**：「康印／命時」方白、「君／錫」方朱、「昇／□」方朱、「朴印／淳□」方白、「朴禮堂／鑒本」方白、「朴／氏」方朱、「禮堂／珍藏」方白、「禮堂／過眼」方白、「禮／堂／讀／本」

朱方四印、「禮／山」朱方、「菊／隱」朱方、「贈□／□言」白方、「姑含書／味養／肝□」朱方、「東方文化／事業總委／員有所藏／圖書印」、朱方、「東方文化事／業總委員會／所藏圖書印」白方、「史語所收藏／珍本圖書記」朱長、「傅斯年／圖書館」朱長

案：北人科所史26。

## 麗史提綱二十三卷

朝鮮俞棨撰。朝鮮顯宗八年（清康熙六年；一六六七年）序刊本。十二冊。（書目p85（登172866—77）；題朝鮮刊本）

同書見臺中圖藏 03139 本。

**題識**：宋序後載清光緒間白曾烜之黑筆題識。

**印章**：「東方文化／事業總委／員會所藏／圖書印」朱方、「東方文化事／業總委員會／所藏圖書印」白方、「史語所收藏／珍本圖書記」朱長、「傅斯年／圖書館」朱長

案：北人科所史26。

## 小華外史八卷別編二卷續編二卷

朝鮮吳慶元撰、吳顯相重校。朝鮮高宗五年（清同治七年；一八六八）刊本。六冊。〔八書目p85（172898—903）。"題明崇禎間朝鮮刊本〕

四周雙欄，半郭20.7×14.9公分，本文十行大二十一字。版心：白口，上二葉花紋魚尾。題：「小華外史／卷之幾／（葉）幾」

**序跋**：書首載崇禎紀元後四庚寅（一八三〇）吳熙常〈小華外史序〉、崇禎紀元後五戊辰（一八六八）金炳學序、皇明永曆後四戊辰（一八六八）尹定鉉序及崇禎紀元後五戊辰（一八六八）金學性序。原編卷八末載崇禎紀元後四癸巳（一八三三）吳慶元〈小華外史跋〉及吳顯相跋。別編卷二末載吳顯相跋。續編卷二末載吳顯相〈皇朝遺民錄小識〉。

**刊記**：吳顯相跋云：「此我先君子定書也。……粵自洪武壬申，洎崇禎以後，凡係皇朝字恤之恩，東人風泉之恩，蒐羅詮表，罔或不嚴，殫精極慮，十有餘年，始完是編，顏之曰：《小華外史》。……今纔工始訖。」

**印章**：「東方文化／事業總委／員會所藏／圖書印」朱方、「東方文化事／業總委員會／所藏圖印」白方、「史語所收藏／珍本圖書記」朱長、「傅斯年／圖書館」朱長

案：北人科所史26。

## 中京誌十二卷

朝鮮金堉撰、李塾、鄭昌順、金履載、趙秉夔、趙敬夏等相繼撰。朝鮮高宗十八年（清光緒七年；一八八一）木活字本。六册。〔書目p85（登172930—35）；題朝鮮刊本〕

四周單欄，半郭21.4×16.9公分，本文十行大二十字，注小文雙行。版心：白口，上黑魚尾。題：「中京誌／卷幾／（葉）幾」

**序**：書首載歲戊子（一六四八）金堉〈中京舊誌序〉、歲庚辰（一七〇〇）李塾〈舊志跋〉、上之三十一年乙酉（一七〇五）嚴緝〈舊誌跋〉、上之三十有三載丁丑（一七五七）吳遂采〈舊誌跋〉、壬寅（一七八三）鄭昌順〈小識〉、上之七年癸卯（一七八三）徐有防〈補遺序〉、聖上即祚後九年乙巳（一七八五）尹塾〈補遺跋〉、上之二年壬戌（一八〇二）金文淳〈讀誌序〉、甲申（一八二四）金履載〈原續合誌序〉、庚寅（一八三〇）徐熹淳〈原續合誌跋〉、上之六年乙卯（一八五五）趙秉夔〈中京誌舊序〉及上之十八年辛巳（一八八一）趙敬夏〈續誌跋〉。

**編輯**：〈前編凡例〉云：「《松京誌》之作，始於崇禎二十一年、仁廟戊子；其後保釐諸公，相繼修葺，原誌爲三册，續誌爲二册矣。今因疆域之沿更加修葺，而原、續離爲袠，難於攷閱，故茲合爲一。」

**印章**：「南原□／凡學／山□藏」方白、「□氏／□所／□哉」楕朱、「是吾／家□」方朱、「□／王」長白、「東方文化／事業總委／員會收藏／圖書印」方朱、「東方文化事／業總委員會／收藏圖書印」方白、「史語所收藏／珍本圖書記」長朱、「傅斯年／圖書館」長朱案：北人科所史26。

## 皇明制書二卷

明張鹵編、朝鮮佚名重編。朝鮮後期刊本。一册。〔書目p87（登175863）；題朝鮮刊本〕

四周雙欄，半郭21.4×16.2公分。本文十行大二十一字，注小雙行。版心：粗黑口，上下內向黑魚尾。題：「大目／卷幾／（葉）幾」

內容：此書據明張鹵校刊本三十卷重編，卷一〈大明令〉爲原書卷一，卷二〈洪武禮制〉爲卷七。

印章：「蕭印／可從」白方、「東方文化／事業總委／員會收藏／圖書印」朱方、「東方文化事業總委員會／收藏圖書印」白方、「史語所收藏／珍本圖書記」朱長、「傅斯年／圖書館」朱長

案：北人科所史98。

## 增修無冤錄大全二卷

元王與撰、朝鮮具宅奎增修、朝鮮末期鈔本。一册。〈書目p92（登172497）〉；題朝鮮舊鈔本〉

烏絲欄。四周雙欄，半郭21.6×14.9公分，本文十行大二十字，注小文雙行。無版心題。行文旁有韓文訓點。

跋：書末載當宁二十年丙辰（一七九六）具允明跋。

印章：「東方文化／事業總委／員會所藏／圖書印」朱方、「東方文化事／業總委員會／所藏圖書印」白方、「史語所收藏／珍本圖書記」朱長、「傅斯年／圖書館」朱長

案：北人科所子12。

## 東醫寶鑑二十三卷目錄二卷

朝鮮許浚撰。朝鮮後期刊本。二十五册。〈書目p121（登78630—54）〉；題朝鮮舊刊本〉

四周雙欄爲主，間或四周單欄，半郭22.4×17.0公分，本文十行大二十一字，注小文雙行。

版心：白口，上下內向黑或一至三葉花紋魚尾，題：「東醫寶鑑大目幾／（葉）幾」

印章：「國立中央研／究院歷史／語言研究所／圖書之記」朱方、「史語所收藏／珍本圖書記」朱長

## 墨池揀金附錄一卷

朝鮮李壽長撰。朝鮮肅宗朝（清康熙十四年至五十九年；一六七五至一七二〇）李壽長朱絲欄稿本景宗元年（清康熙六十年；一七二一）姜必慶寫跋本。一册。〔書目 p128（登 173730）；題朝鮮朱絲欄鈔本〕

朱絲欄，四周雙欄，半郭22．0×18．1公分，本文七行大十六字左右。無版心題。

**序跋：**書首載李壽長序。書末載重光亦奮若（一七二一）姜必慶跋。

**編書：**姜跋云：「李君會稡古人，臨池眞訣，親自善寫，顏之曰：《墨池揀金》。摠若干卷。其子寅錫袖來示余，仍求跋語。」

**內容：**自新羅至朝鮮肅宗間書法名家之生平。

**印章：**「東方文化／事業總委／員會所藏／圖書印」朱方、「東方文化事／業總委員會／所藏圖書印」白方、「史語所收藏／珍本圖書記」朱長、「傅斯年／圖書館」朱長

案：北人科所史47。

## 同春堂先生別集八卷續集十二卷

朝鮮宋浚吉撰、宋明欽編。一九二九年（民國十八年）刊本。十二冊。〈書目p183（登128454—65）；題朝鮮刊本〉

四部雙欄，半郭20.9×15.5公分，本文十行大二十字，注小文雙行。版心：白口，上三葉花紋魚尾。題：「同春堂先生集／卷幾／大目／（葉）幾」

**跋**：續集未載先生沒後二百五十七年（一九二九）閔丙承跋。

**刊記**：續集卷十〈**年譜**〉庚戌（一九一〇）條注云：「後十八年續集成。」又閔丙承跋云：「肅廟庚申，命芸館刊布先生文集，……元陵戊子，先生孫櫟泉公掇輯遺文，撰別集，修年譜，而傳秩未慶，讀者病焉。士林曰：是吾事也。諮諏同心，取先生本孫家藏逸書，傍采他肯綮餘緒，今成二十六冊，重繡梨棗。」

案：宋浚吉歿年，為朝鮮顯宗十三年壬子（一六七二）。櫟泉，宋明欽號。

**印章**：「國立中央研／究院歷史／語言研究所／圖書之記」朱方、「史語所收藏／珍本圖書記」朱長

## 墨緣彙觀四卷

朝鮮安岐撰。陳伯恭烏絲欄鈔本。八冊。〈書目128（登183294—301）；題陳伯恭烏絲欄鈔本〉

烏絲欄。四周雙欄，半郭21．2×14．5公分，本文九行二十一字。版心：白口，上黑魚尾。

題：「伯恭鈔本」

序：法書書首載乾隆壬戌（一七四二）松泉老人（安歧）序。名畫書首松泉老人序。

案：安歧，字儀周，號麓邨、松泉老人，生於朝鮮肅宗九年（一六八三），歿年未詳。彼移住中國天津，從事鹽商；喜好蒐集名者畫，並善於書法。是書鈔者陳伯恭，國名未詳，故茲暫置於中研院善本書目中韓國本之後。此外，中研院善本書目中有韓人所撰之書，如高麗李齊賢撰《益齋先生亂藁》十卷《拾遺》一卷（書目p172），新羅崔致遠撰《桂苑筆耕集》二十卷（書目p183），但是二部爲清人所鈔，而茲不予收錄。又清人所撰《朝鮮瑣記》一卷（書目p85），亦未予收錄。

**內容**：中國古代至明朝間法書、名書之簡介。

**印章**：「羣碧廔」（以下三鈐鄧邦述印）、「羣碧／樓」白方、「鈔本」朱長、「史語所收藏／珍本圖書記」朱長

## 中朝文字合璧（千字文一卷、華音啓蒙諺解一卷、華語類抄一卷）

朝鮮不著編者。朝鮮高宗二十三年（清光緒十二年；一八八六）頃刊本。一冊。〔善東0：30（登170518）；無題

四周單欄，半郭19.5×15.5公分，本文十四行大二十四字。版心：白口，上二葉花紋魚尾。題：「大目（或無）／書名／（葉）幾」

**題識**：《千字文》卷首題下有「光緒丙戌嘉平月朔古潞醒軒主人識于朝鮮」之清人黑筆題識。

**書衣**：是書書衣上有「駐箚朝鮮釜山理事府」朱長無欄一印。

**印章**：「東方文化／事業總委／員會所藏／圖書印」朱方、「東方文化事／業總委員會／所藏圖書印」白方、「史語所收藏／珍本圖書記」朱長、「傅斯年／圖書館」朱長

## 國朝寶鑑八十二卷

朝鮮趙寅永等受命編。朝鮮憲宗十四年（清道光二十八年；一八四八）覆刻丁酉字本。

二十六册。〔善東0416（登172904—29）；無題〕

四周單欄，半郭23.5×18.1公分，本文十行大十八字，注小文雙行。版心：白口，上二葉花紋魚尾。題：「國朝寶鑑卷之幾／（葉）幾」

**序跋**：書首載予踐位之十有四年戊申（一八四八）朝鮮憲宗〈國朝寶鑑序〉、上之六年（一七八二）金尚喆等〈進國朝寶鑑箋〉及上之十四年（一八四八）趙寅永等〈進國朝寶鑑箋〉。原編輯官銜載〈國朝寶鑑總敍〉。書末載上之六年（一七八二）金鐘秀〈國朝寶鑑跋〉及上之十四年（一八四八）權敦仁〈國朝寶鑑跋〉。

**編印**：趙寅永等＜進國朝寶鑑箋＞後載原書編印者之官銜。總裁官銜（金尚喆）、校正官銜（李福源等二人）、纂輯官銜（蔡濟恭等十三人）、考校官銜（趙城鎭等十三人）、繕寫官銜（李敬一等十四人）、參訂官銜（金致仁等十一人）、御製校閱官銜（李福源等二十一人）、御製書寫官銜（鄭志儉）、監印官銜（李性源等九人）。權敦仁＜國朝寶鑑跋＞後載是書編印者之官銜。總裁官銜（趙寅永）、校正（鄭元容等四人）、纂輯官銜（金蘭淳等六人）、考校官銜（趙然昌等十二人）、繕寫官銜（俞鎭五等十人）、參訂官銜（權敦仁等七人）、御製校閱官銜（趙寅水等十九人）、御製書寫官銜（徐熹淳）、監印官銜（徐熹淳等七人）。

**內容**：朝鮮太祖至純祖間之朝廷諸事。

**印章**：「東方文化/事業總委/員會所藏/圖書印」方朱、「東方文化事/業總委員會/所藏圖書印」方白、「史語所收藏/珍本圖書記」長朱、「傅斯年/圖書館」長朱

## 北漢誌一卷

朝鮮釋聖能撰。朝鮮英祖二十一年（清乾隆十年；一七四五）刊本。一册。〔善東0765（登174568）；無題〕

四周雙欄，半郭22.8×16.3公分，本文六行大二十四字，注小文雙行。版心：白口，上二

葉花紋魚尾。題：「北漢誌／（葉）幾」

**跋**：書本載乙丑（一七四五）山人聖能跋。

**書衣**：是書書衣上有「駐劄朝鮮釜山理事府」朱長無欄一印。）

**印章**：「東方文化／事業總委／員會所藏／圖書印」朱方、「東方文化事／業總委員會／所藏圖書印」白方、「史語所收藏／珍本圖書記」朱長、「傅斯年／圖書館」朱長

## 江華府志二卷附一卷

朝鮮金魯鎮撰。朝鮮正祖七年（清乾隆四十八年；一七八三）沁府刊本。一册。〔善東0767（登1745.70）；無題〕

四周單欄，半郭22.5×16.5公分，本文九行大二十字，注小文雙行。版心：白口，上黑魚尾。題：「江華府志／卷幾／（葉）幾」

**封面**：「沁府開板／江華府志」

**序跋**：書首載七年歲癸卯（一七八三）金魯鎮〈江華府志序〉。書末載歲癸卯（一七八三）李魯春跋。

**印章**：「黃段／陳毅」白方、（以下三鈐黃段陳印）、「黃段陳／氏究齋／圖籍記」朱方、「士／可」朱方、「東方文化／事業總委／員會所藏／圖書印」朱方、「東方文化事／業總委員會／

所藏圖書印」白方、「史語所收藏／珍本圖書記」朱長、「傅斯年／圖書館」朱長

# 八、中央研究院歷史語言研究所普通本線裝書目中韓國古書籍

## 朝鮮古活字版拾葉不分卷

韓國群書堂書店編。一九四四年（民國三十三年）京城群書堂彙輯朝鮮活字本。一册。〔P2（登135745）；題昭和十九年日本群書堂書店製活葉粘貼本〕

同書見臺中圖藏善05023本。

**封面**：「昭和十九年八月日／朝鮮古活字版拾葉二十六種／京城群書堂書店編」

**木記**：書後載昭和十九年（一九四四）八月京城群書堂書店編輯之新式書牌。發行者爲群書堂書店。

**印章**：「國立中央研／究院歷史／語言研究所／圖書之記」朱方、「傅斯年／圖書館」朱長

案：臺中研院將是書改藏於善本書架2—10—6。

# 九、中央研究院歷史語言研究所朝鮮本書目韓國古書籍

## 周易本義十二卷

宋朱熹撰。朝鮮後期刊本。四册。〔092.252／103（登148249-52）；題韓國大字刊本〕

四周雙欄，半郭24.4×18.2公分，本文六行大十七字，注小文雙行。版心：白口，上二葉花紋魚尾。題：「易本義幾／幾經／（葉）幾」

**序**：書首載咸淳乙丑（一二六五）吳革序。

**印章**：「湶水王氏天想山房藏書」朱長、「雙煙／室藏」朱方、「國立中央研／究院歷史／語言研究所／圖書之記」朱方、「傅斯年／圖書館」朱長

## 周易本義十二卷

宋朱熹撰。朝鮮英祖朝（清雍正三年至乾隆四十一年；一七二五至七六）刊本。一册。〔092.252／103（登129671）；題韓國用宋咸淳本重刊本〕

左右雙欄，半郭23.3×16.9公分，本文六行大十五字，注小文雙行。版心：白口，上下內向黑魚尾。題：「幾經幾／（葉）幾」

**序**：書首載咸淳乙丑（一二六五）吳革序。

**原木記**：每卷末載「敷原後學劉宏校正」之無欄單行木記。

**印章**：「林錫／憲汝／弍印」方朱（以下二鈐林錫憲印）、「會津／世家／養拙／居士」方朱、「國立中央研／究院歷史／語言研究所／圖書之記」方朱、「傅斯年／圖書館」長朱

案：藏書者林錫憲，朝鮮英祖時人。臺中圖藏《御制自省編》（05688），載朝鮮英祖二十二年（一七四六）內賜林錫憲之內賜記。

## 詩次故二十二卷異文三卷外雜一卷

朝鮮申綽撰。一九三四年（民國二十三年）朝鮮印刷株式會社影印申綽手稿本。七册。〔094.12／059（登134219-25）；題朝鮮總督府據申綽手書朱墨批點影印本〕

32.5×19.5公分，本文八行大二十一字，注小文雙行。

**序**：書首載昭和九年（一九三四）洪憙〈景印詩次故序〉、上之十四年（一八一四）李忠翊〈詩次故序〉。

木記：書末載昭和九年朝鮮印刷株式會社之新式書牌。

印章：「國立中央研／究所歷史／語言研究所／圖書之記」朱方、「傅斯年／圖書館」朱長

案：臺中研院藏本，爲景印二百部中第一〇九號本。

## 鄉禮合編三卷

朝鮮李秉模等受命編。朝鮮正祖二十一年（清嘉慶二年；一七九七）丁酉字本。二冊。（095.23／161（登134388-89）；題韓國刊本）

同書見臺中圖藏00509本。

印章：「奎章／之寶」朱方（朝鮮內賜印）、「國立中央研／究院歷史／語言研究所／圖書之記」朱方、「傅斯年／圖書館」朱長

## 眞西山讀書記乙集上大學衍義四十三卷

宋眞德秀撰。朝鮮肅宗十五年（清康熙二十八年；一六八九）內賜戊申字本。十冊。（097.47／398（登129419-28；題明宣德九年韓國銅活字排印本）

四周雙欄，半郭25.5×18.4公分，本文十行大十八字，注小文雙行。版心：白口，上下內向二葉花紋魚尾。題：「衍義幾／（葉）幾」

**序跋**：書首載嘉靖六年（一五二七）明世宗〈御製重刊大學衍義序〉、眞德秀〈眞西山讀書記乙集上大學衍義序〉、端平元年（一二三四）眞德秀〈尙書省劄子〉、端平元年（一二三四）眞德秀〈進大學衍義表〉、端平元年（一二三四）眞德秀〈中書門下省時政記房申狀〉。書末載永樂元年（一四〇三）權近鑄字事實、永樂二十年（一四二二）卞秀良鑄字事實、宣德九年（一四三四）金鑌鑄字事實。

案：是書朝鮮肅宗十五年內賜本，今藏韓國高麗大學（晚松C1-A151D）。

**印章**：「朴文/秀」朱方（以下三鈐朴文秀印）、「高/靈」白方、「成/甫」白方、「國立中央研/究院歷史/語言研究所/圖書之記」朱方、「傅斯年/圖書館」朱長

案：臺中圖藏本，曾爲二人各藏而後爲配齊之本。

## 擊蒙要訣一卷附祭儀抄一卷

朝鮮李珥撰。朝鮮正祖十二年（清乾隆五十三年；一七八八）以後商西龍巖刊本。一冊。

〔192/161（登134399；題韓國活字本〕

四周單欄：半郭20.4×17.0公分，序八行大十六字，本文十行大十七字，注小文雙行。版心：白口，上下內向黑魚尾。題：「擊蒙要訣/（葉）幾」

**序跋**：書首載上之十二年（一七八八）李秉模〈御製題栗谷手草擊蒙要訣序〉、丁丑（一五七七）李珥〈擊蒙要訣序〉。書末載上章敦牂（一六九〇）鄭澔識及無名氏跋。

**木記**：書末載「商西龍巖新刊」之雙欄行書牌。

**原刊記**：無名氏跋云：「既而芚村閔公通判雉城以其書教授邑諸生，丈巖鄭公後又從而刊行之。……將欲刊行而廣傳之，出私財市木，又手自書之鋟之，積累月而功訖，丁巳七月三日也。」

**印章**：「國立中央研/究院歷史/語言研究所/圖書之記」朱方、「傅斯年/圖書館」朱長

## 維摩詰所說經三卷

姚秦鳩摩羅什譯、明通潤直疏、朝鮮吳昊秀書。朝鮮哲宗五年（清咸豐四年；一八五四）鐵原聖住庵刊本。三冊。〔223.7／692（登129391-93）；題清咸豐四年韓國刊本〕

四周單欄，半郭21.1×15.8公分，本文十行二十字，注小文雙行。版心：白口，上白魚尾。題：「支那／維摩詰經直疏卷幾／（葉）幾」。版外有施主名。

**序跋**：書首載比丘通潤〈合釋維摩思益二經自序〉。圖相後載釋肇述〈維摩詰經〉。書末載吳昊秀書綠化秩。

**木記**：吳昊秀書旁載「上之四年咸豐甲寅仲夏新刊江原道鐵原寶蓋山聖住庵藏板」之無欄單行木記。

**印章**：「國立中央研／究所歷史／語言研究所／圖書之記」朱方、「傅斯年／圖書館」朱長

# 釋氏原流四卷

明釋寶成編。朝鮮顯宗十四年（清康熙十二年；一六七三）楊州地佛岩寺刊本。四册。

〔228.1／784（登 134215-18　）；題清康熙十二（韓國憲宗十四）年韓國刊本〕

四周雙欄，半郭 28.1×19.1 公分，本文十二行二十三字。前圖後文。版心：白口，上下內向二葉花紋魚尾。題：「幾卷／（葉）幾」

**序跋**：書首載明正德壬午（一五二二）李瀣＜釋氏原流序＞、成化二十二年（一四八六）明憲宗＜御製釋氏源流序＞、王勃＜釋迦如來成道應化事蹟記＞。書末載時癸丑（一六七三）大覺登□＜釋氏源流後跋＞。

**木記**：書末載「康熙十二年癸丑秋京畿楊州地佛岩寺開刊」之無欄雙行木記。

**祝願者**：書末載祝願者及施主人名。祝願者爲大王大妃（莊烈王后）、王大妃（仁宣王后）、主上（顯宗）、王妃（明聖王后）、世子（肅宗）、嬪（仁敬王后）、淑徽公主、淑明公主、明惠公主、明善公主、明安公主。

**缺落**：書末施主名葉三B面遭缺，未補。

**墨跡**：卷一、二、三末載「施主鄭道明」之墨跡，卷四末載「歲庚寅二月默笑居士」及其法語之紅筆墨跡。

**印章**：「國立中央研／究院歷史／語言研究所／圖書之記」朱方、「傅斯年／圖書館」朱長

## 中朝約章合編 一卷

朝鮮統理交涉通商事務衙門編。朝鮮高宗二十四年（清光緒十三年；一八八七）全史字本。一冊。〔329.32／563 （登 128524 ）；題清光緒十三（韓高宗二十四）年韓國活字本〕

四周單欄，半郭 21.7×16.7公分，本文十行大二十字。版心：白口，無魚尾。題：「大目／（葉）幾」

**內容**：中國朝鮮商民水陸貿易章程，中江通商章程條款，吉林貿易章程，仁川口華商地界章程，釜山口華商地界章程、附訂三條，義州電線合同，中國代辦朝鮮陸路電線續款合同，中國允讓朝鮮自設釜山至漢城陸路電線合同。

**印章**：「國立中央研／究院歷史／語言研究所／圖書之記」朱方、「傅斯年／圖書館」朱長

## 大典通編五卷首一卷

朝鮮金致仁等受命編。朝鮮正祖九年（清乾隆五十年；一七八五）刊本。五冊。〔324.321／210 （登 134383-87 ）；題清乾隆五十年韓國刊本〕

同書見臺中圖藏 04529 本。

印章：「李印/師漢」方朱、「士/張」方白、「凫/城」方朱、「國立中央研/究院歷史/語言研究所/圖書之記」方朱、「傅斯年/圖書館」長朱

## 各國約章合編　一卷

朝鮮統理交涉通商事務衙門編。朝鮮高宗二十七年（清光緒十六年；一八九〇）全史字本。一冊。〔329.33/563（登128525）；題光緒十六（韓高宗二十七）年韓國活字本〕

四周單欄，半郭21.1×16.2公分，本文十行大二十字。版心：白口，無魚尾。題：「大目/（葉）幾」

**序**：書首載朝鮮開國四百九十六年丁亥（一八八七）趙秉式〈各國約章合編序〉及朝鮮開國四百九十九年庚寅（一八九〇）閔鍾默〈各國約章合編序〉。

**內容**：各國條約合編（英約議訂、英約互換、德約議訂、德約互換、俄約議訂、俄約互換、義約議訂、義約互換、法約義訂、法約互換），各約附續通商章程、稅則、程則章程、善後續，各國租界章程，朝美條約，朝俄陸路通商章程。

**印章**：「國立中央研/究院歷史/語言研究所/圖書之記」方朱、「傅斯年/圖書館」長朱

## 約章合編一卷

朝鮮統理交涉通商事務衙門等編。朝鮮高宗二十一年至光武元年（清光緒九年至二十三年；一八八三至九七）不等全史字本。一册。〔329.32／563（登128526）；題韓俄陸路通商章程等清光緒二十四（韓光武二）年韓國活字本〕

四周單欄，半郭21.4×15.8公分，本文十行大二十字。版心：白口，無魚尾。題：「大目／（葉）幾」

**內容**：韓俄陸路通商章程，大朝鮮奧國修好通商條約、附續通商章程、附約續欵，仁川濟物浦各國租界章程，甑南浦、木浦各國租界章程，韓日稅則，各國稅則，韓奧稅則。

案：臺中研究藏本，係後人將七種約章合定爲一本。

**印章**：「國立中央研／究院歷史／語言研究所／圖書之記」朱方、「傅斯年／圖書館」朱長

## 欽欽新書四卷

朝鮮丁若鏞撰。朝鮮隆熙元年（清光緒三十三年；一九〇七）搭印社鉛印本。四册。〔355／006（登130668-71）；題清光緒三十三年（韓國隆熙元）年韓國排印本〕

22.9×16.0公分，本文十五行大三十三字，注小文雙行。

**序跋：**書首載壬午純祖朝二十二年（一八二二）丁（若）鏞〈欽欽新書序〉、光武五年（一九〇一）丁大懋序。書末載光武五年（一九〇一）閔致憲〈欽欽新書跋〉、光武五年（一九〇一）玄尚健跋、光武五年（一九〇一）丁文燮跋、光武五年（一九〇一）丁奎英跋。

**木記：**書末載隆熙元年搭印社印刷之新式書牌。

**印章：**「漢／槎」白方、「國立中央研／究院歷史／語言研究所／圖書之記」朱方、「傅斯年／圖書館」朱長

## 朝鮮解語花史不分卷

朝鮮李能和選輯。一九二七年（民國十六年）韓國漢城圖書株式會社鉛印本。一冊。〔364.78／161（登130890）；題民國十六（日本昭和二）年韓國京城東洋書院〕四周雙欄，半郭17.5×12.1公分，本文十五行大三十五字，注小文雙行。版心：白口，上黑魚尾。題：「朝鮮解語花史／（葉）幾」

**封面：**「無能居士李能和先生著／朝鮮解語花史／葦滄」，其旁載「吳世昌／印」黑底白方一印。

**序：**書首載丙寅（一九二六）李能和〈朝鮮解語花史序〉。

**木記：**書末載昭和二年十月漢城圖書株式會社印刷之新式書牌。是書發行所爲東洋書院、翰南書林。

**印章：**「國立中央研／究院歷史／語言研究所／圖書之記」朱方、「傅斯年／圖書館」朱長

## 西岳書院志 一卷

朝鮮鄭克後編、金德泳增補。一九二五年（民國十四年）慶州金山齋刊本。一册。〔376.9／741（登129306 ）；題民國十四（日本大正十四）年韓國金氏刊本〕

四周雙欄，半郭19.7×16.0公分，本文十行大十八字。版心：白口，上下內向二葉花紋魚尾。題：「西岳志／（葉）幾」

**序跋**：書首載丙辰（一九一六）李康鎬＜西岳書院志重刊序＞。書末載建院後三百五十六年丙辰（一九一六）崔鉉軾跋、丙辰（一九一六）李邁久＜識＞、丙辰（一九一六）金昌守＜小識＞。

**木記**：書末載大正十四年慶州金山齋印刷之新式書牌。發行者爲金柄斗。

## 孫武子直解三卷

周孫武撰、明劉寅直解。朝鮮正祖十一年（清乾隆五十二；一七八七）箕營刊本（？）。殘存卷二，一册。〔382.2／763（登129470 ）；題武經七書直解韓國刊本〕

四周單欄，半郭21.5×17.1公分，本文十行大十七字。版心：白口，上下內向二葉花紋魚尾。題：「孫武子幾／（葉）幾」

案：臺中研究藏《孫武子直解》，爲二種木版本而後爲配齊之本。册二（卷二）與册一、三（卷一、三）之間，不僅字體、刻法等版式特徵互相不同，且藏書印記亦有所不同。册二之版式特徵，與同院藏丁未箕營刊《吳子直解》等相類，則疑此本爲丁未箕營刊本。

**印章**：「國立中央研/究院歷史/語言研究所/圖書之記」朱方、「傅斯年/圖書館」朱長

## 孫武子直解三卷

周孫武撰、明劉寅直解。朝鮮肅宗四十三年（清康熙五十六年；一七一七）刊本。殘存卷一、三，二册。〔328.2/763（登129469,71）；題武經七書直解韓國刊本〕

四周雙欄，半郭24.4×17.5公分，本文十行十七字。版心：白口，上下內向黑或二至三葉花紋魚尾。題：「孫武子幾/（葉）幾」

**印章**：「金時/發印」朱方（金時發印）、「士/祥」白方、「永/嘉」朱方、「國立中央研/究院歷史/語言研究所/圖書之記」朱方、「傅斯年/圖書館」朱長

案：《武經七書直解》，於朝鮮宣祖壬辰亂以後，只有三次出書：肅宗四十三年顯宗實錄字本及其覆刻諸營本、正祖十一年諸營刊本。是書藏書者金時發，景、英祖時人，則是書刊年推知爲肅宗四十三年諸營刊本之一。

## 吳子直解二卷

周吳起撰、明劉寅直解。朝鮮正祖十一年（清乾隆五十二年；一七八七）箕營刊本。一冊。〔382.2／763（登129475）；題武經七書直解韓國刊本〕

四周單欄，半郭21.8×17.4公分，本文十行大十七字。版心：白口，上下內向二葉花紋魚尾。題：「吳子幾／（葉）幾」

**木記**：書末載「丁未四月日箕營開刊」之單欄雙行木記。

**印章**：「國立中央研／究院歷史／語言研究所／圖書之記」朱方、「傅斯年／圖書館」朱長

## 司馬法直解一卷

舊題周司馬穰苴撰、明劉寅直解。朝鮮正祖十一年（清乾隆五十二；一七八七）箕營利刊本。一冊。〔382.2／763（登129468）；題武經七書直解韓國刊本〕

四周單欄，半郭22.2×17.6公分，本文十行大十七字。版心：白口，上下內向二葉花紋魚尾。題：「司馬法幾／（葉）幾」

**木記**：書末載「丁未四月日箕營開刊」之單欄雙行木記。

**印章**：「李印／鵬烈」朱方、「本／翼」朱方、「國立中央研／究院歷史／語言研究所／圖書之

記」方朱、「傅斯年／圖書館」長朱

## 唐太宗李衞公問對直解三卷

唐李靖撰、明劉寅直解。朝鮮正祖十一年（清乾隆五十二年；一七八七）箕營刊本（？）。殘存卷一，一册。〔382.2／763（登129472）；題武經七書直解韓國刊本〕

四周單欄，半郭22.8×17.3公分，本文十行大十七字。版心：白口，上下內向二葉花紋魚尾。題：「李衞公幾／（葉）幾」

案：臺中研究藏《唐太宗李衞公問對直解》，爲二種木版本而後爲配齊之本。册一（卷一）之版式特徵，與同院藏丁未箕營刊《吳子直解》等相類，則疑此本爲丁未箕營刊本。

**印章**：「國立中央研／究院歷史／語言研究所／圖書之記」方朱、「傅斯年／圖書館」長朱

## 唐太宗李衞公問對直解三卷

唐李靖撰、明劉寅直解。朝鮮後期刊本。殘存卷二、三，二册。〔382.2／763（登129473-4）；題武經七書直解韓國刊本〕

四周雙欄，半郭24.2×16.5公分，本文九行大十七字。版心：白口，上下內向二至三葉花

紋魚尾。題「李衞公幾／（葉）幾」

**印章**：「申汝哲／傳家藏」朱方（以下三鈐申汝哲印）、「東陽世家／申氏之寶」朱長、「明／東」朱文盧珍、「國立中央研／究院歷史／語言研究所／圖書之記」朱方、「傅斯年／圖書館」朱長

案：同名異人申汝哲，字季明，本貫平山，生於朝鮮仁祖十二年（一六三四），歿於肅宗二十七（一七〇一）。是書舊收藏者申汝哲，生卒未詳。

## 尉繚子直解三卷

周尉繚撰，明劉寅直解。朝鮮肅宗四十三年（清康熙五十六年；一七一七）刊本（？）。一册。〔382.3／763（登 137062 ）；題武經七書直解韓國刊本〕

四周雙欄，半郭 25.1×17.4 公分，本文十行大十七字。版心：白口，上下內向黑或一至三葉花紋魚尾。題：「尉繚子幾／（葉）幾」

案：此書之版本特徵，與同院藏《孫武子直解》中册一、三本相類，故疑爲肅宗四十三年刊本。

**印章**：「國立中央研／究院歷史／語言研究所／圖書之記」朱方、「傅斯年／圖書館」朱長、外青色圖一印。

## 新刊增註三略直解三卷

舊題秦黃石公撰、明劉寅直解。朝鮮肅宗四十三年（清康熙五十六年；一七一七）完山刊本。一册。〔382.2／763（登129477）；題武經七書韓國刊本〕

四周單欄，半郭20.0×17.4公分，本文十一行大二十字，注小文雙行。版心：白口，上下內向二葉花紋魚尾。題：「三略幾／（葉）幾」

**木記**：書末載「丁酉春完山開刊」之單欄單行陰刻木記。

**褙接紙**：書衣裏用木刻《詩傳大全》紙。

**印章**：「國立中央研／究院歷史／語言研究所／圖書之記」朱方、「傅斯年／圖書館」朱長

## 六韜直解六卷

舊題周呂望撰、明劉寅直解。朝鮮肅宗四十三年（清康熙五十六年；一七一七）刊本。殘存卷一、二，一册。〔382.2／763（登129465）；題武經七書直解韓國刊本〕

四周單欄，半郭22.4×17.2公分，本文十行大十七字。版心：白口，上下內向二葉花紋魚尾。題：「六韜幾／（葉）幾」

**缺補**：卷二葉十九、二十上半俱遭缺，後人以另紙補鈔之。又卷二末附載鈔本《龍韜》十四

葉（僅錄第十八〈王翼〉至第三十〈農器〉）

**補接紙**：册一首書衣裏用「康熙三十八年二月日」之公文書。

案：由此「康熙三十八年」公文書，可以推知是書爲肅宗四十三年諸營覆刻本之一。參考同院藏《孫武子直解》本（382.2／763）。

**印章**：「光山／金應／福季／□印」方朱（金應福印）、「國立中央研／究院歷史／語言研究所／圖書之記」方朱、「傅斯年／圖書館」長朱

案：金應福，朝鮮景、英宗時人。

## 六韜直解六卷

舊題周呂望撰、明劉寅直解。朝鮮正祖十一年（清乾隆五十二年；一七八七）箕營利本。殘存卷三至六，二册。〔382.2／763（登129466-67）；題武經七書直解韓國刊本〕

四周雙欄，半郭21.5×17.5公分，本文十行大十七字。版心：白口，上下內向二葉花紋魚尾。題：「六韜幾／（葉）幾」

**木記**：書末載「丁未四月日箕營開刊」之無欄單行木記。

**卷首末題**：每卷首末題爲「六韜直解卷第幾」或「六韜直解卷之幾」，而卷六末題改爲「武經七書六韜直解卷第六終」。

**印章**：「國立中央研／究院歷史／語言研究所／圖書之記」方朱、「傅斯年／圖書館」長朱

## 疑禮問解四卷

朝鮮金長生撰、金士剛編。朝鮮仁祖二十四年（清順治三年；一六四六）序刊本。四册。

392.2／210（登 134821-24　）；題韓國刊本〕

同書見臺中圖藏 00507-08 本。

印章：「國立中央研／究院歷史／語言研究所／圖書之記」朱方、「傅斯年／圖書館」朱長

## 進饌儀軌（乙丑）三卷首一卷

朝鮮進宴都監編。朝鮮純祖二十九年（清道光九年；一八二九）整理字本。殘存卷首，一册。〔392.7／474（登 137458　）；題韓國刊本〕

四周雙欄，半郭 24.5×17.7 公分，本文十二行大二十二字，注小文雙行。版心：白口，上黑魚尾。題：「進饌儀軌／己丑／卷幾／大目」

案：目錄及本文三卷用整理字，圖式爲木刊本。

印章：「國立中央研／究院歷史／語言研究所／圖書之記」朱方、「傅斯年／圖書館」朱長

## 俎豆錄一卷

朝鮮李萬運編。朝鮮哲宗至高宗間（清道光三十年至光緒三十二年；一八五〇至一九〇六）刊本。一冊。〔393／235（登132352 ）；題朝鮮刊本〕

同書見臺中圖藏04585本。

**印章**：「金海／后派」朱方、「丞邱／閒民」朱方、「樵／隱」朱方、「國立中央研／究院歷史／語言研究所／圖書之記」朱方、「傅斯年／圖書館」朱長

## 奉先雜儀二卷

朝鮮李彥廸撰。朝鮮宣祖壬辰亂至正祖二十三年間（明萬曆二十年至清嘉慶四年；一五九二至一七九九）玉山書院刊本。一冊。〔394／161（登131144 ）；題韓國刊本〕

同書見臺中圖藏00503本。

**書題**：「晦齋奉先雜儀」，其榜捺有「君山／遺品」朱方一印。

**印章**：「李印／冠山」朱方、「王字／之支」白方、「君山／學人」朱方、「國立中央研／究院歷史／語言研究所／圖書之記」朱方、「傅斯年／圖書館」朱長

## 華音啓蒙二卷附千字文、百家姓、天干地支、算數

朝鮮李應憲撰。朝鮮高宗二十年（清光緒九年；一八八三）全史字本。一冊。〔428.1／161（登129756）；題韓國刊本〕

四周單欄，半郭23.2×16.7公分，本文十行大二十字。版心：白口，上白魚尾。題：「華音啓蒙／（葉）幾」

**序**：書首載癸未（一八八三）尹泰駿〈華音啓蒙序〉。

**刊記**：尹泰駿序云：「今李知樞應憲，取常行實用之語，略加編輯，名之曰《華音啓蒙》。若千字文、百家姓，並用燕京話譯之，……仍復鳩財刊布。」

**印章**：「國立中央研／究院歷史／語言研究所／圖書之記」方朱、「傅斯年／圖書館」長朱

## 御定奎章全韻二卷

朝鮮奎章閣編。朝鮮正祖二十年（清嘉慶元年；一七九七）刊本。一冊。〔432.4／320（登131185）；題韓國刊本〕

同書見臺中圖藏01179本。

**印章**：「奎章／之寶」方朱（朝鮮內賜印）、「國立中央研／究院歷史／語言研究所／圖書之

記」方朱、「傅斯年／圖書館」長朱

## 訓民正音不分卷

朝鮮世宗命編。一九四六（民國三十五年）韓國寶晉齋影印本。一冊。〔432.4／741（登143157）；題民國三十五年韓國朝鮮語學會影印本〕

四周雙欄，半郭23.2×17.2公分，正音七行大十一字，解例八行大十三字。無版心。

**跋**：書末載正統十一年（一四四六）鄭麟趾跋。

**木記**：書末載檀紀四二七九年十月漢城寶晉齋印刷之新式書牌。發行者爲朝鮮語學會。

**印章**：「國立中央研／究院歷史／語言研究所／圖書之記」方朱、「傅斯年／圖書館」長朱

## 新刊補銅人腧穴鍼灸圖經五卷

宋王惟一撰。朝鮮後期鈔本。缺卷五，一冊。〔613.91／033（登137061）；題韓國刊本〕

25.6×16.6公分，本文十行大二十五字，注小文雙行。

**序**：書首載夏竦〈新刊補註銅人腧穴鍼灸圖經序〉。

**印章**：「貢稅」長青、「國立中央研／究院歷史／語言研究所／圖書之記」方朱、「傅斯年／圖

書館」朱長

## 纂註分類杜詩二十五卷

唐杜甫撰。朝鮮光海君七年（明萬曆四十三年；一六一五）甲寅字體訓鍊都監字本。殘存卷五、二十五，二册。〔844.1／156（登130219,34　）；題韓國刊本〕

四周雙欄，半郭25.8×17.1公分，本文九行大十七字，注小文雙行。版心：白口，上下內向三葉花紋魚尾。題：「杜詩幾／（葉）幾」

**跋**：書末載萬曆乙卯（一六一五）李爾瞻跋。

**缺落**：李爾瞻跋遭缺，未補。二十五葉一亦遭缺，而後人以另紙補鈔之。

**墨跡**：册十六（卷二十五）葉一載「册主柳」之黑筆墨跡。

**印章**：「朴印／箕緇」白方、「潘南／朴印」朱方、「竹／□」朱方、「國立中央研／究院歷史／語言研究所／圖書之記」朱方「傅斯年／圖書館」朱長

案：臺中研院朝鮮本書目將是書與覆刻訓鍊都監字本《纂註分類杜詩》合定爲一部，而茲分成二部。

## 纂註分類杜詩二十五卷

唐杜甫撰。朝鮮光海君七年（明萬曆四十三年；一六一五）後不久覆刻甲寅字體訓鍊都監字本。缺卷四至五、二十五，十四册。〔844.1／156（登130219-21,23-33）；題韓國刊本〕

四周單欄，半郭25.1×16.2公分，本文九行大十七字，注小文雙行。版心：白口，上下內向黑或一至四葉花紋魚尾。題：「杜詩幾／（葉）幾」

**印章**：「羅州／丁印／耑龜」朱方、「金柱／臣巨／卿印」朱方（以下二鈐金柱臣印）、「慶恩府／院君家／藏書籍」朱方「朴印／箕綿」白方「潘南／朴印」朱方、「竹／□」朱方、「國立中央研／究院歷史／語言研究所／圖書之記」朱方、「傅斯年／圖書館」朱長外不明朱方二印。

案：臺中研究院朝鮮本書目將是書與訓鍊都監字本《纂註分類杜詩》合定爲一部，而茲分成二部。又是書系曾二人各藏而後爲配齊之書。

## 雅誦八卷

宋朱熹撰、朝鮮正祖命選編。朝鮮正祖二十三年（清嘉慶四年；一七九九）覆刻壬辰字木。二册。〔845.2／103（登135458-59　）；題清嘉慶四（韓正宗二十二）年韓國銅活字本〕

同書見臺中圖藏10511本。

**褙接紙**：册一書衣裏用朝鮮正祖二十三年（一七九九）整理字本《太學恩杯詩集》紙、册二書衣裏用正祖二十年（一七九六）整理字本《園幸乙卯整理儀軌》紙。

**序跋**：「奎章／之寶」朱方（朝鮮內賜印）、「丘川／軒／居士」白方、「國立中央研／究院歷史／語言研究所／圖書之記」朱方外被挖切三印。

## 滄洲集四卷別集一卷

朝鮮沈之漢撰。朝鮮哲宗十四年（清同治二年；一八六三）跋全史字本。三冊。〔846.8/128（登128770-71, 137409）；題清乾嘉間韓國刊本〕

四周單欄，半郭21.9×15.9公分，本文十行大二十字。版心：白口，上白魚尾。題：「滄洲集／卷幾／大目／（葉）幾」

**序跋**：本集末載癸亥（一八六三）申應朝〈滄洲集跋〉。別集首載崇禎二十九年丙申（一六五六）鄭澔〈滄洲別集序〉、崇禎后歲庚子（一六六〇）鄭澔序。別集末載崇禎丙戌（一七〇六）權尚夏〈滄洲別集跋〉。

**印章**：「國立中央研／究院歷史／語言研究所／圖書之記」朱方、「傅斯年／圖書館」朱長

## 書廚雜選不分卷續不分卷

朝鮮不著編人。朝鮮正祖十年（清乾隆五十一年；一七八六）以後鈔本。四冊。〔862

.3／365（登132348-51）；題韓國鈔本〕

27.8×19.2公分，正文十四行大二十六字左右，續文十二行大二十三字左右。

**內容**：書中載有朝鮮名人之諸文：冊一（正文上）載玉冊文、頒教文、詔、制等，冊二（正文下）載上梁文、歌謠、序、檄文、啓帖、露布、祭文、致語、表箋等，冊三（續文上）載館閣儷文、不允批答、教書等，冊四（續文下）載致祭文等。

案：書中所載文章之著年，至朝鮮正祖十年（一七八六）金鍾秀〈王大妃殿上尊號後頒教文〉爲止，則是書鈔年應在此年以後。

**印章**：「國立中央研／究院歷史／語言研究所／圖書之記」朱方、「傅斯年／圖書館」朱長

## 湛軒書內集四卷外集十卷附錄一卷

朝鮮洪大容撰、洪榮善編、洪命憙校。一九三九年（民國二十八年）新朝鮮社鉛印本。七冊。〔862-4／249（登131996-2002）；題民國二十八（日本昭和十四）年新朝鮮社排印本〕

四周雙欄，半郭20.4×13.6公分，本文十一行大二十八字。版心：白口，上黑魚尾。題：「湛軒書／內集／大目／卷幾／（葉）幾」

**序**：書首載鄭寅普〈湛軒書序〉。

**木記**：每冊末載昭和十四年六月新朝鮮社印刷之新式書牌。發行人爲權泰彙。

**編輯**：鄭寅普序云：「《湛軒書》者，洪先生大容字德保之所著也。舊分册十五，今稍幷其編爲七册，篇名及類次之第俱如目錄。」

**印章**：「國立中央研/究院歷史/語言研究所/圖書之記」朱方、「傅斯年/圖書館」朱長

## 同春堂先生文集二十八卷

朝鮮宋浚吉撰。朝鮮後期刊本。缺卷十七、十八，十三册。〔862.46/087（登1364 95-507）；題韓國刊本〕

四周雙欄，半郭20.1×15.4公分，本文十行大二十字，注小文雙行。版心：白口，上三葉花紋魚尾。題：「同春堂先生集/卷幾/大題/（葉）幾」

**題識**：册一首書衣裏附載「原缺卷第十七至十八計一册，見北平購書帳」之臺中研院題識浮紙。

**印章**：「國立中央研/究院歷史/語言研究所/圖書之記」朱方、「傅斯年/圖書館」朱長

## 梅月堂詩四遊錄一卷

朝鮮金時習撰。朝鮮後期刊本。一册。〔862.46/210（登136861）；題朝鮮刊本〕

四周雙欄：半郭24.3×17.9公分，本文十行大十八字。版心：白口，上下內向黑或一至三

葉花紋魚尾。題：「四遊錄／（葉）幾」

**序**：書首載丁酉（一四七七）金時習〈梅月堂詩四遊錄後序〉及金時習肖像。

**缺補**：葉一、二遭缺，未補。又葉七、八亦遭缺，後人以另紙補鈔之。

**褙接紙**：册末書衣裏用「癸亥七月日」之地方公文書

**印章**：「國立中央研／究院歷史／語言研究所／圖書之記」朱方、「傅斯年／圖書館」朱長

## 渼湖集二十卷

朝鮮金元行撰。朝鮮英祖四十八年（清乾隆三十七年；一七七二）頃芸閣印書體字本。十册。〔862.468／210（登128527-32，137410-13）；題韓國活字本〕

四周雙欄，半郭22.0×14.6公分，本文十行大二十字。版心：白口，上白魚尾。題：「渼湖集／卷幾／大目／（葉）幾」

案：金元行，歿於朝鮮英祖四十八年（一七七二）。是書印於金元行歿後不久。

**印章**：「洪配／厚印」朱方（洪配厚印）、「國立中央研／究院歷史／語言研究所／圖書之記」朱方、「傅斯年／圖書館」朱長

## 瓛齋先生集十一卷

朝鮮朴珪壽撰、朴瑄壽校正、金允植編輯。一九一一年（清宣統三年）鉛印本。五册。〔862.47/115（登39124-28）；題清宣統三年韓國活字本〕

四周雙欄，半郭20.0×13.8公分，本文十行大二十三字。版心：白口，無魚尾。題：「瓛齋先生集/大目/卷之幾/（葉）幾」

**封面**：「雲養山房藏/瓛齋先生集/劉漢翼題籤」

**序**：書首載辛亥（一九一一）金允植序及朴瑄壽撰金允植删補〈節錄瓛齋先生行狀草〉。

**勘誤**：每册後載校正勘誤表。

**印章**：「國立中央研究院/歷史語言研究/所圖書之記」朱方、「傅斯年/圖書館」朱長

## 阮堂先生文集十卷

朝鮮金正喜撰、金翊煥編、洪命憙校。一九三四年（民國二十三年）永生堂鉛印本。五册。〔862.47/210（登131980-84）；題民國二十三（昭和九）年韓永生堂排印本〕

四周雙欄，半郭19.9×12.6公分，本文十二行大二十七字。版心：白口，上黑魚尾。題：「阮堂先生全集/卷幾/大目/（葉）幾」

**序跋**：書首載甲戌（一九三四）金甯漢〈阮堂先生全集序〉、癸酉（一九三三）鄭寅譜〈阮堂先生全集序〉、丁卯（一八六七）申錫禧〈覃揅齋詩集序〉、南秉吉〈覃揅齋詩藁題辭〉、丁卯（一八六七）南秉吉〈阮堂尺牘序〉、南相吉〈阮堂集小識〉及戊辰（一八六八）閔

奎鎬〈阮堂金公小傳〉。書末載金承烈跋。

**木記**：册五末載昭和九年五月永生堂印刷之新式書牌。

**印章**：「國立中央研／究院歷史／語言研究所／圖書之記」朱方、「傅斯年／圖書館」朱長

## 列聖御製（純祖）十二卷別編（純祖）一卷

朝鮮南公轍受命編。朝鮮憲宗二年（清道光十六年；一八三六）顯宗實錄字本。七册。〔862.47／399（登134226-32）；題純宗御製詩文清道光間（韓憲宗）韓國銅活字本〕

四周單欄，半郭25.1×18.1公分，本文十行大二十字。版心：白口，上二葉花紋魚尾。題：「大目／列聖御製卷之幾／（葉）幾」

**編印**：別編卷五末載是書校正官（南公轍以下二十人）及監印官（柳本藝以下六人）

案：朝鮮憲宗二年南公轍等編《列聖御製》，只記純祖與翼宗御文而已。純祖御文，《列聖御製》卷七十八至八十九，《列聖御製別編》卷五。翼宗御文，《列聖御製》卷九十至九十五，《列聖御製別編》卷六。

**印章**：「洪印／耆周」白方、「袍烏／號不如／藏印書」朱方、「國立中央研／究院歷史／語言研究所／圖書之記」、「傅斯年／圖書館」朱長

## 雲石遺稿二十卷

朝鮮趙寅永撰。朝鮮高宗五年（清同治五年；一八六八）全史字本。十册。〔862.47／703（登128772-81）；題清同治七年（韓李太王五）年韓國銅活字本〕

四周單欄，半郭22.8×16.0公分，本文十行大二十字。版心：白口，上黑魚尾。題：「雲石遺稿／卷幾／大目／（葉）幾」

**序跋**：書首載聖上五年戊辰（一八六八）尹定鉉〈雲石遺稿序〉及歲戊辰（一八六八）金學性〈雲石遺稿序〉。書末載戊辰（一八六八）趙寧夏跋。

**刊記**：趙寧夏跋云：「右我祖考文忠仁所著詩文總二十卷，先考孝獻公嘗裒輯而擬鋟梓，天不假年，賚志未就，……小子奉以付剞劂，氏始克卒。」

**印章**：「國立中央研／究院歷史／語言研究所／圖書之記」朱方、「傅斯年／圖書館」朱長

## 柯汀遺稿十卷

朝鮮趙鎭寬撰。朝鮮憲宗十三年（清道光二十七年；一八四七）全史字本。五册。〔862.47／703（登128950-54）；題清道光二十七（韓國憲宗十三）年韓國銅活字本〕

四周單欄，半郭21.8×15.9公分，本文十行大二十字。版心：白口，上黑魚尾。題：「柯汀遺稿／卷之幾／（葉）幾」

**序跋**：卷九首載趙鎭寬〈易問自序〉。卷十末載丁未（一八四七）趙寅永跋。

**刊記**：趙寅永跋云：「此易問二篇，即我先大人柯汀君積久之工也。……而今欲校勘入刊。」

印章「徐印／載斗」白方、「世／大之／家」朱方、「竹／甫」朱白兼方、「國立中央研／究院歷史／語言研究所／圖書之記」朱方、「傅斯年／圖書館」朱長

## 雲養集十六卷

朝鮮金允植撰、黃炳郁編輯、鄭崙秀校正。一九一三年（民國二年）石印本。八冊。〔862.48／210（登134811-18）；題民國二年韓國石印本〕

四周雙欄，半郭19.8×13.9公分，本文十一行大二十六字，注小文雙行。版心：白口，無魚尾。題：「雲養集／大目／卷之幾／（葉）幾」

**封面**：「絳雪山館藏／雲養集／南廷哲籤」

**序**：書首載癸丑（一九一三）金允植序。

**印章**：「毫秋／館」朱方、「國立中央研／究院歷史／語言研究所／圖書之記」朱方、「傅斯年／圖書館」朱長

## 尼峰稿小抄二卷

朝鮮柳麟錫撰、朴炳疆輯。一冊。〔862.48／308（登34572）；題民國三年韓國刊本〕

臺中研究，今缺。

案：此書擬爲一九一四年（民國三年）木活字本。同書今藏韓國延世大學。

## 華東年紀不分卷

朝鮮金東臣輯錄。朝鮮高宗十九年（清光緒八年；一八八二）頃鈔本。一册。〔902／210（登130327）；題清光緒間韓國烏絲欄鈔本〕

烏絲欄。四周雙欄，半郭21.2×17.2公分，本文十行大二十二字，注小文雙行。無魚尾。

**題**：「大目／（葉）幾」

**序**：書首載崇禎紀年後五壬午上之十九年（一八八二）金東臣〈華東年紀序〉。

**內容**：自太古至朝鮮高宗十九年之年紀，卷末載七言二十五韻〈歷代引〉。

**紙背**：是書紙背寫江原道公文書，序一紙背寫「觀察使臣閔」及其印章。

**印章**：「國立中央研／究院歷史／語言研究所／圖書之記」朱方、「傅斯年／圖書館」朱長

## 紀年便覽六卷

朝鮮李萬運編、李德懋增修，不著續補者。朝鮮高宗十二年至光武十年間（清光緒元年至三十二年（一八七五至一九〇六）鈔本。三册。〔921.3／161（登134902-04）；

題清光緒間韓國烏絲欄鈔本〕

烏絲欄。四周雙欄，半郭24.6×18.1公分，本文十行大二十四字。版心：白口，上二葉花紋魚尾。無版心。

**序**：書首載崇禎紀元後三戊戌（一七七八）李萬運〈紀年便覽總序〉、上之元年丁酉（一七七七）李德懋〈又序〉。

**內容**：自上古至清光緒間之簡曆，以及自古朝鮮（檀君朝鮮）至高麗朝之簡曆。

**印章**：「國立中央研/究院歷史/語言研究所/圖書之記」朱方、「傅斯年/圖書館」朱長

## 宋李忠定公奏議十六卷

宋李綱撰。朝鮮正祖朝（清乾隆四十二年至嘉慶五年；一七七七至一八〇〇）丁酉字本。八冊。〔925.352/161（登129695-702）；題韓國銅活字本〕

四周單欄，半郭24.9×18.0公分，本文十行大二十字，注小文雙行。版心：白口，上下內向二葉花紋魚尾。題：「李忠定公奏議幾/（葉）幾」

**序**：書首載淳熙十年（一一八三）朱熹〈宋丞相李忠定公奏議序〉。

**印章**：「國立中央研/究院歷史/語言研究所/圖書之記」朱方、「傅斯年/圖書館」朱長

## 朝鮮略史十課一卷

朝鮮學部衙門編輯局編。朝鮮高宗三十二年（清光緒二十年；一八九五）頃學部印書體字本。一冊。〔932（登 143156 ）；題道光間朝鮮活字本〕

四周單欄，半郭 21.8×15.0公分，本文十行大二十字，注小文雙行，天頭有小文注釋。版心：白口，上三葉花紋魚尾。題：「朝鮮略史／（葉）幾」

案：學部，係朝鮮末議政府八部之一；至高宗三十二年（一八九五），改稱爲學部衙門。

**印章：**「國立中央研／究院歷史／語言研究所／圖書之記」朱方、「傅斯年／圖書館」朱長

## 朝鮮歷代實錄一覽不分卷

日本末松保和編。一九四〇年（民國三十年）朝鮮印刷株式會社鉛印本。一冊。〔932／061（登 140876 ）；題民國三十（昭和十六）年韓國京城帝國大學排印本〕

四周單欄，半郭 16.4×10.6公分，本文十行。無版心。書眉題：「大目（年度）／（葉）幾」

**封面：**「末松保和編／朝鮮歷代實錄一覽／京城帝國大學附屬圖書館」

**序：**書首載昭和十六年（一九四一）船田享二〈序〉及昭和十六年（一九四一）末松保和〈凡例〉。

**木記：**書末載昭和十六年十二月朝鮮印刷株式會社印刷之新式書牌。發行者爲京城帝國大學。

**印章：**「京城帝國／大學之印」朱長、「京城帝國大學附屬圖書館」黑長無欄、「贈呈」朱長、「國立

中央研/究院歷史/語言研究所/圖書之記」長朱、「傅斯年/圖書館」長朱

## 海東繹史七十卷

韓鮮韓致奫撰。一九一二年（民國元年）新文館鉛印本。五册。〔932/873（登1431
80-84）；題民國二（日本大正二）年朝鮮光文會排印本〕

四周雙欄，半郭17.5×11.7公分，本文十七行大三十五字，注小文雙行。無版心。書眉題：「海東繹史卷第幾/大目/（葉）幾」。版外下載「崔南善藏本」之無邊耳題。

**封面**：「朝鮮光文會發刊/海東繹史/孤雲崖致遠、羅僧雲業、頤庵宋寅、麗僧機俊」

**序**：書首載柳得恭〈海東繹史序〉。

**木記**：每册末載明治四十五年四月新文館印出所印刷之新式書牌。發行者爲崔南善，發行所爲朝鮮光文會。

**印章**：「國立中央研/究院歷史/語言研究所/圖書之記」方朱、「傅斯年/圖書館」長朱

## 海東繹史續十五卷

朝鮮韓鎭書撰。一九一三年（民國二年）新文館鉛印本。一册。〔932/873（登143
185）；題民國二（日本大正二）年朝鮮光文會排印本〕

四周雙欄，半郭17.7×12.0公分，本文十七行大三十五字，注小文雙行。無版心。書眉題：「海東繹史卷第幾／大目／（葉）幾」。版外下載「崔南善藏本」之無邊耳題。

**序**：書首載癸未（一八八三）韓鎭書＜海東繹史地理考識＞。

**木記**：冊末載大正二年八月新文館印出所印刷之新式書牌。發行者爲崔南善，發行所爲朝鮮光文會。

**印章**：「國立中央研／究院歷史／語言研究所／圖書之記」朱方、「傅斯年／圖書館」朱長

## 東國歷代不分卷

朝鮮不著撰者。朝鮮景宗元年（清康熙六十年；一七二一）以後鈔本。一冊。〔932.1／235（登137156 ）；題朝鮮史韓國舊鈔本〕

22.8×17.5公分，本文八行大二十字，注小文雙行。

**內容**：自箕子朝鮮至朝鮮肅宗朝之年紀。

案：臺中研究院舊簿、卡片，俱題「朝鮮史」，而書根、扉題却作「東國歷代」。

**印章**：「國立中央研／究院歷史／語言研究所／圖書之記」朱方、「傅斯年／圖書館」朱長

## 東國通鑑五十六卷首外紀一卷

朝鮮徐居正等受命編。一九二一年（民國十年）朝鮮總督府用寬文七年（清康熙六年；一六六七）京都松柏堂版重印本。八冊。〔932.12／404（登103444-71 ）；題民國十（日本大正十）年韓國重印寬文七年京都松柏堂刊本〕

四周單欄，半郭20.7×16.6公分，無界，本文十行大十七字。天頭有干支小字，版右邊載「國名王朝」之無邊耳格。版心：粗黑口，上下內向黑魚尾。題：「東監外紀／（葉）幾」

**序跋**：書首載大正十年（一九二一）齋藤實〈京都板東國通監〉、寬文丙午（一六六六）林叟〈新刊東國通鑑序〉、成化乙巳（一四八五）李克墩〈東國通鑑序〉。凡例後載成化二十一年乙巳（一四八五）徐居正等〈進東國通鑑等〉。書末載丁未（一六六七）端亭辻達跋。

**原木記**：書末載「寬文七丁未歲霜月日洛下林前和泉掾白水于松栢堂刊之」之無欄三行木記。

案：齋藤實序爲鉛活字所印。原本爲日本寬文七年松栢堂刊本，大正間朝鮮總督府購買此槧而重印之。

**印章**：「國立中央研／究院歷史／語言研究所／圖書之記」方朱、「傅斯年／圖書館」長朱

## 東國文獻四卷

朝鮮不著編者，金性溵校正。朝鮮純祖四年（清嘉慶九年；一八〇五）刊本。三冊。〔932.15／235（登131186-88 ）；題明崇禎間韓國刊本〕

四周單欄，半郭 21.7×17.0 公分，本文十行大二十字左右，注小文雙行。版心：白口，上下內向黑或二至三葉花紋魚尾。題：「東國文獻／大目／（葉）幾」

**木記**：書末載「崇禎紀元後三甲子校正儒生金性溵」之無欄單行木記。

案：是書〈相臣傳〉作「今上朝：正宗男，庚戌六月十八日誕降，庚申七月初四日即位。」今上朝，指純祖。

**內容**：朝鮮太祖至純祖間之文臣、名人錄。

**缺補**：卷一葉三遭缺，後人以另紙補鈔之。

**印章**：「國立中央研／究院歷史／語言研究所／圖書之記」長朱、「傅斯年／圖書館」長朱

## 懲思錄十六卷雜記一卷

朝鮮柳成龍撰。七册。〔932.2605／308（登 161009-15）；題鈔本〕

臺中研院，今缺。

## 三國遺事五卷

高麗釋一然撰。一九三二年（民國二十一年）朝鮮印刷株式會社影印朝鮮中宗七年（明正德七年；一五一二）慶州刊本。二册。〔932.5（登 133782-83）；題日本影印本〕

四周雙欄，半郭23.0×18.2公分，本文十一行大二十一字，注小文雙行。版心：粗黑口，上下內向黑魚尾。題「三國遺史卷幾／（葉）幾」

**跋**：書末載皇明正德壬申（一五一二）李繼福跋。

**木記**：書末載昭和七年九月朝鮮印刷株式會社印刷之新式書牌。發行所爲古典刊行會。

案：原本爲日人今西龍藏朝鮮中宗七年慶州刊本。

**印章**：「國立中央研／究院歷史／語言研究所／圖書之記」朱方、「傅斯年／圖書館」朱長

## 列聖朝受教 一卷

朝鮮禮曹編。朝鮮哲宗元年（清道光三十年；一八五〇）頃刊本。一冊。〔932.5／117（登133286）；題韓國刊本〕

四周單欄，半郭23.2×18.2公分，本文六行大十一字。版心：白口，上下內向二葉花紋魚尾。題：「列聖朝受教／（葉）幾」

**內容**：朝鮮諸王對新羅金庾信之受教、完文、祭文：朝鮮太祖、成宗、中宗、英祖、正祖、哲宗朝受教，兵曹完文，禮曹完文，丙戌（一八二六）李百亨〈正宗大王致祭文〉、壬子（一七九二）李晚秀〈興武王陵致祭文〉。

案：朝鮮哲宗受教作於哲宗元年（一八五〇），故此書刊年擬爲該年以後不久。

**印章**：「國立中央研／究院歷史／語言研究所／圖書之記」朱方、「傅斯年／圖書館」朱長

## 東國史記不分卷

朝鮮不著撰者。朝鮮景宗元年（清康熙六十年；一七二一）以後鈔本。一册。〔932.5／235（登135741）；題韓國刊本〕

26.0×16.6公分，本文八行大二十字左右。

**內容**：朝鮮太祖至肅宗間之人物略傳及其記事。

案：書中載艮齋引肅宗戊寅年追復端宗位事、《閑考漫錄》引肅宗丙子講老吏事。此二處皆書「肅宗」或「肅庙」，則此鈔本寫於景宗以後。

**書題**：「東國史記」

案：書題、扉題俱作「東國史記」，而卷首題改作「青丘集」。

**墨跡**：册末載「歲在辛酉二月下院書」之黑筆墨跡。

**印章**：「崔隆／錫印」朱方、「國立中央研／究院歷史／語言研究所／圖書之記」朱方、「傅斯年／圖書館」朱長

## 兩陵誌狀續編一卷

朝鮮鄭元容等受命撰。朝鮮哲宗元年（清道光三十年；一八五〇）顯宗實錄字本。一册。

〔983.08／216（登129676）；題韓國銅活字本〕

四周單欄，半郭25.4×17.9公分，本文十一行大十九字，注小文雙行。版心：白口，上下內向二葉花紋魚尾。題：「兩陵誌狀續編／（葉）幾」

**內容**：純宗大王仁陵、翼宗大王綏陵

**內賜記**：「道光三十年六月日，原任待教金洙根內賜烈聖誌狀一件，命除謝恩。檢校待教臣李（手決）」

**印章**：「奎章／之寶」朱方（朝鮮內賜印）、「國立中央研／究院歷史／語言研究所／圖書之記」朱方、「傅斯年／圖書館」朱長

## 己卯錄補遺一卷追錄一卷

朝鮮安璐撰。一册。〔983.21／086（登137157）；題韓國烏絲欄鈔本〕

臺中研究，今缺。

## 元陵誌狀續編一卷

朝鮮鄭存謙等受命撰。朝鮮哲宗元年（清道光三十年；一八五〇）顯宗實錄字本。一册。

〔983.23／034（登129674）；題清道光（韓純宗）間韓國銅活字本〕

四周單欄，半郭25.3×18.3公分，本文十一行大十九字，注小文雙行。版心：白口，上下內向二葉花紋魚尾。題：「元陵誌狀續編／（葉）幾」

**內容**：英宗大王、貞聖王后、貞純王后。

案：是書哲宗元年內賜本，今藏韓國漢城大學奎章閣（奎7752）

**印章**：「國立中央研／究院歷史／語言研究所／圖書之記」朱方、「傅斯年／圖書館」朱長

## 續修三綱錄一卷

朝鮮鄭寅普等編。朝鮮光武十年（清光緒三十二年；一九〇六）皇城宮鉛印本及全史字本。一册。〔983.23／046（登136860）；題韓國排印本〕

四周雙欄，半郭23.4×16.4公分，序十二行大二十五字，本文十一行大三十字。版心：白口，上黑魚尾（全史字處爲上白魚尾）。題：「續修三綱錄／大目／（葉）幾」

**序**：書首載光武八年甲辰（一九〇四）趙秉式〈續修三綱錄序〉、光武九年（一九〇五）鄭殷釆〈續修三綱錄跋〉。

**木記**：書末載「光武十年八月日皇城宮洞新刊」之無欄單行木記。

案：平安道肅川郡、江原道平昌郡、全羅南道務安府、遼東及跋文十三葉，用全史字；其他用新式鉛活字。

**缺落**：本文中全史字本處俱缺，未補

印章：「國立中央研／究院歷史／語言研究所／圖書之記」朱方、「傅斯年／圖書館」朱長

## 景賢續錄二卷

朝鮮金夏錫編。朝鮮肅宗四十五年（清康熙五十八年；一七一九）居昌道東書院刊本。一冊。〔982.23／210（登129670）；題韓國刊本〕

四周雙欄，半郭21.5×16.7公分，本文十行大二十字。版心：白口，上下內向二葉花紋魚尾。題：「續幾／（葉）幾」

序：書首載金夏錫〈景賢續錄考疑〉。

案：《景賢錄》二卷，爲李楨編；《景賢續錄》二卷、《景賢續錄補遺》二卷，爲金夏錫編。臺中研院只藏《續錄》二卷，而無《景賢錄》二卷、《續錄補遺》二卷。《續錄補遺》末載「己亥三月道東重刊」之無欄雙行木記，今藏韓國漢城大學奎章閣（奎4345,4455,12659）等。

內容：金宏弼、曹偉事蹟。

印章：「國立中央研／究院歷史／語言研究所／圖書之記」朱方、「傅斯年／圖書館」朱長

## 祭已增廣司馬榜目 一卷

朝鮮不著撰者。朝鮮肅宗四十一年（清康熙五十四年；一七一五）芸閣戊申字本。一冊。

〔983.238／066（登130350 ）；題朝鮮銅活字本〕

左右雙欄，半郭24.2×16.3公分，本文九行大十七字，注小文雙行。版心：白口，上下內向二葉花紋魚尾。題：「祭巳司馬榜目／（葉）幾」

**木記**：書末載「乙未五月日芸閣印」之無欄單行木記。

**內容**：朝鮮肅宗三十九年（一七一三）司馬榜目。

**墨跡**：書首載「癸巳司馬榜目，邑城權氏家藏」之紅筆墨跡，書末載「戊子新刊嶺陽藏板」之黑筆墨跡。

**印章**：「國立中央研／究院歷史／語言研究所／圖書之記」朱方、「傅斯年／圖書館」朱長

## 忠武公家乘六卷

朝鮮李弘毅編。朝鮮肅宗四十二年（清康熙五十五年；一七一六）咸鏡南營刊本。二冊。

〔983.28／161（登129719-20 ）；題清康熙四十八（己丑）年韓國刊本〕

四周雙欄，半郭20.8×16.0公分，本文十行大二十字。版心：白口，上下內向二葉花紋魚尾。題：「忠武公家乘／卷之幾／幾」

**序跋**：書首載崇禎紀元後八十二年己丑（一七〇九）李畬〈忠武公家乘序〉。書末載萬曆壬辰後再壬辰（一六五二）李頤命跋、丙申（一七一六）李汝玉跋。

**刊記**：李汝玉跋云：「於此有公之家乘登梓者，即公之五代孫兵丈鳳祥，甫曾任茲閫時所刊也。日昨兵使公在咸鏡南營走書於余，……遂請以南營所印，一通于兵丈公重刻之，仍藏之忠愍祠。」

**內容**：忠武公李舜臣之家乘。

**墨跡**：李汝玉跋末載「册主全羅右道□光木□北面司草里金應白」之黑筆墨跡。

**印章**：「國立中央研/究院歷史/語言研究所/圖書之記」朱方、「傅斯年/圖書記」朱方

## 健陵誌狀續編 一卷

朝鮮金祖淳等受命撰。一册。〔983.28／471（登128408）；題清道光韓國（純宗）間銅活字本〕

臺中研究，今缺。

案：此書疑爲朝鮮哲宗元年（清道光三十年；一八五〇）顯宗實錄字本。

## 景陵誌狀 一卷

朝鮮權敦仁等受命撰。朝鮮哲宗元年（清道光三十年；一八五〇）顯宗實錄字本。一册。〔983.28／497（登1296750）；題清咸豐（韓哲宗）間韓國銅活字本〕

四周單欄，半郭 25.7×18.1 公分，本文十一行大十九字，注小文雙行。版心：白口，上下內向二葉花紋魚尾。題：「景陵誌狀／（葉）幾」

**內容**：景陵爲憲宗大王。

案：據《哲宗實錄》元年六月乙亥條云，奎章閣進上《景陵誌狀》、《兩陵誌狀續編》、《列聖誌狀通記》合附本等。

**印章**：「國立中央研／究院歷史／語言研究所／圖書之記」方朱、「傅斯年／圖書館」長朱

## 八松先生年譜二卷附錄一卷

朝鮮尹承鎭編。朝鮮哲宗五年（清咸豐四年；一八五四）木活字本。一冊。〔983.29／038（登 133659）；題清道光間韓國木活字本〕

四周雙欄，半郭 23.7×16.5 公分，本文十行大二十二字，注小文雙行。版心：白口，上白魚尾。題：「八松先生年譜卷之幾／（葉）幾」

**跋**：書末載尹承鎭跋。

**刊記**：尹承鎭跋云：「崇禎後二百二十七年甲寅，八松文正公府君年譜始印行于世。」

**內容**：八松尹煌年譜及其遺事。

**缺落**：書末尹跋二葉遭缺。

**印章**：「國立中央研／究院歷史／語言研究所／圖書之記」方朱、「傅斯年／圖書館」長朱

## 白湖先生年譜一卷

朝鮮不著編者。朝鮮哲宗初（清道光三十年至咸豐九年；一八五〇至五九）刊本。一冊。〔983.29／038（登136859）；題韓國刊本〕

四周雙欄，半郭20.1×15.7公分，本文十行大二十字，注小文雙行。版心：白口，上下內向二葉花紋魚尾。題：「白湖先生文集附錄／（葉）幾」

案：《白湖先生文集》卷三十末載尹臣煥跋，云：「選原集十七冊，付諸活印，年譜則登之梓。」文集三十卷，爲木活字所印；年譜一卷，爲木版所印。尹臣煥，生於朝鮮純祖元年（一八〇一），歿於哲宗十年（一八五九）。是書刊於尹臣煥末年。

**印章**：「國立中央研／究院歷史／語言研究所／圖書之記」朱方、「傅斯年／圖書館」朱長

## 同春堂年譜四卷

朝鮮宋堯佐撰。朝鮮英祖十七年（清乾隆六年；一七四一）全州府刊本。二冊。〔983.29／122（登129369）；題明崇禎間韓國重刊本〕

左右雙欄，半郭23.1×16.9公分，本文九行大十七字，注小文雙行。版心：白口，上黑魚尾。題：「大目／同春年譜幾／（葉）幾」

**序跋**：書首載權尚夏序。書末載崇禎再辛酉（一七四一）宋堯輔跋。

**刊記**：宋堯輔跋云：「右文正公府君年譜四卷二册，成於肅宗庚子。先兄郡守堯佐用活字印數百本，……兄沒，沒後十八年堯輔任全州判官始謀刻事，會觀察使權公爀，遂庵先生之從子也。沒與相役，徵材命工，不一月而告訖。」

**內容**：同春堂宋浚吉年譜。

**印章**：「明誠/齋」白方、「伯臨/氏」白方、「王/觀者/人」朱橢、「調查濟」青長、「國立中央研/究院歷史/語言研究所/圖書之記」朱方、「傅斯年/圖書館」朱長

## 退溪先生年譜三卷附錄二卷世系圖一卷

朝鮮柳成龍撰。朝鮮高宗朝（清同治三年至光緒三十二年；一八六四至一九〇六）刊本。一册。〔983.29/161（登134325）；題韓國刊本〕

四周雙欄，半郭21.8×17.2公分，本文十行大二十字，注小文雙行。版心：白口，上下內向二葉花紋魚尾。題：「退溪先生年譜卷之幾/（葉）幾」

**刊年**：卷四葉十三載朝鮮高宗遣李有謙致祭於李滉事，云：「維歲次甲子今上元年十月初四日。」是書刊於高宗朝。

**內容**：退溪李滉年譜及其遺事。

**書題**：「先祖年譜」

印章：「國立中央研/究院歷史/語言研究所/圖書之記」方朱、「傅斯年/圖書館」長朱

## 俛宇先生年譜六卷

韓國不著編者。一九五六年（民國四十五年）慶南茶川書堂石印本。二冊。〔983.29/427（登143969-70 ）；題民國四十五年石印本〕

四周雙欄，半郭21.2×16.3公分，本文十二行大二十六字，注小文雙行。版心：白口，上黑魚尾。題：「俛宇年譜幾/（葉）幾」

**木記**：冊二末載檀紀四二八九年丙申五月慶尙南道茶川書堂印刷之新式書牌。發行者爲郭鼎。

**內容**：俛宇郭鍾錫年譜。

**題識**：冊二末附載「或有問議事，則願付韓國慶南山清郡新等面坪地里塘洞，全梘。許切企耳。」之浮紙。

**印章**：「傅斯年/圖書館」長朱

## 姓彙不分卷

朝鮮不著編者。一冊。〔989/046（登129476 ）；題韓國鈔本〕

臺中研究，今缺。

# 十、國立臺灣師範大學善本書目中韓國古書籍

## 杜律分韻五卷

朝鮮考文館受命編。朝鮮正祖二十二年（清嘉慶三年；一七九八）整理字本。卷一至卷三凡三卷鈔配，二冊。〔P22（A940／12／1-15）；題朝鮮生活字本〕

同書見臺中圖藏 09576-77 本。

**印章**：「東北大學寄存圖書／臺灣省立師範學院圖編目／A940／12／1-2／15」青長

案：臺師大將是書與《陸律分韻》（P22本）合爲一種。

## 陸律分韻三十九卷

朝鮮考文館受命編。朝鮮正祖二十二年（清嘉慶三年；一七九八）整理字本。十三冊。〔P22（A940／12／1-15）；題朝鮮生活字本〕

四周雙欄，半郭 20.2×15.0公分，本文十行大十八字，注小文雙行。版心：白口，上黑魚

尾。題：「大目／陸律分韻卷幾／（葉）幾」

**封面**：「內閣新編／陸律分韻／戊午活印」

**書末**：書末載編輯杜、陸律分韻事及鑄字事實。

**印章**：「東北大學寄存圖書／台灣省立師範學院圖編目／A940／12／3-15／15」長青

案：臺師大將是書與《杜律分韻》（P22本）合爲1種。

# 十一、國立臺灣師範大學普通本線裝書目中韓國古書籍

朝鮮史十七卷

朝鮮金暻中編。一九三六年（民國二十五年）仁光印刷所排印本。十七册。〔普P49（060／1／17） 題日本昭和十一年芝山書室刊本〕

同書見臺中圖臺北藏普P85（A732.11／8065　登39038—53）本、臺臺大藏普（P140總圖9（529）K62••登336623—39）本。

印章：「金暻中寄贈」橢圓、「東北大學寄存圖書／臺灣省立師範學院書編目／B060／1／1／17

## 十二、國立臺灣大學善本書目中韓國古書籍

### 剪燈新話句解二卷

明瞿佑撰、倉洲訂正、胡子昂集釋。朝鮮後期刊本。殘存卷一，一冊。〔善P25（311008；登192288）；題朝鮮刊本〕

同書見臺中圖藏08535本

**印章**：「臺北帝/國大學/圖書印」方朱

### 慕夏堂集三卷

朝鮮金忠善撰。朝鮮憲宗八年（清道光二十二年；一八四二）刊本。一冊。〔善P48（402174；登272114）；題清康熙壬寅（元年）朝鮮刊本〕

四周雙欄，半郭22.9×17.8公分，本文十行大二十字。版心：白口，上下內向二葉花紋魚尾。題：「慕夏堂文集卷幾/（葉）幾」

**序跋**：書首載歲壬寅（一八四二）姜世綸〈慕夏堂文集序〉、崇禎四壬寅（一八四二）鄭蓋序、崇禎後四壬寅（一八四二）姜必孝序。卷三附錄末載金漢輔壬寅（一八四三）〈恭書先祖慕夏堂遺集後〉。書末載壬寅（一八四二）朴光錫跋。

**刊記**：金漢輔識云：「先祖慕夏公遺集，正廟己酉伯從兄漢祚氏求得於龍岡金將軍裔孫家，即用活字印布。……然而不但一時之印本不能廣布，或病其蒐輯無倫，不肖敢復謀諸門族，乃於當宁辛丑，使弟漢正徧請徵信之筆於道內諸大家，仍托改定序次，於是乎元集序跋及狀碣文字第並列，而丁乙刪節，皆得無憾，遂圖繡板，流布遠近。」

**印章**：「小池」朱楷、「久保氏所／藏圖書記」朱長（以下二鈐久保天隨印）、「天隨／珍藏」朱長、「臺北帝／國大學／圖書印」朱方、「臺北帝國大學圖書」朱長

**參考**：王論 P9

## 新刻蘇板校正古本唐詩皷吹四卷

金元好問編、元郝天挺註。朝鮮後期刊本。二册。〈善 P56（403028，登 165582–5）；題明萬曆九年朝鮮刊本〉

四周雙欄，半郭 20.4×15.0 公分，本文九行大十七字，注小文雙行。版心：白口，上下內向黑魚尾。題：「唐詩鼓吹卷幾／（葉）幾」

**序**：書首載萬曆年巳（一五八一）楊淙〈重刊唐詩鼓吹引〉

**印章**：「泉家外／不出門」長黑、「臺北帝／國大學／圖書印」方朱

## 皇華集（世宗三十二年）一卷

朝鮮世祖敕編。朝鮮中宗至宣祖壬辰亂間（明正德元年至萬曆二十年；一五〇六至九二）甲寅字補有木活字本。一册。〔善 P63（403047；登 557355）；題朝鮮舊刊活字本

四周雙欄，半郭 26.0×18.6公分，本文十行大十七字。版心：白口，上下內向三葉花紋魚尾。題：「皇華集／（葉）幾」

**跋**：書末載天順二年龍集戊寅（一四五八）倪謙記。

**內容**：朝鮮世宗三十二年（一四五〇）。明朝敕使：倪謙；朝鮮遠接使：鄭麟趾。

**題識**：書衣裏載日本天保庚子（一八四〇）鹽田屯之手書題識，云：「我僻徒來好奇書，每觀韓册購祕笈，昔時征戰所載歸。督君一本《皇華集》，天保庚子五月書鄙辭，以贈竹香石黑君。鹽田屯。」又載《韻石齋筆談》卷上〈朝鮮人好書〉一文。

案：書末載天順二年倪謙序，而以甲寅字中摻雜補鑄字，故擬爲朝鮮中宗至宣祖壬辰亂間印本。

**印章**：「杉峘篠／珍藏記」長朱（山田業廣印）、「國立臺／灣大學／藏書」方朱、「國立臺灣大學圖書」長朱

**參考：**安論 P123

## 東史節要五卷

朝鮮安鍾和撰。朝鮮光武八年（清光緒三十年；一九〇四）博文社鉛印本。一冊。〔普P140（研圖久保557；登27202）；題韓國光武八（清光緒三十）年博文社鉛印本〕四周雙欄，半郭17.4×11.9公分，無界，本文十五行大三十字。無版心。

**序跋**：書首載上之十五（一八七八）安鍾和序。書末載甲辰（一九〇四）安晚洙〈東史節要跋〉。

**木記**：書末載光武八年博文社印刷之新式書牌。

**印章**：「久保天隨／珍藏圖書」朱長（以下二鈐久保天隨印）、「天隨／珍藏」朱長、「臺北帝國大學／圖書印」朱方、「臺北帝國大學圖書」朱長

## 一切經音義一百卷

唐釋慧琳撰。一九三一年（民國二十年）京城帝國大學法文學部用慶南海印寺藏高麗板重印本。二十五册。〔普P238（文圖13-1-3；登195829-53）；題日本昭和六（民國二十）年京城帝國大學法文學部據朝鮮慶尚南道海印寺藏版重印本〕

四周單欄，半郭21.8×15.9公分，本文六行大十四字，注小文雙行。版心：無魚尾。題：「一切經音義卷第幾／第幾張／刻工人名」

**序**：書首載時開成五年（八四〇）顧齊之〈新收一切藏經音義序〉、景審〈一切經音義序〉

**木記**：每册後載昭和六年三月朝鮮印刷株式會社印刷之新式書牌。其上書板本來源，即京城帝國大學法文學部據朝鮮慶尚南道海印寺藏板重印本

**原刻工人名**：田、赤、城、昆、池、碣、石、鉅、野、洵。

**印章**：「臺北帝／國大學／圖書印」方朱

案：每册登錄號碼下捺有，「昭和6.9.15」之青長無欄印

## 一切經音義一百卷

唐釋慧琳撰。一九三一年（民國二十年）京城帝國大學法文學部用慶南海印寺藏高麗板重印本。二十五册。〔普P238（文圖13-1-3；登200529-53）；題日本昭和六（民國二十）年京城帝國大學法文學部據朝鮮慶尚南道海印寺藏版重印本〕

同書見臺大普P238本。

**印章**：「臺北帝／國大學／圖書印」方朱

案：每冊登錄號碼下捺有「昭和6.11.15」之青長無欄印。

## 朝鮮史十七卷

朝鮮金暻中編。一九三六（民國二十五年）仁光印刷所排印本。十七冊。〔P140總圖9（529）K62　登336623－39）題日本昭和十一（民國二十五）年芝山書室排印本〕

同書見臺中圖臺北藏普P85（A732.11／8065　登39038－53）本、臺師大藏普P49（B060／1／17）本。

**印章**：「金暻中寄贈」橢青、「臺北帝／國大學／圖書印」方朱、「臺北帝國大學圖書」長朱

## 九雲夢六卷

朝鮮金萬重撰。朝鮮純祖三年（清嘉慶八年；一八〇三）刊本。三冊。〔朝鮮本書架311024（登192316－8）未題〕

四周單欄，半郭19.2×16.0公分，本文十行大二十字。版心：無魚尾。題：「（冊）幾／九雲夢／（葉）幾」

**木記**：書末載「崇禎後三度癸亥」之無欄單行木記。

**印章**：「谷澤」楕朱、「臺北帝／國大學／圖書印」方朱

案：此書與《新編世緣幻鑑》，俱未見於臺灣大學善本書目及普通本線裝書目。朝鮮本書架，今藏臺灣大學研究生圖書館。

## 新編世緣幻鑑四十卷

觀物菴撰、黃貞父註評。朝鮮後期鈔本。八冊。〔朝鮮本書架 311023（久保 789 登 271237–44）〕，未題。

四周單欄，半郭 24.6×18.2 公分，本文十行大二十二字，注小文雙行。版天有注。版心：白口，上二葉花紋魚尾。無題。

**總評**：書首載〈幻鑑總評〉。

**印章**：「久保天隨／珍藏圖書」長朱（以下二鈐久保天隨印）、「久保／家藏」方朱、「臺北帝／國大學／圖書館」方朱、「臺北帝國大學圖書」長朱